项目管理办公室（PMO）
实践指南

Project Management Offices:
A Practice Guide

[美] Project Management Institute 著

电子工业出版社
Publishing House of Electronics Industry
北京·BEIJING

Project Management Offices: A Practice Guide
ISBN: 9781628258226 © 2025 Project Management Institute, Inc. All rights reserved.
《项目管理办公室（PMO）：实践指南》© 2025 Project Management Institute, Inc. All rights reserved.
《项目管理办公室（PMO）：实践指南》是 *Project Management Offices: A Practice Guide* 的翻译版，由 Project Management Institute, Inc.（PMI）授权电子工业出版社翻译、出版、发行。未经许可，严禁复印。

致读者

《项目管理办公室（PMO）：实践指南》是 *Project Management Offices: A Practice Guide* 的翻译版，*Project Management Offices: A Practice Guide* 由 PMI 出版于美国并受美国以及国际上现行的版权法保护。电子工业出版社已得到 PMI 的授权在中国大陆出版发行《项目管理办公室（PMO）：实践指南》。《项目管理办公室（PMO）：实践指南》中的文字和图的局部或全部，严禁擅自复制。购买《项目管理办公室（PMO）：实践指南》的读者被自动视为接受《项目管理办公室（PMO）：实践指南》所包含的文、图、信息。PMI 不对《项目管理办公室（PMO）：实践指南》的准确性进行担保。若使用《项目管理办公室（PMO）：实践指南》的信息，读者自行承担此类使用的风险，PMI、电子工业出版社及其董事会、附属公司、继承人、雇员、代理人、代表等均不对此类使用行为造成的侵害进行赔偿。

Notice to Readers

This publication is a translation of the Chinese Language publication, *Project Management Offices: A Practice Guide*, which is published in the United States of America by the Project Management Institute, Inc. (PMI) and is protected by all applicable copyright laws in the United States and Internationally. This publication includes the text of *Project Management Offices: A Practice Guide* in its entirety, and Publishing House of Electronics Industry (PHEI), with the permission of PMI, has reproduced it. Any unauthorized reproduction of this material is strictly prohibited. All such information, content and related graphics, which are provided herein are being provided to the reader in an "as is" condition. Further, PMI makes no warranty, guarantee or representation, implied or expressed, as to the accuracy or content of the translation. Anyone using the information contained in this translation does so at his/her own risk and shall be deemed to indemnify PMI, or Publishing House of Electronics Industry (PHEI), their boards, affiliates, successors, employees, agents, representatives, and members from any and all injury of any kind arising from such use.

商标提示

"PMI"、PMI 的标志、"PMP"、"CAPM"、"PMBOK"、"OPM3" 和 Quarter Globe Design 是 PMI 的商标或注册商标，已在美国等国家注册。欲知更多有关 PMI 的商标，请联系 PMI 的法律部门。

Trademark Notice

"PMI", the PMI logo, "PMP", "CAPM", "PMBOK", "OPM3" and the Quarter Globe Design are marks or registered marks of the Project Management Institute, Inc. in the United States and other nations. For a comprehensive list of PMI marks, contact the PMI Legal Department.

图书在版编目（CIP）数据

项目管理办公室（PMO）：实践指南 / 美国项目管理协会（Project Management Institute）著；吴江等译. -- 北京：电子工业出版社，2025. 6（2025. 9重印）. -- ISBN 978-7-121-50411-2

Ⅰ. F272-62

中国国家版本馆 CIP 数据核字第 2025ZR3635 号

责任编辑：卢小雷
印　　刷：天津千鹤文化传播有限公司
装　　订：天津千鹤文化传播有限公司
出版发行：电子工业出版社
　　　　　北京市海淀区万寿路 173 信箱　邮编 100036
开　　本：880×1230　1/16　印张：20　字数：454 千字
版　　次：2025 年 6 月第 1 版
印　　次：2025 年 9 月第 2 次印刷
定　　价：148.00 元

凡所购买电子工业出版社图书有缺损问题，请向购买书店调换。若书店售缺，请与本社发行部联系，联系及邮购电话：(010) 88254888，88258888。
质量投诉请发邮件至 zlts@phei.com.cn，盗版侵权举报请发邮件至 dbqq@phei.com.cn。
本书咨询联系方式：(010) 88254199，sjb@phei.com.cn。

译者序

近年来，随着全球商业环境的快速变化和数字化转型加速，项目管理办公室（PMO）作为组织战略执行的重要支撑，面临着前所未有的挑战和机遇。项目管理的复杂性与日俱增，项目的规模和影响力日益扩大，组织对项目成功的期望和要求也愈发严格。PMO 不仅要确保项目的交付质量和进度，还要在战略对齐、资源优化、风险管控和绩效评估等多个维度提供支持，以实现组织目标的最优化。

在这一背景下，项目管理协会（PMI）于 2025 年 2 月 4 日发布了《项目管理办公室（PMO）：实践指南》英文版，并推出了 PMI-PMOCP™ 认证。这一认证的推出，进一步推进了全球项目管理领域对 PMO 专业能力的认可和标准化。PMI-PMOCP™ 认证不仅填补了项目管理职业发展体系中对 PMO 专业人士能力评价的空白，也为全球 PMO 从业者提供了一个权威的职业认证途径。

PMI-PMOCP™ 认证的价值和必要性体现在多个层面。首先，它为 PMO 从业者提供了系统的专业知识框架和最佳实践指导，帮助他们在复杂多变的商业环境中做出更科学、有效的决策；其次，认证考试的标准与内容涵盖了 PMO 的战略定位、职能设计、绩效管理、治理模型、资源优化、干系人管理等多个核心领域，具备广泛的实践适用性；最后，PMI-PMOCP™ 认证在全球范围内被广泛认可，是职业发展与提升的重要标志，有助于从业者在职业生涯中脱颖而出，增强职业竞争力。

PMI-PMOCP™ 认证的发布在全球项目管理领域引起热烈反响。PMI 的 CEO Pierre Le Manh 亲自在 LinkedIn 发文："What's next after PMP？"因为很多已获得 PMP 认证的朋友问他："我已获得 PMP，我的职业生涯要更上一层楼，需要具备什么能力？"其实，PMI-PMOCP™ 就是专为有经验的项目管理专业人士领导高绩效的 PMO 量身定制的。

PMI PMOGA 董事总经理 Americo Pinto 表示：这对 PMI、PMOGA 和全球 PMO 社区来说是一个真正特殊的时刻，凭借新的 PMI-PMOCP™ 和开创性的《项目管理办公室（PMO）：实践指南》，我们重新定义了

PMO，塑造了它们的未来。《项目管理办公室（PMO）：实践指南》强化了以客户为中心的方法，目标就是为他们所服务的组织提供真实、可衡量的价值。这是一个里程碑，也是 PMO 新时代的开始。

在《项目管理办公室（PMO）：实践指南》的编写过程中，汇集了全球顶尖的项目管理专家和实践者的智慧，结合了跨行业、跨文化的实际应用案例和研究成果。非常荣幸，我也参与了英文版的审阅工作。《项目管理办公室（PMO）：实践指南》不仅涵盖了 PMO 的理论框架，更注重实操性，强调 PMO 在战略实施中的关键角色和价值贡献。对于希望构建、优化和转型 PMO 的组织来说，《项目管理办公室（PMO）：实践指南》是极具指导意义的参考书。对于 PMO 从业者和项目管理领域的专业人士来说，《项目管理办公室（PMO）：实践指南》也是系统学习和持续成长的知识宝典。同时《项目管理办公室（PMO）：实践指南》更是 PMI-PMOCP™ 认证考试的指定教材，为备考 PMI-PMOCP™ 认证的学员提供了知识体系和考试指南。

《项目管理办公室（PMO）：实践指南》中文版的翻译团队由具有丰富项目管理实战经验的资深专家组成，包括陈万茹、吴树廷、杨光、张智喨和我。《项目管理办公室（PMO）：实践指南》英文版的发布正值春节假期，我们一拿到原著便立刻开始工作。因为深感责任重大，在翻译过程中，我们力求准确传递原著的思想精髓，同时兼顾中文读者的阅读体验，尽力使语言流畅、表达精准。我们对全书进行了深入研讨，逐章审校，以确保译文的科学性、准确性和权威性。如有不妥之处，欢迎批评指正。在此，感谢翻译团队的高效合作。

《项目管理办公室（PMO）：实践指南》中文版的顺利出版，得益于 PMI 总部和 PMI（中国）的大力支持与帮助，特别感谢 PMI PMOGA 董事总经理 Americo Pinto 先生的热情分享和释疑解惑；更得益于电子工业出版社世纪波公司总经理付豫波女士、编辑卢小雷等的积极推动。在此，谨向所有为本指南出版付出心血的同人和专家学者，致以最诚挚的感谢！

最后，希望《项目管理办公室（PMO）：实践指南》中文版的出版能帮助更多的中国 PMO 专业人士掌握国际先进的管理理念，提升 PMO 的价值，并在全球化的项目管理舞台上发挥更大的作用。也期待大家就《项目管理办公室（PMO）：实践指南》的内容进行更深入、更广泛的交流。让我们共同推动中国 PMO 的发展，让组织的项目管理更加高效、智能、可持续。

吴江（Jack Wu）

2025 年 3 月

前言

项目管理协会（Project Management Institute，PMI）以"重塑全球 PMO"为宏伟愿景，编写了本指南，旨在推动项目管理办公室（Project Management Office，PMO）的创新与变革。

这一全面的指南不仅超越了传统的良好实践，还提供了一条前瞻性的路径，它凝聚了全球数百位资深 PMO 专业人士的集体智慧。这些专家涵盖知名机构中世界级 PMO 的负责人，以及德高望重的咨询师，他们在 PMO 的设立、运营及发展方面，有着不同的背景和丰富的经验。我们衷心感谢所有志愿者，他们以无私的奉献精神，为本指南的编写和评审贡献了宝贵的时间、深厚的专业知识和独到的见解。他们的专注与奉献，对打造这本内容全面的指南起到了不可估量的作用。

本指南的诞生可回溯至 21 世纪 10 年代初期，在此期间，我们实现了一系列重大里程碑，其中包括 PMO 全球联盟（PMO Global Alliance，PMOGA）的成立，以及 PMO 价值环™方法的发布。PMOGA 的发展极为迅速，于 2023 年底被 PMI 收购，由此稳固了其作为全球规模最大、最受尊崇的项目管理办公室社群的地位。

作为 PMI 旗下的全球 PMO 社群，PMOGA 通过成员提供的广泛反馈和创新理念，持续完善和拓展 PMO 价值环™方法。经过反复的优化，全新的 PMO 价值环™框架得以形成，它构成了本指南的核心。该框架将创新的、以客户为中心的方法与持续聚焦价值创造相结合，让 PMO 专业人士能够依据特定的组织情境，裁剪自身的工作方式。

本指南的编写始于全面的文献综述，涵盖了各类学术研究及专家撰写的著作。通过深入分析，梳理出当前 PMO 知识体系中的关键主题、面临的挑战及存在的空白，这为本指南奠定了坚实的理论基础，并催生出应对这些方面的新理念。不过，本指南的独到之处在于它深深立足于实践经验。我们与世界各地经验丰富的专业人士开展大量的讨论、调研、访谈，并结合案例研究及合作交流，收集诸多见解，真实反映出 PMO 实践工作的复杂性与多样性。

这种理论与实践的融合，造就了这本既全面又具立竿见影实用性的指南。它对传统观念发起挑战，同时针对 PMO 常见的难题，提供了经过验证的解决方案，为 PMO 管理领域带来了全新的创新性见解。

为便于理解与运用，本指南在架构上进行了精心设计，以确保能为各层级的 PMO 专业人士提供价值。无论是筹建新的 PMO，优化现有的 PMO，还是致力于将 PMO 发展成战略枢纽，你都能在本指南中找到可即刻应用的策略与框架。

我们邀请你以探索和创新的精神阅读本指南，并与我们一同完善其内容。在深入研读本指南的同时，思考这些见解与你自身经验的契合点或相悖之处。以批判性的思维创造性地研读这些内容，你将能够根据自身独特的情况灵活运用这些理念，推动你的组织乃至更广泛领域的 PMO 实践不断发展。

请记住，追求卓越 PMO 的征程永无止境，而本指南将伴你同行。愿它激励你大胆质疑，勇于创新，突破常规，不断提升 PMO 的实践水平。始终铭记：PMO 的核心在于人，包括运营 PMO 的人员、从中受益的人员，以及那些受其监管项目影响的人员。

踏上 PMO 的未来之旅，在这条道路上，价值创造与客户至上将为你指引方向。你的征程从此刻开启！

Americo Pinto

PMI PMOGA 董事总经理

目录

第1章 简介	1
本指南的目标受众	1
本指南中的知识来源	2
本指南的创新优势	4
第2章 如何阅读本指南	5
第1部分——构建全新的 PMO 思维模式	5
第2部分——PMO 价值环™框架	7
第3部分——探索价值创造型 PMO 飞轮	8
第4部分——附录	11

第1部分　构建全新的 PMO 思维模式

第3章 理解 PMO	15
为什么本章对 PMO 专业人士很重要	15
定义 PMO	15
理解 PMO 所面临的挑战	18
解读 PMO：从起源到现代适应性	19
探索 PMO 类型和模式：多元的方法	21
传统 PMO 类型的局限性	25
重新构想 PMO 模式：超越"一刀切"的解决方案	26
展望下一章	27

第 4 章　探索组织全景图 29

为什么本章对 PMO 专业人士很重要 29
组织背景情境的动态变化 29
理解八大组织背景情境 30
潜力情境 31
启动情境 32
成长情境 33
繁荣情境 33
危机情境 34
衰退情境 35
瓦解情境 36
复苏情境 37
情境之间相互转变的迹象 38
针对不同组织背景情境的策略 40
展望下一章 43

第 5 章　PMO 作为价值驱动型服务提供者 45

为什么本章对 PMO 专业人士很重要 45
将 PMO 重塑为服务提供者 45
采用服务提供者的思维模式 47
PMO 实践的敏捷基础 48
适应变化并蓬勃发展的 PMO 51
在 PMO 实践中推行敏捷性 52
应对证明 PMO 价值的挑战 53
价值因人而异 53
价值创造之旅 54
客户价值感知的概念 54
成熟度对价值感知的影响 54
展望下一章 55

第 6 章　拥抱以客户为中心的 PMO 57

为什么本章对 PMO 专业人士很重要 57
定义 PMO 客户 57
构建以客户为中心的 PMO 59

以客户为中心的 PMO 原则	60
识别 PMO 客户的期望	61
30 个潜在的 PMO 成果	62
以客户为中心的 PMO 的收益	66
展望下一章	67

第 7 章　PMO 服务和 PMO 服务成熟度 ... 69

为什么本章对 PMO 专业人士很重要	69
从 PMO 职能到 PMO 服务	69
服务类别和域	70
PMO 服务方法	74
根据客户需求裁剪方法	74
选择正确的方法	76
在各种 PMO 服务中应用服务方法	76
理解 PMO 服务成熟度	80
展望下一章	81

第 8 章　为 PMO 专业人士培养能力 ... 83

为什么本章对 PMO 专业人士很重要	83
PMO 专业人士的核心能力	84
探索 PMO 能力域	85
将核心能力与 PMO 服务保持一致	90
如何为 PMO 专业人士开发能力	91
展望下一章	92

第 2 部分　PMO 价值环™框架

第 9 章　框架概述 ... 95

为什么本章对 PMO 专业人士很重要	95
介绍新的 PMO 价值环™框架	95
超越"一刀切"的 PMO 模型	98
展望下一章	99

第 10 章　组织基准要素 ... 101

为什么本章对 PMO 专业人士很重要	101

解码组织背景 101
　　组织战略：PMO 成功的支柱 103
　　组织文化和成熟度：塑造 PMO 的无形因素 104
　　组织结构：将 PMO 与组织整合 105
　　行业特定概况：根据不同的现实情况裁剪 PMO 106
　　展望下一章 108

第 11 章　PMO 结构组件 109
　　为什么本章对 PMO 专业人士很重要 109
　　建立 PMO 基础 109
　　PMO 授权：PMO 成功的起点 111
　　PMO 治理：PMO 运营的基石 114
　　PMO 战略：规划价值交付的路线 116
　　展望下一章 118

第 12 章　PMO 客户体验周期 119
　　为什么本章对 PMO 专业人士很重要 119
　　从概念到价值：PMO 客户体验之旅 119
　　周期的迭代力量 121
　　探索阶段：为组织发展奠定基础 121
　　设计阶段：打造 PMO 的价值蓝图 123
　　部署阶段：实现 PMO 愿景 124
　　强化阶段：提升 PMO 绩效和服务成熟度 125
　　实现阶段：巩固 PMO 价值并为未来增长做准备 126
　　展望下一章 127

第 3 部分　探索价值创造型 PMO 飞轮

第 13 章　PMO 飞轮概述 131
　　为什么本章对 PMO 专业人士很重要 131
　　利用 PMO 飞轮释放 PMO 的潜力 131
　　PMO 飞轮的动态特性 132
　　PMO 飞轮的 10 个步骤 134
　　PMO 飞轮的重要性 135
　　展望下一章 136

第 14 章　步骤 1：意识培养 137
为什么本章对 PMO 专业人士很重要 137
意识培养步骤概览 137
实施意识培养步骤 139
展望下一章 144

第 15 章　步骤 2：需要评估 145
为什么本章对 PMO 专业人士很重要 145
需要评估步骤概览 145
实施需要评估步骤 146
展望下一章 152

第 16 章　步骤 3：价值主张 153
为什么本章对 PMO 专业人士很重要 153
价值主张步骤概览 153
实施价值主张步骤 154
展望下一章 159

第 17 章　步骤 4：服务开发 161
为什么本章对 PMO 专业人士很重要 161
服务开发步骤概览 161
实施服务开发步骤 162
展望下一章 171

第 18 章　步骤 5：服务导入 173
为什么本章对 PMO 专业人士很重要 173
服务导入步骤概览 173
实施服务导入步骤 174
展望下一章 181

第 19 章　步骤 6：服务运营 183
为什么本章对 PMO 专业人士很重要 183
服务运营步骤概览 183
实施服务运营步骤 184
展望下一章 192

第 20 章　步骤 7：服务监督 193

为什么本章对 PMO 专业人士很重要 193
服务监督步骤概览 193
实施服务监督步骤 197
展望下一章 202

第 21 章　步骤 8：服务改进 203

为什么本章对 PMO 专业人士很重要 203
服务改进步骤概览 203
实施服务改进步骤 204
展望下一章 210

第 22 章　步骤 9：价值交付 211

为什么本章对 PMO 专业人士很重要 211
价值交付步骤概览 211
实施价值交付步骤 214
展望下一章 219

第 23 章　步骤 10：价值认可 221

为什么本章对 PMO 专业人士很重要 221
价值认可步骤概览 221
实施价值认可步骤 225
完成 PMO 飞轮之旅并为新周期做准备 232

第 24 章　结论 235

第 4 部分　附录

附录 X1　贡献者和审校者 239

附录 X2　PMO 客户期望评估 243

附录 X3　PMO 服务成熟度评估 263

附录 X4　PMO 服务交付的关键能力概况 281

参考文献 293

术语表 301

图表目录

图 3-1	不同的 PMO 视角	17
图 3-2	PMO 时间线	19
图 3-3	PMO 类型	22
图 4-1	组织背景情境	31
图 6-1	常见的 PMO 客户群体	58
图 6-2	以客户为中心的 PMO 原则	60
图 7-1	PMO 服务的主要方法	75
图 8-1	PMO 能力域	86
图 9-1	PMO 价值环™框架	97
图 10-1	基准元素	102
图 11-1	PMO 结构组件	110
图 11-2	PMO 的基础支柱	112
图 12-1	PMO 客户体验周期	120
图 13-1	价值创造型 PMO 飞轮	132
图 14-1	PMO 飞轮中的意识培养步骤	138
图 15-1	PMO 飞轮中的需要评估步骤	146
图 16-1	PMO 飞轮中的价值主张步骤	154
图 17-1	PMO 飞轮中的服务开发步骤	162
图 18-1	PMO 飞轮中的服务导入步骤	174
图 19-1	PMO 飞轮中的服务运营步骤	184
图 20-1	PMO 飞轮中的服务监督步骤	194

图 21-1　PMO 飞轮中的服务改进步骤 204
图 22-1　PMO 飞轮中的价值交付步骤 212
图 23-1　PMO 飞轮中的价值认可步骤 222

表 4-1　组织背景情境的策略 40
表 5-1　聚焦过程的传统 PMO 和服务导向的现代 PMO 46
表 6-1　PMO 的 30 个潜在成果 63
表 7-1　战略型、战术型和运营型 PMO 服务的特点 70
表 7-2　全球 PMO 社区中常见的 PMO 服务 72
表 8-1　应用于不同能力域的核心能力 87
表 20-1　PMO 服务交付绩效指标示例 196
表 22-1　价值交付绩效指标示例 213
表 23-1　价值认可绩效指标示例 224

第 1 章

简介

在组织的成功越来越依赖于有效的项目管理的时代，PMO 的角色从未如此关键。本指南不仅旨在弥合理论知识与实际应用之间的差距，还意在塑造 PMO 的未来。

本指南汲取了全球 PMO 社区的集体智慧，所提供的见解既具创新性，又紧密贴合实践经验。它解决了现代 PMO 所面临的关键挑战，例如，如何彰显自身价值，如何与组织的愿景、使命及战略对齐，以及如何推动持续改进。

本指南旨在为 PMO 专业人士提供适应型的策略，这些策略可根据其独特的组织全景图进行调整，助力他们将 PMO 打造成战略资产，为所在组织带来可衡量的结果并交付有效价值。读者在研读本指南的过程中，将发现大量的实用方法，这些方法旨在提升 PMO 的影响力，帮助他们应对当今组织环境中错综复杂的局面。

本指南为 PMO 专业人士提供了具有前瞻性的策略，以便他们能够预测未来的挑战与机遇，并为此做好准备。通过将经过验证的实践方法与创新理念相结合，本指南为"打造卓越的 PMO"提供了一份全面的路线图，它不仅能满足当前需求，还能使 PMO 成为推动组织未来成功的催化剂。这种动态的方式确保读者不仅能解决当下问题，还能在不断变化的商业环境中，积极主动地塑造 PMO 的战略角色。

本指南的目标受众

本指南旨在服务广泛的专业人士群体，包括已投身于 PMO 工作或有志于此的专业人士。本指南的内容全面，适合处于不同职业阶段、具备不同 PMO 经验水平的人员，并确保为该领域的广大从业者提供价值：

- **PMO 负责人**。PMO 负责人包括负责设立、运营或转型 PMO 的总监、经理及资深专业人士，他们都可以从本指南中受益。通过学习本指南，这些专业人士能获得战略洞察及实用框架，以提高其 PMO 的有效性，使其与组织的目标对齐，并创造可衡量的价值。本指南为他们提供了应对复杂组织动态的先进策略，有助于优化 PMO 的绩效，并将 PMO 打造成组织内的战略资产。

- **PMO 顾问**。PMO 顾问是本指南的核心受众之一。这些专业人士为组织提供有关 PMO 良好实践和实施策略的建议，他们能从本指南中获取丰富的信息，为其咨询工作提供支持。本指南不仅提供全面、最新的框架和工具，还为 PMO 勾勒出前瞻性的愿景。同时，本指南也为 PMO 顾问提供前沿的见解，这有助于完善他们的建议，使他们能够为客户创造更大的价值。

- **负责监督 PMO 的高管**。负责监督 PMO 的高管也能从本指南中获益。本指南为他们提供了战略视角，旨在阐述 PMO 如何推动组织取得成功，并深入解读如何借助 PMO 实现战略对齐和价值创造。这种高层级的视角有助于高管就 PMO 的投资和战略方向做出明智决策。

- **PMO 团队成员**。即 PMO 内部的支持人员，是本指南的核心受众之一。本指南有助于他们全面了解 PMO 的实践方法和新兴趋势。这些知识使他们能够更有效地为其 PMO 的成功做出贡献，并在该领域推进自身职业的发展。

- **项目管理从业者**。有志于转型从事 PMO 工作的人员，也能从本指南中受益。无论是期望晋升至 PMO 领导岗位的项目经理，还是对 PMO 职业感兴趣的其他专业人士，本指南都为他们奠定了有关 PMO 原则和实践的扎实基础。本指南还清晰规划了发展技能和学习知识的路线图，以帮助他们胜任 PMO 岗位。

- **PMO 的客户**。PMO 的客户和其他专业人士也可以从本指南中获益。本指南提供了详尽的信息，可帮助专业人士了解如何从 PMO 的合作和支持中获益，以及如何与 PMO 合作并为其提供支持。

通过服务这些多元化的群体，本指南旨在提升 PMO 的实践水平，并助力全球 PMO 专业人士的职业发展。本指南是一份全面的参考资料，PMO 专业人士可在其整个职业生涯中反复研读，当他们在充满变化的 PMO 和 PMO 领导力领域中不断前进并迎接新的挑战时，可以从本指南中获取相关的见解与策略。

本指南中的知识来源

本指南汇集了多方面的知识，融合了创新研究成果和经过验证的实践经验。这种综合式的编写方法确保了本指南既具有理论深度，又具备实际应用性，对于各层级的 PMO 专业人士而言，本指南都是极为宝贵的资源。

本指南源自一套严谨且全面的方法论，它综合了大量研究、实践经验，以及来自数十个国家的数百名资深 PMO 从业者和专家们的贡献。这些贡献者在全球 PMO 领域耕耘长达数十年，在开发本指南的过程中发挥了关键作用。

本指南建立在扎实的学术和商业研究基础之上，结合了全面的文献综述，以确保所阐述的概念均有可靠的理论框架作为依托。在参考文献部分，我们为读者详细汇编了与本指南所涉主题相关的书籍和学术文章，为读者进一步深入研究和理解后续章节中未详述的部分内容提供了更多资源。

在此基础上，数百位资深 PMO 专业人士参与了调研与访谈，其中包括来自全球的 PMO 负责人、顾问、团队成员及高管。本指南汇集了他们对当前实践、挑战及未来趋势的多元化视角，解决了当今 PMO 专业人士最紧迫的问题。

来自项目管理及相关领域的思想领袖组成了专家小组，他们通过深入的辩论和探讨，挑战传统观念，完善核心理念，同时将传统项目管理范畴之外的视角纳入其中，如"客户体验"——本指南所提出框架的核心要素。通过跨领域的协作和对话来探索不同学科的交叉点，这有助于构建一种整体方法，重新定义 PMO 在推动组织成功中的角色，并确保所提出的建议兼具创新性与现实可行性。

为了进一步夯实本指南的基础，我们对近年来在 PMO 全球奖项中脱颖而出的数十个卓越 PMO 进行了深度剖析。PMO 全球大奖是全球范围内规模最大、最具影响力的卓越 PMO 奖项，最初由 PMOGA 创立，现隶属于 PMI。通过对这些高绩效 PMO 和面临重大挑战 PMO 的对比分析，本指南提炼出了构成该领域核心的关键经验教训和实践，并洞悉了行业新兴趋势和未来方向。

在六年的时间里，我们与 PMO 专业人士开展了数十场研讨会，旨在对构建本指南所呈现框架的理念进行全面的测试、验证与优化。这种注重实践的方式，确保了本指南中的各项建议不仅具有理论基础，而且还具备实际可行性。实际上，早在本指南出版前，全球众多的 PMO 就已在应用该框架的诸多内容。

最后，来自不同国家和行业的众多资深 PMO 专业人士对本指南进行了评审。通过这一过程，全球项目管理社区的数千名专业人士能够提供宝贵的反馈意见。

通过运用这种多元化的方法论，这本深度融合实践经验和协同参与的指南得以编写完成。本指南不只是对现有知识的简单堆砌，而是值得信赖、与时俱进且面向未来的资源，为各层级的 PMO 专业人士提供了极具实操性的见解与策略，可助力他们迅速提升 PMO 绩效，进而推动组织实现成功。

本指南的创新优势

本指南标志着 PMO 管理实践的重大飞跃，它提供了一种全新、创新的方法，与传统方法形成了鲜明对比。其相关性和独特的贡献，使它成为 PMO 专业人士在应对现代组织环境复杂性时不可或缺的工具。

本指南介绍了 PMO 的概念和运营的范式转变。它打破了将 PMO 单纯视作行政机构的传统观念，提出了一种动态的、以价值驱动的模式，把 PMO 定位为推动组织成功的战略合作伙伴。在当今瞬息万变的商业环境中，这种转变的意义重大，因为 PMO 必须持续展现自身的价值与适应能力。

本指南的一项关键创新在于：以客户为中心的 PMO 管理方式。与许多聚焦职能、服务、流程和方法的现有著作不同，本指南强调理解并满足组织内部 PMO 客户的需要。本指南提供了用于识别客户需要，裁剪 PMO 服务，以及衡量客户满意度的框架，使 PMO 能够对所在组织的需要做出更积极的响应，为组织创造更大的价值。

本指南引入了一种完善的服务成熟度模型，专为 PMO 服务而设计。该模型突破了简单的阶段式递进模式，提供了一个多维度框架，让 PMO 能够在各项服务中评估和提升自身能力。这种对服务成熟度的细致处理方式，能让 PMO 以更具针对性且更高效的方式实现自身发展。

本指南的一个独特之处在于，将敏捷原则融入 PMO 的运营。许多著作将传统方法和敏捷方法视为相互排斥的两种方法，而本指南提供了一种创新方法，可以构建由敏捷驱动的 PMO，使其既能支持预测型的项目环境，又能支持适应型的项目环境。对于在不同组织环境中运营的 PMO 而言，这种灵活性至关重要。

本指南在衡量和传递 PMO 价值的方式上也有所创新。它引入了 PMO 的"价值感知"概念，即采用了超越传统项目成功衡量标准的先进指标和评估技术，帮助 PMO 清晰阐述其对组织战略目标的贡献。这尤为重要，因为在这个时代，人们越来越期望 PMO 能够证明自身存在的合理性，并展现出切实的商业影响力，使其成为面向未来的一项战略投资，而不仅仅是一个"成本中心"。

本指南以其极具前瞻性的视角独树一帜。它不仅着眼于应对当下的挑战，还助力 PMO 专业人士为新兴趋势和未来情境做好准备。它提供了构建灵活的 PMO 架构的策略，使其能够迅速做出调整，以适应不断变化的组织需要或外部压力。在当今瞬息万变的商业环境中，这种适应能力至关重要。

本指南与当下的 PMO 专业人士高度相关，因为它不仅能帮助他们应对不断演变的挑战，还提供了创新的解决方案和前瞻性的策略。通过采纳本指南所述的理念和策略，PMO 专业人士能够将他们的 PMO 打造成动态的、以价值驱动的机构，并成为组织成功不可或缺的一部分。

第 2 章

如何阅读本指南

本指南旨在全方位、系统性地帮助读者深入理解现代 PMO 管理。各章层层递进，环环相扣，既承接上文，又为后文埋下伏笔，构建了一个逻辑清晰和有机统一的知识体系。

尽管本指南的各章分别聚焦于 PMO 管理的特定领域，但我们强烈建议你从头至尾通读全书。只有这样，你才能充分掌握概念的逻辑演进，明晰不同要素间的内在联系，并深入领会推荐实践背后的整体思路，从而实现收益的最大化。

本章列举的要点可作为快速参考指南，方便专业人士在实际工作中按需回顾特定章节。通过这种方式，专业人士能够更有效地运用相关概念，理解各个要素对打造高绩效的 PMO 所发挥的关键作用。

PMO 专业人士在运用各章的具体信息时，需要将其置于更宏观的背景中进行考量。成功落地并管理好 PMO，关键在于采用一种整体方法，整合本指南所涉及的方方面面。

以下概述了各章的目的。

第 1 部分——构建全新的 PMO 思维模式

◆ **第 3 章——理解 PMO**。本章旨在帮助读者建立对 PMO 的基础认知，特别适合初学者或希望重新了解 PMO 在现代组织中角色演进的人士。本章回溯了 PMO 的发展历程，给出了最新的定义，并对传统的 PMO 类型进行了全面梳理。同时，本指南还开创性地提出了一种更为灵活、更具适应性的方法，对传统的 PMO 类型发起了挑战。

核心要点：
- PMO 作为组织的实体机构，负责集中管理项目组合、项目集和项目的相关活动。

- PMO 从行政支持角色，转变为推动组织走向成功的战略合作伙伴。
- 鉴于组织在需要和成熟度上存在差异，PMO 的具体职能和架构也会有所不同。

◆ **第 4 章——探索组织全景图**。本章深入剖析了 PMO 可能存在的各类组织背景情境。这对于 PMO 专业人士意义重大，他们可以借此判断组织当下的具体情境，在设计、搭建或运营 PMO 时，精准把握其中的挑战与机遇。此外，本章还探讨了 PMO 如何在不同情境之间过渡，以及如何识别组织环境即将发生变革的信号。

核心要点：
- 识别了 8 种组织背景情境：潜力情境、启动情境、成长情境、繁荣情境、危机情境、衰退情境、瓦解情境和复苏情境。
- 针对不同的组织背景情境，PMO 需要采用差异化的策略和方法。
- PMO 要适应不断变化的组织环境，以保持高效运营。

◆ **第 5 章——PMO 作为价值驱动型服务提供者**。本章引入了一种变革性的 PMO 思维模式，融合了服务导向、敏捷性以及对价值的高度关注。本章将 PMO 重新定义为适应型的服务提供者，通过整合敏捷原则，以提升响应变化的能力，并探讨了如何彰显 PMO 价值这一难题。

核心要点：
- 强调从以过程为中心向以客户为中心、价值驱动的转变。
- 重点关注向组织交付有形收益，是 PMO 工作的重中之重。
- 秉持敏捷驱动的 PMO 理念，PMO 能够灵活应对不断变化的需要和环境。

◆ **第 6 章——拥抱以客户为中心的 PMO**。本章深度剖析了以客户为中心的 PMO 的核心要素。从明晰 PMO 所服务的客户类型到识别预期成果，为 PMO 的成功运营提供至关重要的见解。同时，本章还提供了客户细分和优先级排序的策略，并对 30 个最常见的 PMO 成果展开深入探讨。

核心要点：
- 识别 PMO 的客户群体，明确其需要，并确定优先级。
- 详细阐述 PMO 有望达成的 30 个最常见的成果（收益）。
- PMO 应裁剪其服务，以满足客户的特定期望。
- PMO 应持续收集客户反馈，并依据反馈采取行动。

◆ **第 7 章——PMO 服务和 PMO 服务成熟度**。本章罗列了在项目组合、项目集和项目领域中 26 项最常见的战略、战术和运营层面的 PMO 服务。同时，引入了灵活的服务方法，以适应不同的需要，并对传统的 PMO 服务成熟度概念提出了挑战，从服务效率以及与客户需要动态对齐的角度，为读者提供了更深刻的解读。

核心要点：
- 列出了 26 项最常见的战略、战术和运营层面的 PMO 服务。
- 详细介绍了 PMO 的服务方法：咨询型、支持型、辅助型、指令型、控制型和管理型。
- PMO 的服务成熟度侧重于提升服务的精细度和有效性。

◆ 第 8 章——为 PMO 专业人士培养能力。本章探讨了 PMO 专业人士为出色履行职责应具备的 30 项核心能力，以及如何将这些能力应用于不同的 PMO 能力域（设计、运营和改进）。同时，本章还就评估当前的能力水平，识别差距，以及制订有针对性的改进计划提供了指导。对于旨在打造高绩效团队并确保其 PMO 成为组织战略资产的 PMO 负责人而言，这些信息尤为珍贵。

核心要点：
- 解释了 PMO 专业人士的 30 项核心能力。
- PMO 专业人士的自身能力应与 PMO 服务和组织需要相匹配。
- 为 PMO 团队的技能提升提供制定策略的建议。

第 2 部分——PMO 价值环™框架

◆ 第 9 章——框架概述。本章对 PMO 价值环™框架进行了全面介绍，这是 PMI 推出的全新模型，旨在创建和运营价值驱动型的、以客户为中心的 PMO。本章提出了一种前瞻性且整体化的 PMO 管理策略，着重强调持续的价值交付以及与组织需要的对齐，这对于将 PMO 的运营转变为组织的战略资产起着决定性的作用。

核心要点：
- 概述了以客户为中心的 PMO 设计方法和运营方法。
- 详细解析了五大关键要素：PMO 客户、组织基准要素、PMO 结构组件、PMO 客户体验周期，以及价值创造型 PMO 飞轮。
- 强调持续的价值交付以及与组织需要对齐的决定性作用。

◆ 第 10 章——组织基准要素。本章以 PMO 价值环™框架为依托，探究对 PMO 设计和运营起着关键作用的基准要素。本章详细分析了组织战略、组织结构、组织文化和行业背景对 PMO 有效性的影响，并提出了相应的策略，使 PMO 的实践与这些基准要素对齐。

核心要点：
- 组织战略引领 PMO 与业务目标的对齐。
- 组织结构影响 PMO 的定位和权限。
- 组织文化和成熟度影响 PMO 的方法及接受度。

- 行业特定概况根据行业背景塑造 PMO 实践。

◆ **第 11 章——PMO 结构组件**。本章深入探讨 PMO 的结构组件，在 PMO 价值环™框架中，这些组件是构建有效 PMO 的关键要素。本章为专业人士提供指导，有助于他们制定明确的授权、稳健的战略以及有效的治理框架，从而为 PMO 奠定基础，为高效的服务交付和价值创造提供有利条件。

核心要点：

- PMO 授权界定了其目的、职责和权限。
- PMO 治理确立了决策流程和担责机制。
- PMO 战略概述了 PMO 如何随时间的推移交付价值。

◆ **第 12 章——PMO 客户体验周期**。本章提出了一种以客户为中心的 PMO 管理新方法，详细介绍了在 PMO 价值环™框架下，PMO 客户体验周期所包含的五个阶段：探索、设计、部署、强化和实现。这些阶段是构建以客户为中心、价值驱动型 PMO 的关键所在。

核心要点：

- 概述了 PMO 客户体验周期的五个阶段：探索、设计、部署、强化和实现。
- 聚焦持续改进和价值交付的迭代过程至关重要。
- 强调持续的客户参与和反馈至关重要。

第 3 部分——探索价值创造型 PMO 飞轮

◆ **第 13 章——PMO 飞轮概述**。本章介绍了一个动态模型（PMO 飞轮），旨在将 PMO 客户体验周期切实落地，该模型是 PMO 价值环™框架的核心所在。本章详细阐释了创造价值的 PMO 飞轮及其各个步骤的相互配合，它们可持续为 PMO 客户创造价值。此外，本章还给出了实施 PMO 飞轮以及克服常见阻碍的策略。

核心要点：

- 价值创造型 PMO 飞轮由 10 个步骤构成，旨在将 PMO 客户体验周期有效转化为实际行动。
- 价值创造型 PMO 飞轮为持续创造价值提供动力。
- 强调 PMO 各项活动之间的相互相关性至关重要。

- **第 14 章——步骤 1：意识培养。** 本章探索了价值创造型 PMO 飞轮的第 1 步，核心在于对 PMO 客户进行意识培养，提升其成熟度。本章给出了一系列策略，以帮助组织提升对 PMO 的角色、能力和价值的认知，从而加深对 PMO 在组织中潜在价值的理解。

  核心要点：
  - 向干系人宣传 PMO 的能力和价值至关重要。
  - 建立定期沟通的渠道是 PMO 成功的关键。
  - 在组织内打造 PMO 品牌可提升其有效性。

- **第 15 章——步骤 2：需要评估。** 本章介绍了价值创造型 PMO 飞轮的第 2 步，阐述了开展切实可行的需要评估的实用技巧。同时，还提供了相应的策略，旨在挖掘客户需要背后所隐藏的挑战和机遇，从而为 PMO 实现高效的服务交付和价值创造奠定坚实基础。

  核心要点：
  - 识别客户的痛点和期望有助于提高 PMO 的有效性。
  - 采用成果导向的沟通方式来准确把握客户的真实需要至关重要。
  - 根据对组织的影响程度来对需要进行优先级排序，这是确保成功的关键要素。

- **第 16 章——步骤 3：价值主张。** 本章介绍了价值创造型 PMO 飞轮的第 3 步，为专业人士清晰、有说服力地阐述 PMO 的价值提供了指导。本章探讨了构建高效 PMO 价值主张的关键要素，这对于提高各方参与 PMO 服务的积极性，以及确立 PMO 在组织中的战略合作伙伴地位起着决定性的作用。

  核心要点：
  - 提供了具体指导，以帮助 PMO 阐述如何满足已识别的需要。
  - 确保 PMO 服务与客户期望对齐，这是确保成功的关键因素。
  - 编制有吸引力的 PMO 价值描述和提案，这有助于获得对 PMO 的全面支持。

- **第 17 章——步骤 4：服务开发。** 本章聚焦于价值创造型 PMO 飞轮的第 4 步，阐释了如何创建、完善并推进价值驱动型 PMO 服务。本章涵盖了服务开发过程的关键阶段，给出了引导客户参与的策略，并确保了服务设计的灵活性。

  核心要点：
  - 基于已识别的需要来创建或优化 PMO 服务至关重要。
  - 提供了有关建立服务交付方法和绩效指标的专业指导。
  - 确保资源与能力和服务需求相匹配，这是成功的关键要素。

◆ **第 18 章——步骤 5：服务导入。**本章聚焦于价值创造型 PMO 飞轮的第 5 步，剖析了如何高效地将新的或优化后的 PMO 服务推向客户。本章给出了变更管理策略，以及评估服务导入成效的方式，以确保新的 PMO 服务能够顺利融入客户组织并迅速创造价值。

　　核心要点：

- 提供了向 PMO 客户引入新服务或改良服务的指导。
- 为推动 PMO 服务的应用提供培训和支持至关重要。
- 管理有关实施新的 PMO 服务的变更，这是成功的关键要素。

◆ **第 19 章——步骤 6：服务运营。**本章详细介绍了价值创造型 PMO 飞轮的第 6 步，重点阐述了管理 PMO 日常服务交付的有效实践。本章涵盖了成功服务运营的关键要点，强调了在落实 PMO 价值主张的过程中，要保持执行的稳定性，并实现高质量。同时，本章还强调了整合反馈，维持运营效率，以及借助技术手段提升服务可靠性和客户满意度的重要意义。

　　核心要点：

- 提供了有关 PMO 服务的日常管理工作的指导。
- 执行服务水平协议（Service-Level Agreement，SLA）是 PMO 成功的关键。
- 有效管理资源和工作量至关重要。

◆ **第 20 章——步骤 7：服务监督。**本章探究了价值创造型 PMO 飞轮的第 7 步，讨论了有效跟踪、衡量和分析 PMO 服务绩效的方法。本章涵盖了成功实施 PMO 服务监控的关键要素，并提出制定 KPI 的策略，以衡量在达成既定服务水平过程中的服务效率。

　　核心要点：

- 给出了基于既定标准跟踪 PMO 服务绩效的相关建议。
- 提供了确保遵循 SLA 的具体指导。
- 收集数据以实现持续改进有助于 PMO 取得成功。

◆ **第 21 章——步骤 8：服务改进。**本章围绕价值创造型 PMO 飞轮的第 8 步展开，着重探讨了如何通过提升服务成熟度和精细化程度，来强化 PMO 服务，进而提高向 PMO 客户交付承诺价值的可能性。对于想了解有效服务改进的核心要点的 PMO 专业人士来说，这些内容至关重要。对于寻求数据分析和数据监控，识别改进机会，以及衡量改进影响策略的专业人士而言，本章内容尤为珍贵。本章涉及的技能对于那些希望通过持续提升服务成熟度来保持 PMO 相关性和价值的人士来说至关重要。

　　核心要点：

- 提升 PMO 的服务成熟度和有效性，对 PMO 的成功至关重要。

- 根据绩效数据和 PMO 客户的反馈来实施变革，是一种有效的改进策略。
  - 持续使 PMO 服务与不断演变的客户和组织需要对齐，有助于提高 PMO 的整体效率。
- **第 22 章——步骤 9：价值交付。** 本章探讨了价值创造型 PMO 飞轮的第 9 步，重点关注了如何实现并展示 PMO 服务的有形收益。本章涵盖了成功实现价值交付的关键要素，以及传达 PMO 价值的有效策略，这对于证明 PMO 存在的合理性以及获得组织长期支持都至关重要。

  核心要点：
  - 实现并展示 PMO 服务的有形收益至关重要。
  - 探讨了量化 PMO 对组织成功所产生的影响的重要性。
  - 提供了向干系人有效传达价值，以及根据绩效数据和 PMO 客户的反馈实施变革的建议。
- **第 23 章——步骤 10：价值认可。** 本章涵盖了价值创造型 PMO 飞轮的第 10 步（最后一步），旨在确保 PMO 交付的价值能够得到认可并得到充分利用。本章探讨了成功获得价值认可的关键要素，并提供了多种策略，包括：提升客户对 PMO 贡献的认知度，促进客户对 PMO 价值的认可，增强 PMO 的可信度，以及构建一个积极的反馈循环。

  核心要点：
  - 提供了确保客户认可并重视 PMO 价值的指导。
  - 针对如何提升价值感知，详细介绍了制定相关策略的建议。
  - 为 PMO 持续获得支持而构建一个积极的反馈循环，这是 PMO 取得成功的关键所在。
- **第 24 章——结论。**

第 4 部分——附录

- **附录 X1——贡献者和审校者。**
- **附录 X2——PMO 客户期望评估。** 附录 X2 提供了一套全面的评估方案，用来系统地评估和理解 PMO 客户对 PMO 所产生成果的需要与期望。附录 X2 还提供了全球 PMO 社区针对如何将客户期望转化为有效的、可行的服务的建议，以确保 PMO 始终与不断变化的客户和组织需要对齐。

  核心要点：
  - 系统地评估客户需要和客户期望至关重要。
  - 运用标准化评估来收集 PMO 客户对 PMO 应产生成果的期望至关重要。
  - 使 PMO 服务与已识别的客户优先级对齐，这有助于确保 PMO 取得成功。

◆ **附录 X3——PMO 服务成熟度评估**。附录 X3 提供了一套全面的评估方案，用来评估 PMO 服务的成熟度。附录 X3 详细介绍了一个服务成熟度模型（包含 5 级），借助该模型，PMO 能够评估自己在 26 项最常见的 PMO 服务中的当前能力。附录 X3 还包括以下内容：实施 PMO 服务成熟度评估，解读评估结果，利用这些见解推动有针对性的改进。

核心要点：
- 运用标准化评估来衡量 PMO 服务成熟度，这有助于确保 PMO 按计划运行。
- 利用服务成熟度模型来指导 PMO 服务改进是成功的关键因素。
- 针对如何提升 PMO 服务成熟度，提供了制订相关行动计划的建议。

◆ **附录 X4——PMO 服务交付的关键能力概况**。本章深入分析了从 30 项核心能力中挑选出的最关键能力，这些能力对于有效交付 26 项最常见的 PMO 服务至关重要。基于全球 PMO 社区的集体经验和见解，该清单强调了有效交付每项服务所需的最关键能力。

核心要点：
- 聚焦关键能力，有助于在核心业务环节提升绩效，并改善服务效果。
- 将技能发展与服务需求对齐，有助于专业人士更好地满足工作需求，大幅改善成果。
- 可将此关键能力概况当作实践指南，以帮助 PMO 专业人士将技能发展的重点放在最能提升服务交付的领域。

第 1 部分

构建全新的 PMO 思维模式

第 3 章

理解 PMO

为什么本章对 PMO 专业人士很重要

对于 PMO 专业人士而言，深入理解 PMO 的本质、发展历程和多样性，既是理论知识的积累，也是取得成功的关键基础。本章非常重要，因为它提供了在现代组织中应对复杂多变的 PMO 环境所需的背景信息。

首先，本章提供了 PMO 的历史背景，可帮助读者了解 PMO 诞生至今的演变过程。这些知识有助于 PMO 专业人士更好地理解 PMO 在过去几十年里所发挥的核心功能和作用，以及这些功能和作用是如何受到不断变化的业务需求和技术进步的影响的。

其次，认识到 PMO 发展的不同路径突出了适应性和定制化的重要性。通过研究这些差异，PMO 专业人士能够深入了解如何裁剪 PMO，以满足特定的组织需求和文化背景。

最后，本章为 PMO 专业人士提供了一个思路和实践的方法库，强调了各种方法的优势与局限，并鼓励你根据组织的特定需求采用更加灵活的混合方法。在瞬息万变的商业环境中，这种灵活性是保持 PMO 相关性和有效性的关键。

定义 PMO

近年来，PMO 已成为全球领先企业的重要组成部分。随着企业面临日益复杂的挑战以及快速变化的全球经济环境，PMO 在确保项目成功实施和推动组织战略落地方面发挥着越来越关键的作用。

近四十年来，PMO 一直被视作承担管理工作的"实体机构"，其职能包括：规范项目相关的治理流程；推动资源、方法、工具及技术的共享，从而实现项目投资回报的最大化。然而，PMO 的角色历经演变，远远超出了这一基础定义的范畴。如今，现代 PMO 正逐渐成为充满活力且适应性强的实体机构，在确保项目成果与组织目标对齐、推动创新以及创造商业价值等方面，发挥着至关重要的作用。

在当今商业环境中，PMO 的重要性不可估量。随着组织越来越依赖项目来实施战略和推动变革，PMO 成了连接高管愿景与运营执行的关键纽带。PMO 能够在战略、战术或运营层面发挥作用，成为客户不可或缺的合作伙伴，并助力领导者取得成功。

然而，需要注意的是，PMO 并不存在通用的模式，不能一概而论。其架构、职能和侧重点会因组织需求、行业背景以及服务成熟度的不同而存在显著差异。在浩如烟海的项目管理文献中，PMO 的概念有着众多解读。虽然对于其基本性质，即作为组织内部的一个集中式团队或部门，已达成共识，但在具体职能和职责范围方面，仍存在不同的理解。

人们常把 PMO 负责人称作"PMO"，这在概念上是错误的，除非他们指的是"项目管理专员"，但这个称呼并不常用于 PMO 负责人。一般来说，根据 PMO 的具体特点，PMO 负责人会被称为经理、协调员或总监。将 PMO 视作独立个体，会低估其对组织绩效的重大影响。作为一个实体机构，PMO 要确保项目得到有效管理，并与业务目标对齐，而 PMO 负责人只是这个庞大体系中的一部分。准确区分作为组织实体机构的 PMO 和作为管理及领导其各项职能的个人——PMO 负责人，这一点至关重要。

一些定义着重强调 PMO 在标准化流程和方法中的作用，另一些定义则突出其对项目及项目经理的支持职能。更具战略性的解读是，将 PMO 定位为项目组合管理中的关键角色。尽管项目经理往往分散在各个业务部门，但有时（并不常见）也会将 PMO 描述为项目管理的核心枢纽。

在众说纷纭的观点中，有一条贯穿始终的共同主线，即 PMO 无疑是一个正式的组织实体机构，致力于管理项目组合、项目集和单个项目。然而，对于其确切宗旨、工作范围和职责，在不同组织之间可能存在显著差异。

与其构建一个包罗万象的定义，不如承认这种内在的多样性。因此，我们提出一个简洁却灵活的 PMO 定义：

> PMO 是组织结构中的实体机构，通常以部门或团队的形式设立，其主要职责是集中开展与项目组合、项目集和（或）单个项目管理相关的活动。这些活动的具体内容会因各组织的独特需求而有所不同。

虽然有些实体机构并不总是被称为 PMO，但它们以不同的名称发挥着相同的作用。这些实体机构通过履行常见的 PMO 职能并追求类似的目标，与 PMO 的核心定义保持一致。

为了阐释 PMO 的多面性，可以将其想象成一个立方体，其六个面分别展现一个概念的某一要素。当把这六个要素组合起来，就能更全面地勾勒出这个立方体及其所代表的含义。假设有六个人，每个人仅看到立方体的一个面，那么他们对整个立方体的认知就会很有限。然而，当他们将各自了解的信息汇集起来，就能对这个立方体有更完整的认识（见图 3-1）。

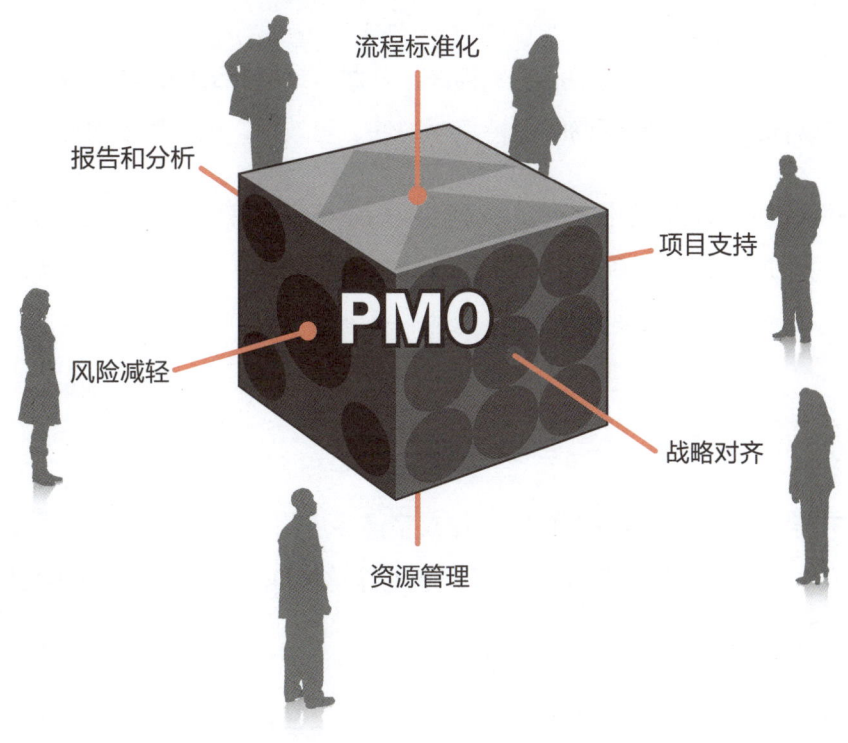

图 3-1　不同的 PMO 视角

这个例子是理解 PMO 的绝佳比喻。正如每个人对立方体的认知虽正确却不完整一样，关于 PMO 的各种观点也是如此。每个观点都揭示了 PMO 的某一有效方面，但没有一个能涵盖其全部潜力。

PMO 专业人士，就如同只看到立方体一个面的人，常常基于自身经验和专业领域，专注于 PMO 职能的特定方面。有些人可能强调流程标准化，有些人侧重于项目支持，还有些人则关注战略对齐。虽然每个观点都有其合理性，但它们仅代表了 PMO 潜在职能范围的一部分。

组织并非一成不变的实体机构。它们不断变动、发展、成长，并面临新的挑战。如果 PMO 始终刻板地专注于其潜在职能的某一个方面，随着时间推移，就可能面临效率降低的风险。

例如，一个最初为执行项目管理标准而设立的 PMO，随着组织的成熟，它可能需要转向项目组合管理和战略对齐。认识到并适应这些不断变化的需求，对于 PMO 的成功至关重要。

立方体的例子强调了在理解 PMO 时，认识并整合多元视角的重要性。它凸显出 PMO 可以且应当因地制宜，根据所在组织的特定需求和环境做出调整。

PMO 专业人士应当始终意识到，他们当前的观点虽有价值，但其描述的只是更宏大的动态体系的一部分。随着组织环境的变化，PMO 的工作方式也必须随之改变，以确保它能够持续创造价值并有效地支持组织的战略目标。

本质上，PMO 成功的关键在于接纳这种多样性，并保持灵活应变的能力。通过遵循这样的原则，PMO 在不断变化的现代组织中，能够始终保持其相关性、有效性，成为有价值的资产。

本指南深入探讨了 PMO 的多面性，PMO 在现代组织中不断演变的角色，以及建立、运营和完善高效 PMO 的良好实践。通过理解 PMO 在当今商业环境中的关键作用，PMO 专业人士能够更好地找准自身定位，推动组织取得成功，并驾驭现代项目管理的复杂性。

理解 PMO 所面临的挑战

项目管理的不断发展给当今组织中的 PMO 带来了诸多挑战。这些挑战具有多样性和复杂性，从战略对齐问题到技术变革带来的冲击等，不一而足。应对这些挑战对于 PMO 在现代商业环境中保持相关性和发挥自身价值至关重要。

PMO 面临的一个重大挑战是，向组织展示有形的价值。在精益运营和严格审查预算的时代，PMO 承受着巨大的压力，它必须通过展示自己对组织盈利的贡献来证明其存在的合理性。有效的项目管理往往带来诸如决策优化和风险减轻等无形收益，而要对这些收益进行量化则十分困难，这进一步加剧了上述挑战。

另一个重大挑战是，适应快速的技术变革。随着人工智能（Artificial Intelligence，AI）等新技术的涌现，PMO 需要持续发展，将这些创新融入工作，同时确保在整个组织中保持一致性。对于许多 PMO 而言，在创新与稳定之间寻求平衡始终是一项艰巨任务。

战略对齐同样是一个长期存在的挑战。PMO 不仅要确保项目集和项目得以高效执行，而且要保证它们能切实推动组织目标的实现。这就要求 PMO 深入理解商业战略，并将其转化为切实可行的项目组合。

PMI 在 2023 年发布的一份基于研究的"思想领导力"报告表明，PMO 的战略作用日益重要，能够为其所在的组织创造更多的价值。然而，对于许多 PMO 而言，在执行董事会中谋得一席之地并赢得高管的信任仍是一项重大挑战，因为高管往往认为 PMO 只有在战术和运营领域才能发挥作用，而不认为 PMO 是战略资产。

这一挑战持续存在，不仅因为 PMO 可能需要在组织内找准自己的定位，还因为在很多情况下，组织在项目管理方面的成熟度较低，导致高管无法充分认识到 PMO 所提供的潜在价值。这种对价值认知的缺失形成了一种复杂的局面，即 PMO 尽管具有创造重大战略价值的潜力，却难以在组织中提升自己的地位和扩大影响力。

PMO 面临着双重挑战：一方面要展示自身的战略价值；另一方面还要教育和影响组织领导者，使其充分认识到有效项目管理的深远影响。这就要求 PMO 制定完善的沟通策略，以引起高管共鸣的方式阐明其价值主张。通常，PMO 要将项目管理成果转化为业务影响和战略优势。

此外，PMO 应巧妙把握这种微妙的平衡，既要提供即时的、有形的收益，又要朝着长期战略对齐和组织成熟度提升的方向而努力。实现这种平衡通常需要一个循序渐进的过程，即通过持续交付价值来逐步建立信誉，同时不断努力提高对项目管理战略潜力的认知。

解读 PMO：从起源到现代适应性

PMO 的演变历程丰富多样，这反映了企业不断变化的需求以及项目管理日益提升的重要性。随着时间的推移，这类组织部门已从单纯的技术支持提供者，发展成当今商业环境中的关键战略参与者。

需要指出的是，全球 PMO 的发展并非遵循统一路径。受当地组织文化和组织成熟度等因素的影响，PMO 在不同地区和不同行业的发展状况差异显著。如今，一些地区的 PMO 已具备很高的成熟度，成为商业领域的重要力量；而另一些地区的 PMO 仍处于起步阶段，其 PMO 实践还有很大的发展和完善空间。

以下详细介绍几十年来 PMO 发展的关键阶段（见图 3-2）：

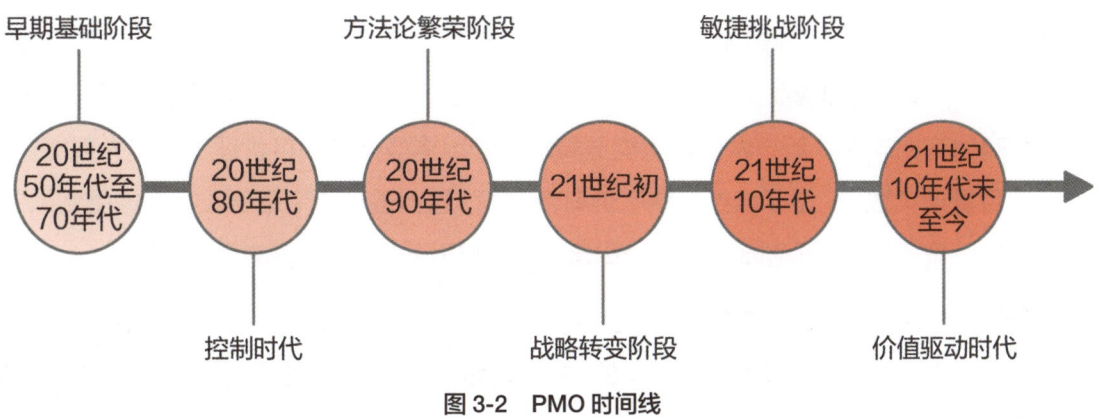

图 3-2　PMO 时间线

- **早期基础阶段（20 世纪 50 年代至 70 年代）**。我们今天所熟知的 PMO 可追溯到 20 世纪中叶。20 世纪 50 年代至 60 年代，为实施大规模的政府及军事项目，设立了集中式项目管理职能部门。例如，在冷战时期，美国国防部设立了 PMO 来管理复杂的国防项目，这种成功的方法至今仍被沿用。同样，20 世纪 60 年代，美国国家航空航天局（NASA）在阿波罗太空任务期间也采用了集中式方法来管理项目，这在当时被视为一项极具雄心的创举。这些早期 PMO 旨在管理大规模、复杂的项目，这些项目需要得到细致的协调与监督。PMO 的职责主要围绕流程展开，包括进度控制、资源分配和成本控制。

- **控制时代（20 世纪 80 年代）**。大约在 20 世纪 80 年代，PMO 开始以偏向控制和审计的运营角色出现在企业环境中。在此期间，PMO 扮演着"看门狗"的角色，确保在任何既定项目中，各项工作都严格遵循预定的进度计划、预算或规格要求。以这种角色行事，意味着要具有严格的报告流程和强大的监督系统，以便对项目的执行进行严格把控。尽管这种方法可使项目保持规范有序，但这种以控制为中心的方法有时会让 PMO 显得过于官僚化，从而阻碍了项目进展。不过，这种方法为未来项目管理实践的精细化发展奠定了基础。

- **方法论繁荣阶段（20 世纪 90 年代）**。20 世纪 90 年代，PMO 的关注点发生了显著变化。随着项目管理逐渐发展为一门独立的学科，PMO 开始关注这一领域，并创建了标准化的项目管理方法论、工具，以及与项目相关的其他战术性组件。在此阶段，产生了正式的项目管理方法论，PMI 的《项目管理知识体系指南》（简称《PMBOK®指南》）得到了广泛采用。在这一阶段，PMO 扮演了方法论"守护者"的角色，负责培训项目经理，开发标准模板和流程，并确保整个组织在执行项目时保持一致性。此外，在扩展 PMO 能力方面，项目管理软件也发挥了重要作用。这类技术进步有助于提升组织跟踪项目、分配资源以及汇报项目进展的能力，从而使 PMO 更具价值。

- **战略转变阶段（21 世纪初）**。进入新千年后，PMO 逐渐向更具战略性的方向转变。项目组合管理成为流行语，大多数 PMO 将项目与组织战略相结合。这种结合催生了企业项目管理办公室（Enterprise Project Management Office，EPMO），这标志着企业层面的项目监督向与企业目标的战略对齐的转变。新技术也让功能更集成、使用更便捷的项目管理工具成为可能。然而，在项目管理实践中，由于组织成熟度仍有待提高，这些进步所带来的收益往往受到限制。PMO 肩负着管理项目，以及推动组织变革以提升整体项目管理成熟度的重任。

- **敏捷挑战阶段（21 世纪 10 年代）**。在 21 世纪 10 年代，敏捷方法迅速兴起，这给 PMO 带来了挑战和机遇。传统的、以控制为导向的 PMO 受到质疑，有人甚至宣称这类 PMO 与"新的敏捷世界"格格不入。这种局面迫使 PMO 重新审视自身的角色和价值主张。PMO 专业人士开始思考如何从战略层面为组织创造价值，而不是像以往的大多数 PMO 那样单纯地关注技术层面。因此，在项目管理不断变化的全景图中，这一转变对于确保 PMO 保持其相关性和必要性至关重要。PMO 开始引入混合项目管理模式，借鉴传统方法与敏捷理念之长。它们不再执着于僵化的方法，转而推动组织的整体敏捷性。

- **价值驱动时代（21 世纪 10 年代末至今）**。近年来，PMO 越发意识到，只有通过创造组织价值，它们才能存续，并成为干系人（尤其是高层管理者）不可或缺的合作伙伴。这一认知的转变得益于 PMO 内一批更专业的领导者，同时，简化的流程以及高度自动化和集成化的工具也助力了这一转变。现代 PMO 致力于弥合组织面临的现实状况、需求、限制与挑战之间的差距，从而提升组织对其价值的认知和认可。这种提升标志着组织管理的重大转变：从以控制为核心的实体机构转变为价值驱动的战略合作伙伴。如今的 PMO 不再仅仅着眼于管理项目，而是专注于借助项目推动组织战略实施，实现创新并创造有形的价值。在当前复杂多变且快速发展的环境中，PMO 正成为组织不可或缺的战略合作伙伴。

显然，PMO 的演变远未结束。那些能够预判并响应组织在特定时期的需求，利用新兴技术，并持续证明这种价值有助于实现组织目标的 PMO，将取得更大的成功。

探索 PMO 类型和模式：多元的方法

PMO 专业人士在实施或重新设计 PMO 时，常常会参考已有的模式。然而，众多的可用模式带来了一个难题：究竟哪种模式才是真正"最佳"或"正确"的选择呢？这种困境常常引发一种错误的假设，即存在一种"理想"模式，而其他模式都显得过时或不相关。

这种传统做法（寻找一个完美的 PMO 模式来解决组织面临的所有难题）需要得到修正，因为它促使组织采用一种所谓的"理想"模式，一旦失败，就只能等待下一个趋势再做尝试。这样的策略严重忽视了 PMO 的一个核心特征——PMO 内在的独特性。

与项目组合、项目集和项目管理相对标准化的实践不同，PMO 代表了一种复杂现象，难以达成普遍共识。事实上，并不存在经过实践验证、普遍适用或始终有效的 PMO 模式。虽然不同专家提出的各种模式提供了宝贵的见解，但它们并不是相互排斥的。相反，这些模式应被看作一系列的可选方案，有可能通过相互结合，来满足特定的组织需求。

图 3-3 展示了一些可实施的不同类型的 PMO。有关 PMO 的权威文献给出了更全面的类型清单，其中包括：

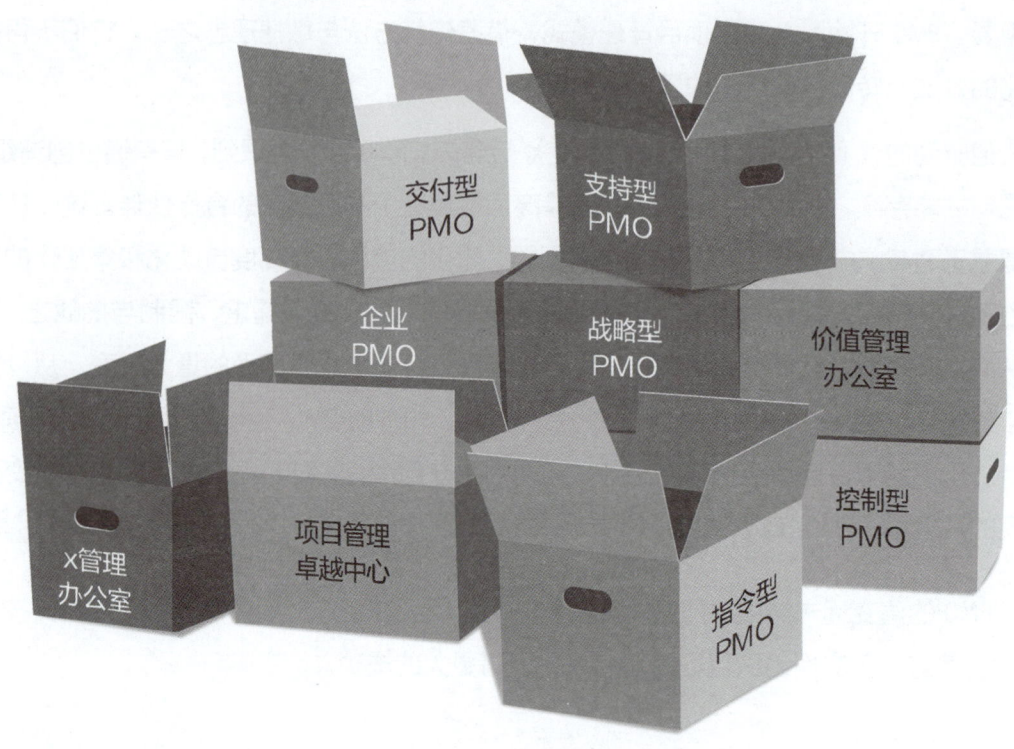

图 3-3　PMO 类型

- **敏捷型 PMO**。敏捷型 PMO 是专门为支持诸如 Scrum、看板（KanBan）或极限编程（XP）等敏捷项目管理方法而设计的。这种类型的 PMO 专注于推广敏捷实践、原则和价值观，推动持续改进，并针对敏捷工具和技术提供指导。

- **控制塔型 PMO**。控制塔型 PMO 在项目管理中发挥着更为积极的作用，可确保项目遵守既定的政策、流程和方法。此类 PMO 监督项目管理实践，监控项目绩效，并对项目进行审计，以保证组织执行的一致性。控制塔型 PMO 侧重于维持项目的质量和控制。

- **咨询型 PMO**。咨询型 PMO 专注于为组织内的项目团队提供专家建议、指导和支持。这种类型的 PMO 与支持型 PMO 类似，因为它提供了一系列服务，可帮助项目团队改进项目管理实践并取得项目成功。主要区别在于，咨询型 PMO 更强调主动的咨询角色。

- **控制型 PMO**。控制型 PMO 在组织内拥有中高级别的控制权，它强制要求遵守既定的项目管理政策、方法和框架。这种类型的 PMO 专注于管理风险、问题和变更请求，监督项目管理实践，并确保项目始终遵循组织流程和标准，以维持项目的质量和控制。

- **部门级 PMO**。部门级 PMO 特定于组织内的某个部门或业务单元，根据该部门的需求提供经裁剪的项目管理支持和指导。

- **指令型 PMO**。指令型 PMO 拥有高度的控制权，会积极管理和指导组织内部的项目。指令型 PMO 适用于项目管理成熟度较高、需要集中控制和保持一致性的组织。这种类型的 PMO 可确保项目得到有效管理并实现预期成果，通常对项目经理和团队拥有控制权，并深度参与项目决策过程。

- **交付型 PMO**。交付型 PMO 负责组织内部项目的管理和交付，提供必要的工具、流程和资源。它具有中等级别的控制权，专注于确保项目按时、按预算且按预期质量标准交付。交付型 PMO 为项目团队执行项目、监控进度和汇报项目绩效提供支持，主要关注项目的日常管理和成功完成。

- **企业 PMO**。企业 PMO（EPMO）是组织内高层级的 PMO，具有广泛的职权范围。EPMO 负责监督和协调所有的 PMO 活动，确保这些活动与组织的战略目标对齐，并为整个组织提供统一的项目管理方法。

- **职能型 PMO**。职能型 PMO 负责特定职能领域或业务范围内的项目管理，如信息技术、人力资源或财务领域。职能型 PMO 通过提供针对该领域特定需求的项目管理指导、资源和工具，来支持相应部门。

- **混合型 PMO**。混合型 PMO 根据组织的特定需求和实际情况，融合了不同类型 PMO 的要素。混合型 PMO 能够根据组织的需求进行裁剪，为项目管理提供更灵活的方法。

- **创新型 PMO**。创新型 PMO 专注于推动组织内部的创新实践，为旨在培养创新能力、激发创造力和进行新产品开发的项目及举措提供支持。创新型 PMO 可能与研发（R&D）团队和跨职能项目团队紧密合作。

- **运营型 PMO**。运营型 PMO 专注于为组织内的单个项目和项目团队提供支持。运营型 PMO 提供项目管理指导、工具和资源，以确保项目的成功执行和交付。运营型 PMO 扮演着更具战术性的角色，专注于满足项目团队的日常需求，并与项目的执行和交付紧密相关。

- **项目组合管理办公室（Pf-PMO）**。Pf-PMO 负责管理组织的全部项目组合，包括项目集、项目和其他工作。Pf-PMO 对项目组合进行监督，确保其与组织战略对齐，对项目投资进行优先级排序，并优化资源分配。Pf-PMO 拥有最高级别的权力并聚焦战略，以确保所有举措都能支持组织的整体目标，在项目组合管理和交付中发挥着关键作用。

- **项目集管理办公室（Pg-PMO）**。Pg-PMO 负责管理和协调一个大型项目集中的多个关联项目。这类 PMO 专注于实现项目集的目标和收益，管理项目之间的相互依赖关系，并提供项目集层面的治理。Pg-PMO 在组织中承担战略角色，与项目集管理和交付高度对齐，以确保项目集中的所有项目都有助于实现项目集的总体目标。

- **特定项目 PMO**。有时也被称为"项目控制办公室"（Project Controls Office，PCO），它是为支持单个大规模或高风险项目而设立的。这类 PMO 提供专门的项目管理支持和资源，以确保项目的成功交付。

- **项目支持办公室**。项目支持办公室（Project Support Office，PSO）为组织内的单个项目和项目团队提供行政支持与协调。PSO 可确保项目经理获得成功管理项目所需的资源、工具和指导。PSO 负责诸如项目跟踪、报告和文档管理等活动，关注项目团队的日常需求。因其角色更具战术性，PSO 与项目执行和交付紧密相关。

- **项目管理卓越中心**。项目管理卓越中心（Project Management Center of Excellence，PMCoE）是一种特殊类型的 PMO，致力于提升和强化组织的项目管理能力。作为项目管理知识、技能、资源及最佳实践的核心枢纽，PMCoE 旨在提高组织整体的项目管理成熟度和有效性。

- **支持型 PMO**。支持型 PMO 侧重于通过提供工具、模板、最佳实践和培训，来为项目团队提供支持。在组织内部，支持型 PMO 的控制权通常较低，其主要目标是通过分享知识和资源来改进项目管理实践。它协助项目团队处理日常项目管理任务，并在必要时提供指导。

- **战略型 PMO**。战略型 PMO 专注于将组织的项目组合、项目集和单个项目与组织战略目标对齐，并确保它们能够创造价值。战略型 PMO 的工作涉及项目的优先级排序、资源分配、收益实现和治理等。在组织中，战略型 PMO 通常拥有较高的权力，并与高级管理层密切合作，以确保组织的项目组合得到有效管理。

- **战术型 PMO**。战术型 PMO 负责管理和协调多个相关项目，以确保组织的项目遵循一致的管理流程，并促进良好实践的推广。战术型 PMO 专注于提升组织的项目管理能力，并充当项目管理知识、技能和资源的核心存储库。

- **转型管理办公室**。转型管理办公室（Transformation Management Office，TMO）负责推动并管理大规模的组织转型举措。TMO 还负责监督与协调对实现战略目标至关重要的项目集和项目，以确保它们与组织的愿景和战略对齐。

- **价值管理办公室**。价值管理办公室（Value Management Office，VMO）负责确保项目可为组织交付最大化的价值。VMO 专注于评估、排序优先级、跟踪项目收益和投资回报率（Return On Investment，ROI），以确保项目与组织的战略目标对齐，并助力组织取得成功。

- **x 管理办公室（xMO）**。这一概念的核心在于，PMO 对项目组合、项目集和项目的传统管理职能可以拓展到组织内的其他领域，在这些领域，管理支持和专业知识可创造额外的价值。通过拓展其职能范围，xMO 能够更好地支持组织的战略目标，促进跨部门协作，并增强组织的敏捷性。例如，变革管理办公室（Change Management Office，CMO）就是一种 xMO，它专注于管理组织变革，以确保组织能够适应新的战略、技术或商业模式。

相关文献呈现了种类繁多的 PMO 类型，每种类型都为这些实体机构在组织中如何运营提供了独特的视角。这种多样性反映了 PMO 复杂、多面的性质，以及它们所服务的组织的多样化需求。

在分析本章所描述的 PMO 类型时，将从以下视角之一展开：

- **覆盖范围**。PMO 的类型由其影响的范围来进行界定，范围可以从整个组织到特定的部门或单位，甚至是单个项目集或项目。每种类型的 PMO 满足不同的需求，并在不同的范围内运作，这凸显了在项目管理中根据具体情境构建组织结构的重要性。其主要类型包括部门级 PMO、EPMO、特定项目 PMO、Pg-PMO 和职能型 PMO。

- **服务方法**。PMO 的运营方法决定了 PMO 的类型，如咨询型、控制型或指令型。其主要类型包括控制塔型 PMO、咨询型 PMO、支持型 PMO、指令型 PMO 和 PSO。每种类型的 PMO 都需要相应地调整其服务方法，以最有效地满足组织的需求，在指导、支持和控制之间寻求平衡。

- **职能类型**。PMO 的类型由其提供的一系列职能决定，这些职能可以是运营性的、战术性的、战略性的，也可以是预先设定职能的其他特定组合。其主要类型包括敏捷型 PMO、交付型 PMO、创新型 PMO、运营型 PMO、Pf-PMO、PMCoE、战略型 PMO、战术型 PMO 和 VMO。

- **灵活模式**。最近，强调更高灵活性的新方法不断涌现。尽管这些方法仍被归为特定类型，但它们逐渐摆脱了刻板的分类方式，主张根据每个组织的独特需求，采用更具适应性的方法。主要类型包括混合型 PMO 和 xMO。

每种类型都为如何构建和运营 PMO 提供了宝贵见解。然而，更重要的是，没有哪种单一类型可被视为通用的解决方案。相反，PMO 专业人士应该从这些模式中获得启发，并对已开发的解决方案进行裁剪，以满足组织的独特需求。

传统 PMO 类型的局限性

尽管各种文献所概述的 PMO 类型提供了有价值的见解，但在应用时，它们也存在一些局限性：

- **过度简化**。预先设定的模式往往无法全面满足组织的复杂需求。
- **静态属性**。这些模式可能没有考虑商业环境动态多变的属性。
- **一刀切思维**。这些模式可能导致千篇一律的方法，无法应对组织面临的独特挑战。
- **重架构，轻价值**。存在一种风险，即优先考虑对模式的遵循，而不是对有形收益的追求。

刻板地遵循一种模式，常常会迫使组织接受一种与自身独特情况不相符的观点。

重新构想 PMO 模式：超越"一刀切"的解决方案

PMO 的演变反映出一种日益深刻的认识，即灵活性和定制化是 PMO 成功的关键。经验证据不断表明，最有价值的 PMO 会根据其独特的组织环境裁剪架构，而非刻板地遵循某一种预先设定的模式。

尽管项目管理文献提供了丰富多样的 PMO 模式，而且每种模式都蕴含着宝贵的见解，但将它们当作通用解决方案可能适得其反。组织是动态发展的实体机构，需求在不断变化，PMO 也应具备同样的适应性，才能保持相关性和实用性。

危险在于，人们往往会陷入寻求一种"完美"PMO 模式的误区，或者从一种流行的类型跳到另一种类型。这种做法常常导致 PMO 与组织的实际需求脱节，进而降低其价值认可度和有效性。

成功的 PMO 并不会严格地对自己进行分类，或者严格遵循预先设定的模式，而是要常常融合多种模式的特点。这种混合模式使它们能够构建出最适合自身环境和干系人需求的独特架构。

随着组织面临新的挑战和机遇，必然会涌现新的 PMO 类型。然而，成功的关键并非全盘采用这些新类型，而是从它们身上汲取灵感，进一步完善和调整现有的 PMO 架构。

PMO 专业人士应专注于根据组织的特定需求创建并持续优化经裁剪的模式。他们应当认识到，给 PMO 贴上标签或分类，远不如它的有效性以及与组织目标对齐重要。

未来最成功的 PMO 将突破刻板分类的局限，打造真正量身定制的架构。通过秉持灵活性，聚焦干系人的需求，并持续适应变化，PMO 能够使自身成为组织迈向成功过程中不可或缺的战略伙伴。

PMO 理念的这种演变，不仅代表了架构或职能上的变革，还代表了人们对项目管理在组织中角色的根本性认知转变。这倡导了一种更细致入微、因地制宜的发展方式，旨在应对每个组织所面临的独特挑战与机遇。

在这个新范式中，"最佳的"PMO 不是要完美契合某种预先设定的模式，而是要与所在组织进行完美的适配，无论是今天、明天，还是未来，皆是如此。通过采用这种灵活、适应性强的方法，PMO 能够确保自己在日益复杂和快速变化的商业世界中始终保持相关性和价值，借助裁剪和行之有效的项目管理实践，推动组织走向成功。

展望下一章

在对 PMO 的基本原理有了扎实的理解之后,我们必须认识到 PMO 并非孤立运行。PMO 在错综复杂的组织环境中发挥作用,这些环境会影响其架构、绩效和整体成功。

在下一章,我们将探讨这些组织环境,以及不同情境会如何影响 PMO 的运营。这些知识能帮助 PMO 专业人士调整策略,以满足其组织的独特需求并应对挑战。

只有理解这些环境因素,PMO 才能在任何组织环境中成为推动项目成功的关键资产。下一章将探究 PMO 运营以及取得卓越成效所需的多样化组织全景图。

第 4 章

探索组织全景图

为什么本章对 PMO 专业人士很重要

本章概述的组织背景情境框架对 PMO 专业人士至关重要。这些情境为 PMO 专业人士提供了宝贵的见解，可帮助他们识别所在组织的当前情境，从而制定并应用与情境相匹配的策略。通过了解这些情境，PMO 专业人士能够裁剪方法，适应组织内部独特的挑战和机遇，进而提升其交付有效解决方案的能力。

本章为 PMO 专业人士提供了有关的知识与工具，能帮助他们在各类组织情境中应对 PMO 管理的复杂性。无论是在成熟度较低的环境中工作，启动一个新的 PMO，提升现有 PMO 的成功率，防止 PMO 走向衰落，还是在失败后重新引入 PMO，PMO 专业人士都面临着一系列挑战，而应对这些挑战需要具备战略眼光和适应能力。通过了解这些多样的情境，PMO 专业人士能够实施有针对性的策略，满足特定的组织需求，并推动可持续的成功。

组织背景情境的动态变化

PMO 并非一成不变。在经历不同的背景情境时，它们会随之发展、适应，有时也会遇到困境。组织背景情境框架提供了一个详细的架构，用于理解这些动态变化，为 PMO 在其发展历程的不同阶段所面临的各种挑战和机遇提供了有价值的见解。

为全面理解本框架的重要性，需要将其置于组织理论和项目管理实践的更广泛背景中加以考量。本框架与系统思维原则相符，承认 PMO 并非孤立存在，而是复杂组织生态系统的一部分。本框架中的每种情境都反映了 PMO 的内部状况、与不同干系人的互动情况，以及对外部环境因素的应对策略。

本框架还涉及组织行为、文化和成熟度等方面。初始情境凸显了对 PMO 成功、文化准备度及高管支持的重要性。框架认可了 PMO 存在潜在的衰退和瓦解情境，虽然这并非每个 PMO 的必然归宿，但也提醒 PMO 必须持续、清晰地阐述并展示自身的价值主张。

最后，本框架纳入的复苏情境尤其值得关注，因为它认可了组织学习与革新的潜力。这一概念与组织韧性和适应能力的理论相契合，表明：即便遭遇重大挫折，PMO 仍可以实现演变，并能重新定义自身的价值主张。

在组织的项目环境日益复杂和不确定的情况下，组织背景情境框架为应对这些挑战并把握潜在机遇提供了宝贵的指引。本框架倡导 PMO 采取动态和适应型的管理方式，认识到可能需要根据不断变化的组织需求和外部压力调整 PMO 的角色和关注点。

仔细审视本指南给出的八个情境，你会发现本框架不只是一个理论构想，而是指导 PMO 战略和运营的实用工具。本框架为 PMO 在发展、适应和革新的复杂历程中指明方向，提供深刻见解，并有助于组织充分挖掘 PMO 的价值潜力。

理解八大组织背景情境

经验表明，组织可能经历截然不同的背景情境，这些情境会对 PMO 的各项举措产生重大影响。我们识别了可能影响 PMO 举措的八大情境，每个情境都有其独特的挑战和机遇。认清组织当前所处的情境，能在很大程度上决定 PMO 的战略方向。

理解这些情境对于裁剪 PMO 战略至关重要。鉴于每个情境都对应了不同的应对方式，因此，识别组织当前所处的情境是确保 PMO 与组织需求对齐的第一步。能够理解并适应这些情境的 PMO，将在长期发展中取得成功。

本指南不假定 PMO 会按线性路径经历这些情境。实际上，PMO 并非总是以可预测的顺序在各个阶段间过渡。有些 PMO 会跳过某些情境，或者以不同的顺序经历这些情境。而且，PMO 的各个部分可能有不同的成熟度，或者根据组织独特的战略需求和具体情况，同时处于不同的阶段。这种非线性和动态的特性，凸显了在应用该框架时保持灵活性的重要性。

图 4-1 展示了八个组织背景情境，每个情境都代表着组织发展历程中的一个独特状态，突出了 PMO 专业人士在每个阶段所面临的独特特征、挑战与机遇。

图 4-1 组织背景情境

潜力情境

潜力情境代表着 PMO 举措的最早期状态。组织认识到 PMO 可能带来潜在收益，但缺乏有效实施 PMO 所需的文化基础或成熟度。尽管组织还没有为设立 PMO 做好准备，但潜力是存在的。在考虑设立 PMO 之前，有必要专注于改变组织文化。

这就好比，尽管专家能预见到几年后这里会长成一棵参天大树，但他们也清楚，目前的情境类似于待开垦的肥沃土地。土壤虽具备潜在的肥力，但需要充分准备才能适合种植。恰当的准备工作（如翻土、施肥等）对于将这种潜力转化为一棵枝繁叶茂的大树至关重要。

此情境具有以下特点：

- **高潜力环境。** 组织已认识到 PMO 的收益，但尚未做好实施准备。
- **缺乏正式的项目管理架构或流程。** 组织尚无既定的框架或方法体系。
- **围绕 PMO 概念展开初步讨论和规划。** 有关 PMO 的潜在角色、收益和架构的讨论刚刚开始，尚未采取正式行动。
- **组织文化与成熟度。** 已识别组织在文化变革和成熟度提升方面存在重大需求。

开发关键聚焦领域

通过关注以下领域，有助于组织为 PMO 的设立奠定坚实的基础，确保 PMO 在未来能够成功落地。

- **文化变革**。优先营造一种重视项目管理、理解 PMO 作用的文化。
- **教育与宣传**。向关键干系人宣传 PMO 的收益和职能。
- **基础建设**。着手为未来 PMO 的实施奠定基础，包括开展基础培训和初步的流程开发。

启动情境

在启动情境下，组织已达到文化准备度和成熟度的基准水平。高管对 PMO 的潜在贡献有了足够的认识，能够初步认可并基本理解其价值。项目管理文化和成熟度已达到最低要求，这使 PMO 的初步实施成为可能。

这种情境类似于经过精心准备后适合种植的肥沃土地。土壤已经过翻耕和施肥，为种子的茁壮成长创造了理想条件。这片土地已做好准备，有望迎来蓬勃生长和丰硕收获。

此情境具有以下特点：

- **基础项目管理框架和方法论的引入**。实施基础的项目管理实践，以指导初始项目。
- **早期项目和流程的设立**。建立初步流程，并启动初始项目，以展示 PMO 的能力。
- **高管对 PMO 概念的认同和初步支持**。获得高管必要的支持和赞助，从而启动 PMO。
- **明确初期 PMO 团队的需求和角色定义**。界定初期 PMO 团队成员的角色和职责。

开发关键聚焦领域

通过关注以下领域，组织可以确保 PMO 的成功建立和成长，为后续阶段奠定坚实基础。

- **文化强化**。持续建立项目管理文化，强化对 PMO 重要性的认知。
- **干系人参与**。积极与干系人互动，在初步的支持和认同的基础上进一步巩固关系。
- **流程优化**。根据反馈和初期的项目成果，完善并优化早期阶段的流程。
- **能力建设**。提升 PMO 团队的技能和能力，以应对不断增加的职责与复杂性。

成长情境

成长情境标志着组织在项目管理方面进入一个重要的扩张和成熟阶段。PMO 开始扩大运营规模，优化流程，同时为客户带来初步收益。随着 PMO 运营规模的扩大，各项结果得到衡量，预期的收益也开始显现。关键在于保持这一发展势头，持续展现其价值。

成长情境如同一株树苗进入快速生长期，枝繁叶茂并开始结出果实。树苗的快速生长象征着新发现的潜力和活力。每片新叶、每颗果实都展现了它们的生长能力和产出能力。这一阶段充满生机和希望，预示着未来的丰收，也凸显了有利环境和悉心培育的收益。

此情境具有以下特点：

- **PMO 管理的项目组合不断增加。** PMO 负责管理的项目数量日益增多，彰显其影响力不断扩大。
- **流程和方法论的强化。** 完善并优化流程，以提升效率和成效。
- **PMO 团队规模和资源的增长。** 扩充团队，获取更多资源，以支撑运营的扩大。
- **干系人参与度和支持度的提升。** 加强与干系人的关系，争取更广泛的组织支持。

开发关键聚焦领域

通过关注以下领域，组织能够确保 PMO 成功实现扩张和成熟，为未来发展构建坚实框架。

- **保持发展势头。** 确保 PMO 持续展现价值，维持其增长态势。
- **绩效评估。** 定期评估项目成果和 PMO 绩效，找出有待改进之处。
- **能力建设。** 提升 PMO 团队的技能和能力，以应对更为复杂的项目。
- **干系人沟通。** 使干系人及时了解 PMO 的进展和成就，保持他们的参与度。

繁荣情境

繁荣情景代表着组织项目管理绩效和 PMO 认可度的巅峰状态。PMO 进入全盛时期，能够为客户和组织创造大量价值，它在助力项目成功和实现组织目标方面的相关性、重要性及贡献，已获得广泛认可。

这一情境类似于一棵枝繁叶茂、硕果累累的大树，因其强健、美丽以及为生态系统提供的支持而备受赞誉。它的枝头挂满果实，为众多生物提供了养分和庇护。这棵大树象征着坚韧和活力，因其对生态系统的贡献而受到尊崇。这种繁荣的状态展示了成长的巅峰和长期悉心照料的回报。

此情境具有以下特点：

- **项目交付的高效率和高成效**。项目按时交付，符合范围和预算要求，而且始终达到或超越预期。
- **有力的治理和对既定流程的严格遵循**。健全的治理框架确保了合规性和高标准。
- **干系人的高满意度和参与度**。干系人对 PMO 极为满意，积极参与其中，并认可 PMO 的价值。
- **持续交付成功的项目**。PMO 始终如一地交付成功的项目，并推动组织的成功。

开发关键聚焦领域

通过关注以下领域，组织能够维持并提升 PMO 的巅峰绩效，确保其持续交付重要价值，助力实现战略目标。

- **持续卓越**。维持项目管理的高标准，持续寻找改进契机。
- **创新**。鼓励创新，采用新方法和新技术，以保持领先地位。
- **干系人关系管理**。加强并维护与干系人的紧密关系，确保其持续的支持和参与。
- **表彰与奖励**。认可并奖励 PMO 团队的贡献，以保持团队的积极性和高绩效。

危机情境

危机情境标志着一个转折点，组织面临的挑战影响了 PMO 的价值主张。干系人可能难以察觉到 PMO 的价值，高管的支持也开始减弱。

这一情境如同一棵曾经生机勃勃的树木开始枯萎。由于缺乏养分，其活力和影响力逐渐下降，除非采取干预措施使其恢复生机。树木的叶子开始发黄、掉落，象征着其生存的艰难。如果不及时给予照料并恢复必要的资源，树木将不可避免地走向衰败，这凸显了立即采取行动的迫切性，以恢复其健康和活力。

此情境具有以下特点：

- **未采用流程、系统和工件**。如果 PMO 开发的流程、系统和工件无人问津，这表明 PMO 未能满足客户需求，或者未能实现预期收益。
- **持续抱怨 PMO 绩效**。如果客户不断抱怨 PMO 的绩效，这意味着 PMO 未能带来预期收益，或者没能满足客户需求。

- **PMO 自主权的削减**。如果 PMO 的自主权被削减，这可能暗示组织对 PMO 的支持力度不足，或者 PMO 没有交付预期收益。
- **PMO 客户抱怨官僚作风**。如果干系人抱怨 PMO 增加了不必要的官僚程序，拖慢了项目交付的进程，这表明 PMO 可能未有效平衡治理需求和敏捷性需求。
- **对 PMO 的抵触情绪长期未消退**。如果在 PMO 运营一段时间后，客户仍持续抵触其工作，这表明 PMO 未能满足客户需求或交付预期收益。
- **未邀请 PMO 参加重要会议**。如果 PMO 未获邀参加重要会议，这意味着它在组织内未被视为战略合作伙伴。
- **项目交付的效率和成效不断下降**。项目普遍出现延误、超预算，或者无法达到质量标准的情况。

开发关键聚焦领域

通过关注以下领域，能够稳住 PMO 的局面，缓解当前面临的紧迫挑战，并为其恢复和重新发展奠定基础。

- **诊断评估**。进行全面评估，找出危机的根源。
- **重新争取干系人**。积极与干系人沟通，重建信任并展示 PMO 的价值。
- **重新分配资源**。确保 PMO 拥有克服挑战所需的资源。
- **改进流程**。找出并实施改进措施，以提升效率和成效。
- **领导者进行干预**。强大的领导力对于引导 PMO 度过危机并确保及时采取纠正措施至关重要。

衰退情境

如果组织的危机未能得到有效处理，就会出现衰退情境。PMO 正迅速失去支持，难以展现或实现预期价值。人们对 PMO 活动的抵制情绪加剧，PMO 存在的必要性也受到质疑。即便采取极端措施，也可能无法阻止其走向衰退，因为要扭转这种下滑趋势需要付出巨大努力。

此情境犹如一棵长期疏于照料的树，树叶纷纷枯萎、掉落。这棵被忽视的树难以维持生机，其生命已经岌岌可危。由于根系薄弱、枝干脆弱，阻止其衰退的努力可能付诸东流。如果不立即进行全面干预，这棵树几乎注定会死亡，这凸显了及时给予照料和投入资源以使其重焕生机、恢复健康的迫切性。

此情境具有以下特点：

- **失去高管的支持**。当高管开始质疑 PMO 的价值时，这明显表明 PMO 可能没有达成应有的成效。
- **PMO 客户的支持度和参与度降低**。PMO 客户逐渐失去兴趣，并对 PMO 创造价值的能力丧失信心。
- **PMO 负责人频繁变动**。PMO 领导团队的高离职率表明，组织可能对 PMO 缺乏坚定的支持，或者 PMO 未能实现预期收益。
- **PMO 团队人员频繁流失**。同样，PMO 团队内部的高离职率表明，团队可能未有效运营，或者存在更深层次的问题。
- **削减 PMO 的成本**。如果 PMO 成为成本削减的对象，这表明组织可能不将其视为战略合作伙伴，或者认为它没有带来预期收益。
- **PMO 的工作屡遭破坏**。如果客户主动破坏 PMO 的工作，这意味着存在更严重的问题，PMO 亟须重新评估其工作方式。
- **PMO 客户对 PMO 隐瞒信息**。如果客户向 PMO 隐瞒信息，这表明他们不信任 PMO，或者认为 PMO 没有提供价值。

开发关键聚焦领域

通过关注以下领域，有助于组织阻止 PMO 的下滑趋势，稳定其运营，并为潜在的恢复和重振创造机会。

- **立即干预**。迅速行动，优先解决最关键的问题，以稳定 PMO。
- **重建信任**。争取干系人，重建信任，并表明扭转颓势的决心。
- **资源分配**。确保分配了足够的资源，以支持 PMO 的恢复工作。
- **重新评估流程**。审查并改进现有流程，以提高效率和成效。
- **领导与指引**。强大的领导力对于引导 PMO 度过这一艰难时期并恢复其信誉和价值至关重要。

瓦解情境

在瓦解情境下，组织环境导致 PMO 无法有效运营，或者变得不合时宜。由于缺乏高管支持、自主权、资源和影响力，PMO 连最低限度的价值都无法交付，对组织而言已无存在必要。这种情况虽不理想，但有时为全新的开始提供了必要条件。它代表着在当前组织背景下，PMO 的生命周期可能走向终结。

这一情境犹如一棵枯萎到无法挽救的树。由于缺乏阳光、水分和养分，它不再开花结果，生机尽失。这棵树因缺乏必要的支持和资源，连最基本的生命力都无法维持，有时这就意味着其生命周期的结束。这种不可避免的衰退反映出长期忽视和干预不足的后果，也凸显了持续照料和资源投入对于维持生机的关键意义。

此情境具有以下特点：

- **PMO 流程和治理的全面瓦解**。PMO 再也无法维持任何既定的流程或治理架构。
- **干系人完全丧失信心和彻底失去干系人的支持**。干系人不再相信 PMO 有创造价值的能力，导致其支持被全面撤回。
- **无法有效管理项目**。由于缺乏有效管理，项目深受其害，频繁失败。
- **考虑解散 PMO**。组织应认真考虑解散 PMO，因为 PMO 已无法履行其职责。

开发关键聚焦领域

通过关注以下领域，有助于组织确定最佳行动方案，无论是尝试重振 PMO，还是决定解散并重新组建 PMO。

- **根本原因分析**。进行全面深入的分析，以明确 PMO 瓦解的根本原因。
- **与干系人沟通**。就面临的挑战和潜在解决方案，与干系人展开坦诚的沟通。
- **制定战略决策**。尝试重振 PMO，或者解散并重新组建 PMO。
- **重新分配资源**。如果选择重振 PMO，需要为其分配必要的资源以弥补不足。
- **领导力和愿景**。强大的领导力对于引导重振进程或管理向新架构的过渡至关重要。

复苏情境

在复苏情境下，组织环境为 PMO 理念的重生提供了契机。这种重生过程可能很复杂且充满风险，以往经历给组织带来的创伤可能使情况变得更为棘手。尽管挑战重重，但如果应对得当，有望通过复苏情境催生出一个更强大的 PMO。这意味着 PMO 理念的一次潜在重生，即从之前失败的废墟中涅槃重生。

此情境犹如野火过后休眠的种子重新发芽。恰似一株树苗在火灾后的废墟中生长，若给予恰当的照料并遵循正确的步骤，这株新树苗能比以往长得更为强壮。这个过程需要克服诸多重大挑战，但若处理得当，树苗最终会长成一棵更加强壮且有韧性的大树。从灰烬中重生象征着新生和更强大的潜力，彰显了有效管理和悉心培育的力量。

此情境具有以下特点：

- **重新聚焦于 PMO 的重建和改进**。集中精力，运用优化后的策略来重建 PMO。
- **重新确立治理和流程**。实施健全的治理框架和优化后的流程。
- **以全新策略重新争取干系人**。通过新制定的策略与干系人重新建立联系，以获取他们的支持。
- **复苏和改进的早期迹象**。留意积极变化和绩效提升的早期指标。
- **从之前的失败中吸取教训**。运用从过去的挫折中汲取的经验教训，避免重蹈覆辙，助力 PMO 的强化。

开发关键聚焦领域

通过关注以下领域，组织能够成功应对重建 PMO 过程中的复杂情况，打造一个更具韧性且高效的 PMO，以助力实现组织目标。

- **以客户为中心和价值驱动的实践**。基于既定的、聚焦客户需求和价值交付的实践来建立新的 PMO。
- **变革管理**。有效管理过渡阶段，并应对组织内的任何抵制情绪。
- **干系人沟通**。确保透明沟通，以重建信任并展示新的价值。
- **持续改进**。建立机制，对 PMO 的实践进行持续评估和优化。
- **资源优化**。确保资源得到最优利用，以支持 PMO 的复苏工作。
- **领导力和愿景**。发挥强大的领导力，引领 PMO 的复苏并激发干系人的信心。

情境之间相互转变的迹象

这些组织背景情境之间的转变很少是突然发生的，这通常有一个渐进的过程，以几个关键指标为标志。认识这些迹象对于主动的 PMO 管理和及时干预至关重要。虽然具体指标可能因组织及其背景而异，但有几个常见迹象通常预示着从一种情境向另一种情境的转变。

以下是一些示例：

- **干系人的认知和支持。**当 PMO 从成长情境迈向繁荣情境时，通常会出现以下情况：干系人的积极反馈增多；对 PMO 举措的参与度提高；对 PMO 服务的需求也更为频繁。相反，如果出现以下现象，则可能预示着 PMO 正朝着危机情境转变：对 PMO 价值的质疑增加；干系人（尤其是高管）的参与度降低；对举措（由 PMO 主导）的抵制情绪增加等。

- **高管支持。**在向更积极的情境转变时，往往伴随着高管支持力度的加大，具体表现为 PMO 享有更多的资源分配，更频繁地参与战略讨论，或者 PMO 权限的扩大。与之相反，如果高管减弱对 PMO 的支持，例如，预算削减或与领导层接触的机会减少，则可能预示着 PMO 正向着不太乐观的情境转变。

- **绩效指标。**当 PMO 向着繁荣情境转变时，KPI 通常会得到持续改善，如按时交付率、预算执行情况以及干系人满意度等。相反，如果项目成功率下降或问题项目的数量增多，可能预示着 PMO 正向着危机情境或衰退情境转变。

- **PMO 的适应能力和创新能力。**向着更积极情境转变的 PMO，往往展现出更好的敏捷性，会定期引入新方法或工具以提升项目交付水平。反之，如果出现流程停滞不前或抗拒变革的情况，则可能意味着 PMO 正向着不太理想的情境转变。

- **组织对齐。**当 PMO 向着更积极的情境转变时，PMO 的活动与组织战略目标之间通常会呈现更高的对齐度。如果 PMO 关注的重点与组织的优先级脱节，则可能预示着 PMO 正向着危机情境或衰退情境转变。

- **PMO 产出的质量和数量。**当 PMO 向着更积极的情境转变时，PMO 的可交付物，如报告、培训课程或流程改进成果等，往往在数量和质量上都会有所提升。如果产出减少或其感知价值降低，则可能意味着 PMO 正向着不太理想的情境转变。

- **PMO 团队士气和人员流动情况。**当 PMO 向着积极的情境转变时，团队士气通常会有所提升，人员流动率会降低，而且能吸引更多的优秀人才。反之，如果人员流动率上升、招聘困难，或者团队士气低落，则可能预示着 PMO 正向着不太乐观的情境转变。

- **PMO 对组织文化的影响。**当 PMO 向着更积极的情境转变时，组织中通常会形成日益浓厚的项目管理文化，PMO 推荐的实践方法也会得到更广泛的采纳。如果这种文化的影响力减弱，则可能意味着 PMO 正向着不太有利的情境转变。

- **PMO 在决策过程中的作用。**当 PMO 向着更积极的情境转变时，往往会在决策中发挥越来越重要的战略作用。在影响项目组合和项目管理的重大决策中，组织会征求 PMO 的意见。如果 PMO 在决策方面的影响力减弱，则可能预示着 PMO 正向着不太理想的情境转变。

- **组织变革。**组织内部的变动也会引发不同情境之间的转变。架构调整、领导层变动或战略方向转变，都可能对 PMO 所处的情境产生影响。

需要注意的是，不应孤立地看待这些指标，而应将它们作为整体评估 PMO 健康状况的一部分。这些指标的组合往往预示着 PMO 在不同情境之间的转变，而且每个指标的重要性可能因具体的组织环境而有所不同。

定期监测这些指标，有助于 PMO 专业人士和组织高管尽早察觉情境转变，从而及时做出恰当的战略应对。

针对不同组织背景情境的策略

每种组织的背景情境都会给 PMO 带来独特的挑战和机遇。识别这些情境有助于组织实施最契合自身现状的针对性策略。这些策略并非"一刀切"的解决方案，而是可裁剪的方法，旨在将成功的概率最大化。

对 PMO 专业人士而言，拥有针对各种情境的策略工具箱至关重要。掌握不同的策略，能帮助 PMO 专业人士主动应对挑战，并抓住增长和改进的机遇。这些策略考虑了每个组织的独特情境，为开发可裁剪的方法提供了良好的基础。

表 4-1 详细列出了针对每种组织背景情境的全面策略。

表 4-1　组织背景情境的策略

情　境	策　略
潜力	• 开展组织准备度评估。 • 评估当前的项目管理成熟度。 • 培养以项目为中心的文化。 • 争取高管支持
启动	• 制定有吸引力的 PMO 提案。 • 获得高管和关键干系人的认同。 • 定义 PMO 授权、PMO 治理（架构）和 PMO 战略。 • 识别 PMO 客户及其需求。 • 为 PMO 制定价值主张并概述其服务内容。 • 设计 PMO 的服务、流程及绩效指标。 • 组建并筹备 PMO 团队。 • 在 PMO 内部明确各成员的角色和职责。 • 引导 PMO 客户的融入，并启动 PMO 的运营。 • 衡量初步成果并做出必要的调整

续表

情　境	策　略
成长	• 完成全面导入并过渡到常规运营。 • 提高客户参与度。 • 优先开展报告和分析工作。 • 专注于能力建设。 • 专注实现快速获胜。 • 衡量价值交付情况。 • 识别并弥补潜在差距
繁荣	• 完善 PMO 的价值主张。 • 拓展客户群体。 • 优化并拓展 PMO 的服务内容。 • 与组织战略紧密对齐。 • 开发可裁剪的方法。 • 优化资源利用。 • 提升 PMO 的服务成熟度。 • 聚焦持续改进。 • 衡量价值认可度
危机	• 开展 PMO 健康状况评估。 • 制订危机管理计划。 • 重新争取 PMO 客户。 • 重新契合组织需求。 • 使 PMO 战略与组织当前的优先级紧密对齐。 • 为 PMO 修订价值主张。 • 重新评估并调整服务内容
衰退	• 对 PMO 进行全面审计。 • 为 PMO 制定扭亏为盈的战略。 • 制定重建 PMO 能力的路线图。 • 重新评估，并重新设计 PMO 的组织结构。 • 评估并弥补 PMO 团队内部的技能差距。 • 重新争取高管支持。 • 实施严格的绩效管理。 • 考虑引入新的领导层来扭转局面

续表

情　境	策　略
瓦解	• 为有序关闭 PMO 制订计划。 • 协助员工进行岗位过渡。 • 总结经验教训。 • 管理干系人沟通。 • 研究分散职能的可行性。 • 考虑将 PMO 业务外包。 • 探索未来 PMO 复苏的可能性
复苏	• 确保 PMO 采用合适的框架。 • 构建极具吸引力的全新愿景。 • 争取高管给予强有力的支持。 • 通过透明化重建信任。 • 专注于文化变革

在每种情境中，PMO 专业人士保持适应性，与干系人保持开放沟通，并且持续将 PMO 的工作与组织需求和战略目标对齐至关重要。通过运用这些策略，PMO 专业人士能够有效地应对 PMO 生命周期各阶段所呈现的挑战和机遇，确保 PMO 对组织的相关性和价值。

组织背景情境框架为理解 PMO 的动态变化提供了宝贵的见解，为理解最常见的情境提供了一种架构化的方法。本框架是 PMO 专业人士的有力工具，可指导他们制定策略和进行决策。

本框架的主要优势在于对组织背景情境的架构化理解，即将其分为 8 个不同的情境。这种分类提供了清晰的界定和通用的表述方式，使 PMO 专业人士能够更有效地讨论组织的当前状态和未来方向，并帮助他们根据特定的组织环境裁剪方法。

尽管本框架有上述这些优势，但其局限性也不容忽视。主要问题是，存在过度简化的风险。这 8 个情境可能无法完全涵盖现实 PMO 的复杂性和多变性，现实 PMO 往往同时兼具多种情境的特征。这种复杂性使得将 PMO 简单地归为某一种情境变得颇具挑战性。

本框架的其他局限性包括：假设 PMO 的发展路径是线性的。但在现实中，PMO 的情境转变并非总是遵循可预测的顺序。有些 PMO 可能跳过某些情境，或者以不同的顺序经历这些情境，这反映出每个组织独特的战略需求和情况。这种非线性的特点强调了在应用本框架时有必要保持灵活性。

本框架的有效性还可能受到情境差异的限制。一个 PMO 的成功要素可能与另一个 PMO 的成功要素大相径庭，这凸显了在应用框架时进行定制化的重要性。PMO 专业人士应根据其特定的组织文化、目标和挑战来调整框架。

本框架对 PMO 复苏情境的处理虽有价值，但也存在可探讨之处。尽管它为 PMO 瓦解后的发展提供了思路，但要知道，组织其实有多种选择。有些组织可能选择彻底重新设计其项目管理方法，而非沿用之前的模式。认识到这些可能性，能让框架变得更加全面、实用。

为了在发挥框架优势的同时弱化其局限性，PMO 专业人士在应用框架时应采取灵活的方法。这意味着要意识到 PMO 可能同时兼具多种情境的特征，并据此调整策略。持续评估至关重要，即定期评估 PMO 的状态，并按需调整方法，而非刻板地遵循预设路径。

定制化是 PMO 有效实施的关键。应根据特定的组织环境裁剪本框架，要认识到，针对不同的 PMO，度量其成功的方法可能有所不同。同样重要的是，应将本框架视为 PMO 管理工具箱的一部分，将它与其他相关模型和实践相结合，以实现更全面的管理方法。

总之，组织背景情境框架为理解和应对组织内面临的各种情境奠定了坚实的基础。通过认识其局限性并充分利用其灵活性，PMO 专业人士能够更有效地将本框架应用于他们独特的工作场景。

展望下一章

随着 PMO 在复杂多变的组织全景图中不断前行，一种重要的思维转变已经出现，即向价值驱动型服务提供者转变。这一转变深刻改变了 PMO 的运营方式和对组织的贡献方式。通过秉持以服务为导向的理念，PMO 能够从僵化的、以过程为中心的实体机构，转变为充满活力的、以客户为中心的合作伙伴，致力于提升项目成果并推动组织的整体成功。这种转变与在各种组织情境中所需的适应性自然契合。

在下一章，我们将深入探讨这种价值驱动方法的具体细节，以及它如何使 PMO 在不同情境中保持敏捷、灵活应变并发挥重要作用。同时，还会探讨 PMO 如何利用这种新方法，将自身的有效性和影响力发挥到极致。

第 5 章

PMO 作为价值驱动型服务提供者

为什么本章对 PMO 专业人士很重要

本章内容对 PMO 专业人士至关重要，它深入解析了以服务为导向的 PMO 以及敏捷原则。本章提供的信息可帮助 PMO 专业人士掌握相关工具，据此调整工作实践，提升对不断变化的业务需求的响应能力，并推动持续改进。

本章还探讨了如何证明 PMO 存在合理性的挑战，强调了在价值认可过程中客户认知的重要性。本章的详细指导将有助于专业人士从执行过程转向创造价值和管理认知，从而将 PMO 打造成不可或缺的战略资产。

通过采用服务提供者模式并秉持敏捷思维，PMO 能够与组织目标对齐，提高干系人的满意度，并展现出可衡量的价值。在当今的动态环境中，这种以适应性和价值交付为核心的方法至关重要。

将 PMO 重塑为服务提供者

服务提供者可以是个人、团队或组织，这类主体提供专业服务，以满足客户的特定需求。在特定领域，这些服务提供者拥有独特的专业知识、资源和能力，通过提供无形收益而非实体产品来创造价值。

服务提供者的特点在于，他们高度专注于理解并满足客户需求。他们依据既定的服务协议开展业务，并持续调整自身的服务内容，以适应不断变化的需求。在当今动态多变的商业环境中，这种适应性和以客户为中心的模式愈发重要。

PMO 正处于自身发展的关键节点。通常，PMO 被视为专注于执行标准和过程的行政机构，而如今，它们有机会重新审视自己在组织中的角色。

通过采用服务提供者的思维模式，PMO 能够从僵化的、以过程为中心的实体机构，转变为充满活力的、以客户为中心的合作伙伴，并致力于提升项目成功率和组织绩效。

这种转变代表了 PMO 运营方式以及价值交付方式的根本性变革。服务提供者思维模式的核心是，将 PMO"客户"（项目经理、高管、团队成员和其他干系人）的需求和满意度置于所有运营活动的首位。这种视角将 PMO 从一个聚焦行政或控制的部门，转变为积极推动组织成功的、有价值的战略资产。

采用服务提供者方法使 PMO 能够：

- 更紧密地与组织目标和战略对齐。
- 提升其对不断变化的项目和业务需求的响应能力。
- 提升干系人的满意度和参与度。
- 向组织展示清晰、可衡量的价值。
- 在项目管理实践中建立持续改进和创新的文化。

本章将探究以服务为导向的 PMO 的关键特征，将其与传统 PMO 架构进行对比，并审视这种方法的优势以及实施过程中所面临的挑战。

通过理解并接受服务提供者的思维模式，PMO 能够使自身成为组织成功不可或缺的合作伙伴，在日益复杂的商业世界中促进项目的卓越和战略目标的实现。

将 PMO 转变为面向服务的实体机构，需要具备几个关键特征，这些特征使其有别于传统的 PMO 模式。这些特征反映了在关注点、优先级和运营方式上的根本性转变。通过认可这些特征，PMO 能够在其组织中成为有价值的、以客户为中心的服务提供者。表 5-1 概述了以服务为导向的 PMO 的核心特征，以及每个特征如何促成一种更动态的、响应迅速的且以价值驱动的项目管理方式。

表 5-1　聚焦过程的传统 PMO 和服务导向的现代 PMO

聚焦过程的传统 PMO	服务导向的现代 PMO
执行标准：仅在整个组织内强制执行标准、过程和方法	**交付价值**：优先为组织内的客户交付价值
以过程为中心：强调对既定项目管理过程的遵循	**以客户为中心**：将客户需求置于首位
统一实践：高度重视在所有项目中创建并维持统一的实践方法	**灵活适配**：在遵循必要标准的同时，灵活调整实践方法以满足特定项目的需求
被动应对：往往在问题出现时才做出反应，而不是主动应对潜在挑战	**主动应对**：积极与项目团队和各部门互动，在问题出现前提供支持与指导

聚焦过程的传统 PMO	服务导向的现代 PMO
聚焦输出：通常专注于生成和发布有关项目状态及指标的报告	**聚焦成果**：提供一系列明确的服务，以达成客户预期的成果
"一刀切"的方式：倾向于在所有项目中采用相同的方法，而不考虑具体需求	**可裁剪的方式**：认识到不同项目和部门可能需要不同方法，并据此裁剪服务
架构僵化：往往较为刻板，在适应组织不断变化的需求时反应迟缓	**灵活应变**：更为灵活，能够迅速适应组织不断变化的需求
过程合规：以对过程的遵守情况来衡量成功与否	**客户价值**：从有效性、客户满意度和价值交付等方面衡量成效

这些关键特征不仅将以服务为导向的 PMO 与传统 PMO 区分开来，还使它们能够更有效地适应现代组织不断变化的需求和多样化的项目组合。

采用服务提供者的思维模式

服务提供者思维模式标志着 PMO 在运营和价值交付方式上的一次重大变革。通过聚焦客户需求，提供灵活且可裁剪的服务，积极争取干系人，并依据反馈持续改进，PMO 能够将自身打造成实现项目成功和推动组织战略实施过程中不可或缺的合作伙伴。

以服务提供者思维模式构建的 PMO 的最重要特征包括：

- **聚集客户**。优先理解并满足内部客户的需求。将客户需求与满意度置于所有运营活动的首位。主动与客户沟通，了解其个性化的需求并提供解决方案。
- **价值交付**。主要目标是为组织交付价值。衡量成功的标准是客户满意度和交付的价值，而不是项目成果或对过程的遵循情况。
- **专业知识**。PMO 提供项目管理方面的专业知识。可将这种专业技能看作向组织内各部门和团队提供的一项服务。
- **服务内容**。如同外部服务提供者一样，PMO 应当有一份清晰的服务目录，明确其向内部客户提供的服务内容。
- **可扩展性**。PMO 通常能够根据组织需求调整服务规模。例如，对高优先级的项目提供更深入的支持，对项目管理成熟度较高的部门适当减少支持。

- **主动争取。**PMO 主动与客户接触，了解他们的需求并提供解决方案，而不是被动响应客户的请求。
- **关系管理。**PMO 注重与客户建立联系，并维持牢固的关系，这是成功的服务提供者的一个关键特征。
- **绩效指标。**与其他服务提供者一样，PMO 应该衡量并汇报自身绩效，向组织展示其价值。
- **持续改进。**PMO 会依据反馈以及不断变化的组织需求，定期完善和调整自身的服务，这与外部服务提供者为满足市场需求而不断演进类似。

这种方法不仅提升了 PMO 的感知价值，还有助于取得更优的项目成果，提高干系人的满意度，最终推动组织获得更大的成功。

PMO 的未来不仅取决于方法论和过程，更在于其理解、预测并满足组织内部客户不断变化的需求的能力。随着组织在瞬息万变的环境中持续应对复杂挑战，以服务为导向的 PMO 将能更好地适应环境，蓬勃发展并创造有意义的价值。

从服务提供者的视角审视 PMO，组织能够更有效地发挥其能力，从而实现更出色的项目成果、更高效的资源利用，并使项目执行与组织战略更紧密地对齐。

PMO 实践的敏捷基础

迈向敏捷驱动型 PMO 的旅程，始于对《敏捷宣言》及其原则的深刻理解。2001 年，一群软件开发人员创建了《敏捷宣言》，旨在突破传统的、以计划驱动的软件开发方法所带来的局限性。尽管该宣言最初聚焦于软件领域，但其所概述的原则蕴含着普遍真理，可有效应用于 PMO 运营及更广泛的组织管理。

敏捷概念已超出其在软件开发领域中的应用，成为 PMO 的关键范式。随着组织面临日益复杂的挑战和动态变化的环境，传统的 PMO 方法往往无法提供成功所需的响应能力和价值。

《敏捷宣言》所包含的价值观和原则能够有效地应用于 PMO。通过将这些价值观和原则适配到 PMO 情境中，就可以创建一个更灵活的、以价值驱动的且以客户为中心的 PMO 框架。

这种适配不仅体现在采用敏捷方法和手段来执行项目，还标志着 PMO 在运营方式、与客户互动以及为组织交付价值方面的根本性转变。这需要从敏捷的视角重新审视 PMO，强调持续交付、拥抱变化、促进协作，并将价值置于僵化的流程之上。

《敏捷宣言》的四大核心价值观为 PMO 如何在当今动态的商业环境中更有效地运营，提供了具有变革性的视角。通过在 PMO 运营情境中重新解读和应用这些价值观，组织能够强调：人际互动高于僵化流程；交付有价值的服务高于详尽的规划；紧密的客户参与高于严格的服务水平协议；灵活性和适应性高于刻板遵循计划。

四大价值观中的每一个都可以在 PMO 运营情境中得到重新解读和应用：

1. **人际互动高于僵化流程**。这一原则强调了人际互动和团队活力对取得成功的重要性。对 PMO 来说，这意味着将关注点从执行僵化的流程，转移到促进有效的协作和沟通上。在实际操作中，这可能包括采取更灵活的工作机制，鼓励跨职能协作，并优先开展团队建设活动。

2. **交付有价值的服务高于详尽的规划**。正如敏捷软件开发注重可运行的软件而非详尽的文档一样，以敏捷驱动的 PMO 应专注于为客户交付实实在在的价值，而非因过度规划或文档工作而延误进度。这并非意味着完全摒弃规划，而是采用一种更具迭代性的方法，即根据反馈和不断变化的情况，定期回顾和调整计划。PMO 应努力以增量、有价值的方式来交付服务和支持，而非等待大规模、全面的推广。

3. **紧密的客户参与高于严格的服务水平协议（SLA）**。这一原则凸显了与客户持续协作和沟通的重要性。对 PMO 来说，这意味着要跳出刻板的 SLA，与内部客户建立真正的合作伙伴关系。互动工作包括积极征求反馈、共同创造解决方案、持续对话等，以确保 PMO 的服务始终与不断变化的组织需求对齐。

4. **灵活性和适应性高于刻板遵循计划**。PMO 快速应对变化的能力至关重要。这意味着要培养 PMO 在情况变化时迅速调整的能力，而不是固执地坚持过时的计划或流程。在实践中，这可能包括提供更灵活的服务，或者开发快速响应的能力以满足新涌现的客户需求。

除了这四大价值观，《敏捷宣言》还概述了 12 项原则，这些原则也可适配到 PMO 情境中，为寻求在组织内提升敏捷性、相关性及影响力的 PMO 提供了路线图。这些原则为 PMO 从以过程为中心的实体机构，转变为助力组织成功的、以价值驱动的战略合作伙伴，提供了指导框架。

《敏捷宣言》的 12 项原则在 PMO 情境中的应用如下：

1. 最高优先级意味着，通过尽早且持续地交付有价值、适应性强的 PMO 服务，让组织满意。

2. 即便在 PMO 项目的后期，也要欣然接受组织优先级和 PMO 客户需求的变更。PMO 应借助这些变更来提升自身价值、组织的竞争优势和战略灵活性。

3. 以增量方式交付有价值的 PMO 服务和改进成果，从每周更新到每月优化，优先选择更短的交付周期，以便能快速获得反馈并做出调整。

4. 在 PMO 项目的推进过程中，促进 PMO 团队与 PMO 客户之间的日常协作。打破部门壁垒，鼓励跨部门参与。

5. 围绕积极主动的跨职能团队构建 PMO 服务和项目。为团队提供必要的资源、自主权和支持，相信他们能够交付价值并推动持续改进。

6. 在 PMO 内部以及与 PMO 客户之间，优先进行直接的、实时的沟通。虽然文档很重要，但有效沟通（面对面或线上）是分享信息、协调期望和解决问题的最有效方式。

7. 主要通过向 PMO 客户和组织交付实际价值来衡量 PMO 的成功。关注基于成果的指标，以此展示 PMO 对业务目标和客户满意度的影响。

8. 通过平衡工作量、持续学习和适应性流程，推动可持续运营。PMO 应设定一个节奏，既能保证持续交付价值，又能避免员工倦怠，维持长期的工作有效性。

9. 通过技术卓越、流程优化和创新解决方案，持续提升 PMO 的服务。定期评估和升级 PMO 的服务、工具、方法和能力，以契合不断演变的组织需求。

10. 在 PMO 运营过程中，聚焦高价值服务，摒弃不必要的复杂性，推崇简洁。持续优化流程，简化治理，优先开展对组织成功有直接贡献的工作。

11. 赋予 PMO 内部自组织团队权力，使其能够设计并改进服务内容、方法和实践方式。最有效的 PMO 架构、流程和解决方案，往往出自那些具备创新自主权并能适应组织需求变化的团队。

12. PMO 定期进行全面的自我评估，以评估自身的有效性、相关性、与组织目标的对齐程度，以及为客户和组织带来的整体价值。基于这些反思，PMO 持续完善其战略、服务和实践，以强化自身的价值主张和敏捷性。

这些经过适配的原则强调了 PMO 应专注于交付价值、拥抱变化、促进协作，并持续改进自身实践，以便更好地服务组织。

对于很多 PMO 而言，接受这些敏捷价值观和原则意味着重大转变。这种转变要求，从以控制为导向的思维模式转向优先考虑灵活性、协作和持续价值交付的思维模式。这一转变颇具挑战性，因为它往往需要摒弃根深蒂固的实践和思维方式。然而，这种转变所带来的潜在收益是巨大的。通过采用敏捷思维，PMO 能够快速响应组织需求，更从容地应对不确定性和变化，并且在创造实际业务价值方面更加高效。PMO 将不再被视为官僚负担，它将转变为组织成功过程中真正的战略合作伙伴。

需要注意的是，拥抱敏捷并不意味着摒弃所有的架构或治理。相反，这意味着在灵活性与控制之间，以及在响应能力与一致性之间找到平衡。目标是打造一个既能提供必要的架构和支持，又能保持适应性并聚焦价值的 PMO。

适应变化并蓬勃发展的 PMO

与普遍认知不同，PMO 的敏捷性并不仅意味着采用敏捷方法或工具。从本质上看，敏捷性代表着行为和思维方式的深刻转变。这种区别对于我们理解所谓的"敏捷驱动型 PMO"的本质至关重要。

敏捷驱动型 PMO 并非由其提供的服务来定义，而是由 PMO 如何运营以及如何适应客户和整个组织的需求来定义。PMO 完全有可能不提供涉及敏捷方法或工具的服务，这在许多情况下都是可取的。服务仅仅是满足客户需求的手段，而真正的敏捷性在于能够以迅速响应的方式灵活选择和调整这些手段。

例如，在一家拥有一系列大型资本项目的能源公司中，预测型方法可能比适应型方法更合适。相反，在一家科技公司中，适应型方法可能更受青睐。关键在于，PMO 要具备评估具体情境，并选择最合适方法的能力，无论这种方法被称作"敏捷"还是"传统"。

再以基于问题复杂性和不确定性进行分类的方法为例：假设有一家拥有成熟、现成产品的科技公司，尽管身处信息技术领域，但该公司的项目不确定性可能较低，这使得预测型方法更为适用。相反，像开发新能源解决方案这类结果不确定的大型投资项目，可能从混合方法中受益。PMO 应该评估不确定性的程度，选择合适的方法，并根据需要融合敏捷和传统方法。

在很多情况下，采用混合方法最为合理。对于服务不同部门（如信息技术和工程部门）、面临特定需求和挑战的 PMO 而言，尤其如此。真正的敏捷性体现在能够驾驭各种方法，根据需要选择并组合各类要素，以实现价值的最大化。

在实践中，这可能意味着大型制造公司的 PMO 在工厂建设项目中采用传统的预测型方法，在信息技术项目中采用敏捷方法，而在产品开发项目中采用混合方法。敏捷性不在于所使用的方法，而在于 PMO 能够根据具体需要来选择、调整和切换这些方法，并始终着眼于为组织实现价值的最大化。

因此，PMO 的敏捷本质在于其行事方式，无论采用何种具体解决方案为客户服务，都应遵循敏捷的价值观和原则。换句话说，PMO 的敏捷性并非关乎其做什么，而是关乎其如何做，以及如何响应客户和组织的需求。

这种转变使 PMO 能够更快地响应组织需求，更从容地应对不确定性和变化，并在创造实际业务价值方面更加高效。这一转变使 PMO 不再被视为冗余的官僚部门，PMO 将转变为助力组织成功的敏捷推动者。

在 PMO 实践中推行敏捷性

在 PMO 实践中推行敏捷性，需要关注几个关键步骤和考虑因素，以确保转型成功。这个过程始于培养适应性思维，即拥抱变化，重视灵活性并将持续改进置于优先地位。

构建响应式架构，推行以客户为中心的实践，对于实现敏捷性至关重要。PMO 应提供灵活的服务，以适应不断变化的组织需求，并借助数据做出明智决策。

领导力在推动和保持敏捷性方面起着至关重要的作用，而透明的沟通和协作则能促进这一进程。最后，鼓励创新并始终专注于交付价值，将有助于 PMO 成为真正以敏捷驱动的实体机构。

在 PMO 实践中推行敏捷性的关键步骤和考虑因素如下：

- **培养适应性思维**。对于敏捷驱动型 PMO，其基础在于树立一种乐于接受变化、重视灵活性和将持续改进置于首位的思维方式。
- **构建响应式架构**。PMO 的组织结构应有助于实现敏捷性并支持快速决策。
- **推行以客户为中心的实践**。将 PMO 客户置于 PMO 运营的核心位置，这对实现敏捷性至关重要。
- **开发灵活的服务内容**。敏捷驱动型 PMO 应能够迅速调整其服务，以满足组织不断变化的需求。
- **秉持数据驱动的决策理念**。利用数据对于做出明智、敏捷的决策至关重要。
- **推行去中心化管理**。敏捷驱动型 PMO 提倡与项目团队和产品团队共同管理。这种方式赋予团队决策权，使其能够快速适应变化。
- **评估和应对复杂性**。持续评估和管理项目的复杂性，确保所采用的方法和计划能助力团队顺利完成项目生命周期。
- **培养适应型领导力**。PMO 负责人在推动和保持敏捷性方面发挥着关键作用。
- **强化透明沟通**。对于敏捷驱动型 PMO 而言，开放且清晰的沟通必不可少。
- **强化协作和知识共享**。敏捷性的发展依赖于有效的协作和快速的知识传播。

- **鼓励创新**。敏捷驱动型 PMO 应成为创新的催化剂。

实施这些实践需要耐心、毅力，以及学习和适应的意愿。务必牢记，成为敏捷驱动型 PMO 是一段旅程，而非终点。定期反思、持续改进以及始终如一地专注于交付价值，应成为这一转型的核心。

PMO 的敏捷性是对适应、改进和价值交付的长期承诺。这一承诺不仅需要新的技能和实践，还要求 PMO 从根本上转变对自身及其在组织中地位的看法。

迈向敏捷驱动型 PMO 这一旅程，旨在培养灵活应变、以客户为中心和持续改进的思维模式。向敏捷性的转变意味着对变化做出响应，专注于价值交付，并致力于推动组织取得成功。

应对证明 PMO 价值的挑战

量化 PMO 的价值是一个多维挑战。与直观的财务指标不同，PMO 所创造的价值通常包含一系列无形的收益。这些收益虽然对组织的成功至关重要，但很难用纯粹的货币形式来衡量和表述。

一直以来，人们都在通过实证研究，尝试证明 PMO 为组织业务带来的货币价值。尽管学术研究为理解 PMO 现象提供了宝贵的见解，但在试图展示 PMO 对组织业务的预期影响时，往往得出的是不确定的结果。

研究表明，由于存在诸多变量，找到一个能证明 PMO 价值的通用模型颇具挑战。这些变量会影响 PMO 对业务产生的影响，其中包括组织文化、项目管理成熟度、高管支持，而最重要的是每个组织的特定需求，以及为满足这些需求而设立 PMO 的方式。

另外，一些全球最杰出且最成功的 PMO 的近期经验表明，如果 PMO 不能持续为其客户创造可感知的价值（无论 PMO 在工作的技术质量上有多么出色），都会不断受到挑战和质疑。

这些 PMO 始终面临着被裁撤的风险，就如同无法提供预期收益的服务供应商一样，如果 PMO 无法让客户意识到其为组织创造的价值，就可能被淘汰。

价值因人而异

如同美丑，价值也是因人而异的。这句话揭示了有关 PMO 价值的一个基本事实：成功不仅取决于价值的客观交付，还取决于 PMO 客户对这种价值的感知。

PMO 可能实施了最有效的流程，按时且在预算内交付了项目，但如果干系人没有认识到并重视这些工作，PMO 的贡献可能就得不到认可。

每个客户对价值的感知会因其个人痛点和需求的不同而有所差异。因此，PMO 必须明确这些痛点和需求，才能设计出真正满足客户期望的解决方案。

价值创造之旅

价值创造是一段旅程，随着客户成熟度的提升，他们的期望也会不断演变。这种动态过程使 PMO 能够为每个客户构建一条价值路径，从而实现持续的价值交付，以满足不断变化的期望和需求。PMO 专业人士应该明白与客户一同适应和发展的重要性，这有助于确保 PMO 能够长期保持相关性并具备价值。

交付的价值可以是有形的，也可以是无形的，而且两者都可以被衡量。有形价值包括成本降低、收入增加和效率提升等。无形价值则包括改善沟通、提高干系人满意度和强化协作等。这两种类型的价值都至关重要，需要对其认可和衡量，以便有效地展示 PMO 的影响力。

客户价值感知的概念

"客户价值感知"是指，客户对他们从产品或服务中获得的收益与他们付出的成本或代价之间的评价。这种评价具有主观性，会因个人偏好、经历和期望的不同而有所差异。基于其他知识领域的广泛认知，"价值感知"的一般概念已被应用于 PMO 的实际情境中。

价值感知是一种主观感受，反映了客户期望是否得到满足。虽然技术指标很重要，但它们无法全面反映组织对 PMO 业务相关性的感知。不过，我们可以管理和衡量 PMO 如何为其客户创造价值感知。世界级 PMO 的经验表明，PMO 创造价值感知的能力对其生存和持续发展至关重要。

PMO 应专注于创造价值感知，确保客户认识到其为组织带来的价值，以此证明自身存在的合理性并实现蓬勃发展。通过专注于提供 PMO 客户认为有价值的服务和支持，PMO 能够更有效地展示自身价值，为客户和组织的成功做出贡献。

成熟度对价值感知的影响

在项目管理中，客户的成熟度对价值感知有着显著影响。即使 PMO 创造了巨大价值，若客户的成熟度不足，无法理解成果的重要性，这些价值也可能得不到认可。

为了更好地理解这一概念，我们可以打个比方：分别向一个成年人和一个儿童提供一辆真正的法拉利跑车，以及一辆法拉利玩具车。基于成熟的认知，成年人会选择真正的法拉利跑车，因为它具有无可争议的价值；相比之下，儿童可能选择法拉利玩具车，因为这满足了他们对收益的期望，而且符合他们对法拉利跑车价值的有限理解。

在现实世界中，可能出现这样的情形：尽管高管在其业务领域经验丰富、能力卓越，但他们往往更关注项目管理的战术和运营层面，而非战略层面。较低的项目管理成熟度，可能使这些高管无法充分认识到 PMO 提供的战略价值。

展望下一章

当 PMO 被定位为价值驱动型服务提供者时，这种方法显然能将 PMO 提升为组织的战略资产。然而，要真正在这一角色中取得成功，PMO 不应仅停留在提供服务上，还应秉持以客户为中心的理念。从关注过程转向关注人是 PMO 发展进程中的下一个关键步骤。

在下一章，我们将深入探讨 PMO 以客户为中心这一概念，并分析其如何进一步提升 PMO 交付价值的能力，从而为组织成功做出贡献。同时，我们也会阐述理解客户需求、定制服务以及建立稳固干系人关系的策略。这种以客户为中心的方法建立在价值驱动模式的基础上，将 PMO 的有效性推向新的高度。

第 6 章

拥抱以客户为中心的 PMO

为什么本章对 PMO 专业人士很重要

本章对于 PMO 专业人士至关重要，因为它代表了 PMO 运作和交付价值方式的范式转变。以客户为中心的方法将 PMO 从以过程为导向的实体机构转变为专注于满足客户需求和期望的战略合作伙伴。本章为这种转变提供了框架，阐明了理解客户期望、裁剪服务和衡量客户满意度的实用见解。

本章还提供了一份基于全球广泛研究的清单，包括 30 个潜在的 PMO 成果。通过这种以客户为中心的方法，PMO 专业人士可以优先安排工作，裁剪服务并创造有形价值，最终提升 PMO 的影响力并证明其对组织的价值。

定义 PMO 客户

现代 PMO 的核心在于清晰理解谁才是真正的 PMO 客户。本质上，PMO 客户是组织内的干系人，他们直接接受、使用或受益于 PMO 提供的服务。

虽然在 PMO 的背景下，"客户"和"干系人"这两个术语有时可以互换使用，但它们代表了不同的概念，理解其区别至关重要。

- **PMO 客户。** 这一群体包括那些直接接受和使用 PMO 服务的干系人。他们有特定的需要（PMO 旨在满足这些需要），并且可以对 PMO 产品的价值和质量提供直接反馈。这种关系是交易型的和以服务为导向的。

- **其他 PMO 干系人。** PMO 干系人涵盖了更广泛的群体，包括任何对 PMO 的活动有兴趣或受到其影响的人，无论他们是否直接使用其服务。

所有 PMO 客户都是干系人，但并非所有干系人都是客户。例如，在一个正在进行数字化转型的大型零售连锁店中，IT 团队的领导者通常会借助 PMO 的指导服务，他们既是直接客户也是 PMO 的干系人。相比之下，全国各地的门店经理虽然不是其直接客户，因为他们没有接受来自 PMO 的服务，但仍然是干系人，因为转型将显著影响他们的门店运营，使他们间接受到 PMO 工作成果的影响。

最常见的 PMO 客户群体可以大致分为以下几类（见图 6-1）。

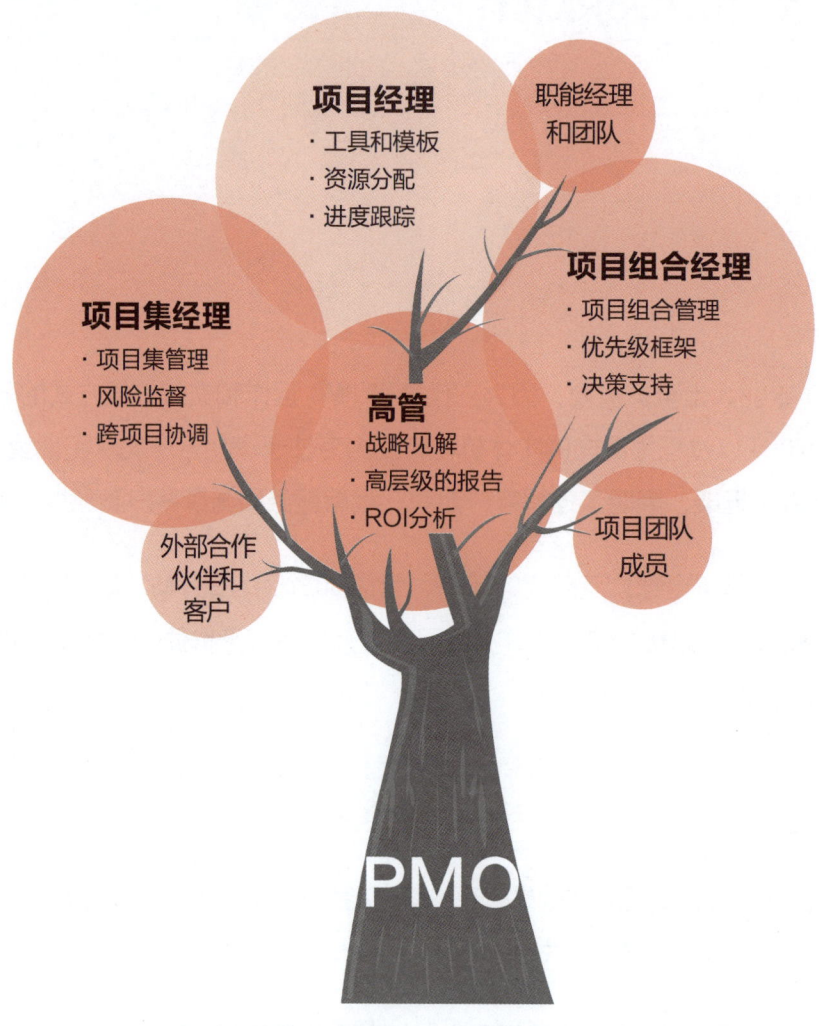

图 6-1 常见的 PMO 客户群体

常见的 PMO 客户群体包括：

- **项目经理**。项目经理通常是 PMO 的主要客户，项目经理依赖 PMO 提供的方法论、工具、模板和支持来管理他们的项目。

- **项目集经理**。项目集经理依赖 PMO 提供项目集层面的支持，包括资源分配、项目间依赖关系和战略对齐。

- **项目组合经理**。项目组合经理依赖 PMO 获取项目组合层面的见解、优先级框架和战略决策支持。
- **高管和高级管理层**。高管和高级管理层是 PMO 的客户，他们接收 PMO 提供的战略见解、绩效报告和决策支持服务。
- **项目团队成员**。团队中的项目管理专业人员在日常项目工作中使用 PMO 提供的工具和流程。
- **职能经理和团队**。组织中的其他经理和团队成员依赖 PMO 进行跨部门协调、资源管理，并将项目成果与职能目标对齐。
- **外部合作伙伴或客户**。在某些情况下，如果外部实体机构直接受益于或与 PMO 服务互动，它们可能是 PMO 的客户。

要成为 PMO 客户，个人应与 PMO 的产品有直接互动或依赖关系。关键因素是这些客户有特定需求，PMO 旨在通过其服务满足这些需求。

不同的客户有不同的需求：项目经理可能需要在风险管理实践方面的实际支持，而 CEO 可能需要用于决策的高层级战略见解。

通过了解这些群体及其独特的需求，PMO 可以优化其服务交付，提供裁剪的增值支持，进而推动组织的成功并交付有形的价值。

构建以客户为中心的 PMO

以客户为中心的概念与 PMO 等服务提供者的核心价值观非常一致，因为它强调将客户置于运营中心至关重要。这种向以客户为中心的转变代表了 PMO 在其战略、流程和整体绩效方面的根本变化。PMO 现在应考虑不断变化的客户需求和期望。仅关注方法、工具或其他技术输出，已无法证明 PMO 存在的合理性。

作为关键的差异化因素，以客户为中心使 PMO 能够建立更稳固的关系，加强承诺，实现可持续的增长。这种定位表明，在信息爆炸和选择丰富的时代，客户拥有巨大的权力。客户不仅需要优质的服务，还希望在与 PMO 的每个接触点上都获得卓越的体验和有意义的互动。

对 PMO 来说，以客户为中心尤为重要。作为内部服务提供者，PMO 应将其价值主张与组织客户的需求对齐，从而确保项目管理实践直接带来业务价值。通过采用以客户为中心的方法，PMO 可以突破行政部门的局限，转变为战略合作伙伴，以推动组织成功。

以客户为中心是指，在企业决策、运营和互动中采用战略性方法，将客户置于核心位置。这种理念优先关注理解、预测和满足客户需求，以创造长期价值和提升客户满意度。

以客户为中心的本质在于明确 PMO 的角色是服务其客户——那些依赖 PMO 服务的各类人员。这种视角的转变将 PMO 从以过程为导向的行政实体机构转变为贡献价值并助力组织成功的合作伙伴。

以客户为中心的 PMO 原则

在 PMO 中采用以客户为中心的方法需要遵循几个关键原则，以确保 PMO 始终专注于提供价值并满足客户需求。在图 6-2 中，说明了以客户为中心的 PMO 原则。

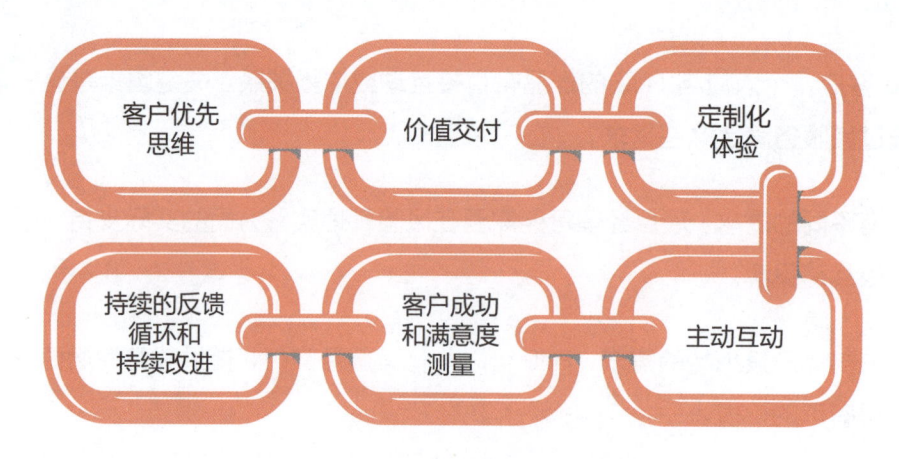

图 6-2　以客户为中心的 PMO 原则

以客户为中心的 PMO 原则包括以下内容：

- **客户优先思维**。所有决策、过程和服务都应根据它们如何满足客户需求来进行评估。这种心态有助于确保 PMO 采取的每项行动都与提高客户满意度和交付有形收益的目标保持一致。通过优先考虑客户需求，PMO 可以建立信任并发展长期关系。

- **价值交付**。重点应放在为 PMO 客户提供价值上，而不是执行程序或方法论。价值交付涉及了解不同客户所关注的价值要素，并确保 PMO 活动有助于实现最相关的成果，无论是战略性的、战术性的还是运营性的。

- **定制化体验**。服务和互动应根据 PMO 客户的需求、文化和成熟度进行调整。这种定制化需要深入了解客户环境，包括他们的具体挑战、偏好和期望。通过提供个性化的服务，PMO 可以提高其有效性和相关性。

- **主动互动**。PMO 应积极发现客户关注的问题，而不是等待问题被提出，以确保获得满意的结果。主动互动涉及定期与客户接触，以便及早识别潜在问题并迅速解决。这种方法有助于建立响应迅速且灵活的 PMO，能够快速适应不断变化的客户需求。

- **客户成功和满意度测量。** 定义并跟踪反映 PMO 客户成功、满意度、承诺和主张的指标。这些指标为 PMO 如何满足客户期望以及需要在哪些领域进行改进提供了宝贵的见解。定期测量和分析这些指标有助于保持以客户为中心并推动持续改进。
- **持续的反馈循环和持续改进。** 定期收集 PMO 客户的反馈，以持续改进客户接触点和服务成果。反馈是以客户为中心方法的核心要素，因为它提供了客户关于其体验和需求的直接输入。通过建立持续的反馈循环，PMO 可以确保其服务与客户期望保持一致，并据此进行调整。

识别 PMO 客户的期望

了解 PMO 客户的期望对于 PMO 的成功和相关性至关重要。这些期望代表了客户对 PMO 及其服务的潜在成果的预期。通过深入了解这些需求，PMO 可以裁剪其战略和服务，以更贴近客户的核心关注点。

PMO 客户应以收益和成果而不是技术功能、服务或输出，来表达他们的需求。他们的主要关注点是实现能够解决日常工作中实际问题的有效结果。通过关注期望的成果，客户可帮助 PMO 更准确地理解其追求的实际价值，从而提供更有针对性和影响力的解决方案。

这种以结果为导向的沟通更好地实现了 PMO 的服务与客户实际需求之间的对齐，最终提高了客户满意度，并对组织成功做出了更有意义的贡献。

例如，高管主要关注的是能够随时获得可靠、全面的信息以进行决策——这一成果增强了他们有效领导的能力。对他们来说，这一期望的结果比 PMO 可能使用的流程、具体报告或数据分析工具更为重要。同样，项目经理的主要关注点不是项目管理方法论，而是它所实现的结果——更高效、更有成本效益且更可预测的项目。

通过主动理解和满足这些以结果为导向的期望，PMO 可以裁剪其服务，以真正符合客户需求，从而为其工作创造实际价值。这种以客户为中心的方法使 PMO 能够"预见"需求，提供相关的解决方案，并始终如一地交付与客户目标相契合的有影响力的结果。

为了说明这个概念，可以用医生治疗各种疼痛患者的情况进行类比。患者期望医生能缓解他们的疼痛并治愈他们。如果这些期望得到满足，医生工作的价值就会被认可。正如不同类型的疼痛需要特定的治疗方案一样，不同的 PMO 客户也有不同的需求，应通过可裁剪的服务来满足他们。

在 PMO 领域中，每种"疼痛"都需要特定的"药物"，这意味着每个挑战或期望的成果都与可裁剪的 PMO 服务相一致。就像医生根据患者症状开出治疗方案一样，PMO 提供的服务旨在满足特定的组织需求。例如，当缺乏战略对齐的"疼痛"存在时，"药物"可能是项目组合管理的支持，以更好地将项目与战略目标连接起来。另外，当不一致的信息影响决策时，PMO 可以借助整合信息管理系统和项目状态报告，来提供可靠的见解。同样，当需要提高团队的积极性时，PMO 可能提供培训或指导服务。这种方法确保了客户和组织的每个需求都能匹配有针对性的解决方案。

在最初收集 PMO 客户期望时，向客户展示 PMO 服务的"菜单"并让他们选择自己的偏好似乎是合乎逻辑的。然而，这种方法从根本上是有缺陷的。问题的关键在于，PMO 服务的技术语言与 PMO 客户的结果导向的语言之间存在差异。

让 PMO 客户从服务列表中选择就像医生让患者选择他们偏好的药物一样。客户与患者类似，通常不是相关领域的专家，无法就哪些服务最能满足其需求做出明智的决定。所以，解决方案是使用结果导向的语言与 PMO 客户进行沟通。

通过让每位客户选择并排序他们最重视的成果，PMO 可以确定其应重点交付的优先事项。例如，如果优先成果是"拥有更多具备项目管理技能的可用人员"，那么，"提供培训和项目管理能力发展"显然比"监控项目集或项目"更有可能实现这一成果。评估每项服务对实现每个成果的贡献程度，可以让 PMO 识别出最关键的服务，以交付预期的成果。

理解和满足 PMO 客户的期望是打造持续创造价值的 PMO 的基础。通过关注收益并使用以客户为中心的语言进行沟通，PMO 可以将其服务与客户需求对齐，促进参与，持续改进和战略对齐。这种方法不仅提升了 PMO 的影响力，还确保了其在组织内的长期相关性和成功。

30 个潜在的 PMO 成果

基于以客户为中心的方法，本章为 PMO 专业人士提供了极有价值的学习资源：一个精心筛选的包含 30 个潜在 PMO 成果的列表。这一列表基于对全球 PMO 社区的广泛研究，涵盖了来自不同地区和行业的 PMO。收集到的见解代表了在各种组织背景下获得的广泛经验、挑战和良好实践。

这些成果是从与跨国公司、政府机构、非营利组织和中小型企业的 PMO 领导者、项目经理和干系人的互动中提炼而成的。这一多样化的样本确保了列表能够覆盖 PMO 可能面对的各类需求和痛点，无论其特定行业或地理位置如何。PMO 的 30 个潜在成果如表 6-1 所示。

表 6-1　PMO 的 30 个潜在成果

	成　　果	描　　述
1	更好的熟练资源可用性	**确保组织能够获得高技能的项目经理和项目集经理，以有效领导这些举措。** 这一成果通常在中长期内显现。因为技能的开发需要持续的培训和经验积累
2	更好的组织变革管理	**进行结构化的组织变革管理实践，以确保平稳过渡并将干扰降到最低。** 这一成果通常在中长期内显现。因为与组织变革管理相关的服务收益需要一定时间才能充分显现
3	更好的项目团队控制	**建立清晰的报告结构和担责措施，以有效管理项目团队。** 这一成果通常在中短期内显现。虽然通过实施推荐的服务可以迅速看到团队控制方面的一些改进，但要实现团队管理的完全优化可能需要几个月的时间
4	更好的角色和职责定义	**清晰定义角色和职责，以确保所有项目团队成员都了解自己的职责和贡献。** 这一成果通常在中短期内显现。虽然可以快速建立初步的角色定义，但在整个组织中完全融入和优化这些角色可能需要几个月的时间
5	更好的项目优先级排序	**根据项目的战略价值和影响来排序优先级，以确保资源的最佳分配和有效关注。** 这一成果通常在中期内显现。虽然可以相对快速地设定初步的优先级排序，但优化项目选择的全部收益通常会随着项目的推进在几个月后显现
6	更好的项目结果质量	**确保项目交付的高质量结果符合或超出干系人的期望。** 这一成果通常在中长期内显现。虽然在短期内可能看到一些质量改进，但要在多个项目中持续交付高质量的结果通常需要时间，并在较长时间后才逐渐显现
7	更好的人才管理	**制定和实施战略，以吸引、留住和发展项目管理中的顶尖人才。** 这一成果通常在中长期内显现。吸引、留住和发展顶尖人才的全部收益通常会在较长时间后才逐渐显现
8	有效的知识转移	**促进组织内知识和良好项目管理实践的转移，以保持一致性和专业性。** 这一成果通常在中期内显现。虽然通过 PMO 提供的服务可以快速进行知识转移，但组织范围内的知识共享和应用的全部收益通常在几个月后才逐渐显现
9	增强的决策制定	**提供准确、及时的信息以支持更高效的决策流程，从而推动项目组合、项目集或项目取得更好的成果。** 这一成果通常在中短期内显现。虽然通过优化数据和流程可以迅速看到决策的改进，但对项目成果的全面影响可能需要在几个月后才逐渐显现
10	提升的项目客户体验	**交付始终满足或超出项目客户期望的项目，从而提高客户满意度和忠诚度。** 这一成果通常在中期内显现。虽然项目客户体验的部分改进可能很快就会显现，但要在多个项目中持续提升项目客户体验通常需要几个月的时间

续表

成 果		描 述
11	强化的资源管理	**优化资源的分配和使用，以确保项目得到充足的人员配备和支持。** 这一成果通常在中期内显现。虽然资源分配的初步改进可以很快显现，但在多个项目中优化资源管理的全部收益通常会随着项目的推进在几个月后显现
12	更好的战略目标对齐	**确保所有项目集和项目都支持组织的战略目标，将其影响和价值最大化。** 这一成果通常在中长期内显现。虽然可以快速实现初步对齐，但战略性对齐的项目集和项目的全部收益通常需要较长的时间才能显现，因为它们交付的结果直接有助于组织目标的实现
13	更好的组织领域之间的整合	**促进不同部门之间的协作和整合，以确保项目执行的连贯性和效率。** 这一成果通常在中长期内显现。虽然可以快速执行初步的整合步骤，但在组织的不同领域之间实现有意义和持久的整合通常需要更多的时间，以打破部门壁垒并建立新的协作机制
14	更高的 ROI	**通过确保项目组合、项目集和项目提供显著价值并与战略目标对齐，将其财务回报最大化。** 这一成果通常在长期内显现。虽然可以较早看到项目选择和执行的部分改进，但完整的财务影响和更高的 ROI 通常只有在项目完成并实现收益后才会显现，这可能需要一年或更长的时间
15	改善的信息可用性	**提供及时、准确的项目组合、项目集和项目信息，以支持决策流程。** 这一成果通常在中短期内显现。虽然通过实施新系统和流程可以快速看到信息可用性的部分改善，但要完全优化信息的流动和利用可能需要几个月的时间
16	改善的协作和沟通	**加强沟通渠道并促进团队协作，以确保所有项目团队成员和干系人保持一致并充分知情。** 这一成果通常在中短期内显现。虽然通过新的实践和工具可以迅速看到协作和沟通方面的部分改善，但要在整个组织中完全建立协作文化可能需要几个月的时间
17	加强的组织对结果的承诺	**培养担责文化，专注于实现与组织目标一致的项目组合、项目集和项目成果。** 这一成果通常在中长期内显现。虽然可以很快启动加强承诺的初步措施，但在整个组织中完全建立以结果为导向的文化通常需要时间，以改变思维方式并推行新的实践
18	改进的项目预算管理	**通过严格的预算控制和财务监督，确保项目始终在预算范围内执行。** 这一成果通常在中短期内显现。虽然可以很快看到预算跟踪和预算控制的改进，但在多个项目中持续保持项目在预算范围内执行的全部收益通常要在几个月后随着项目的完成才逐渐显现
19	改善的项目客户关系	**通过有效沟通和满足客户期望，与项目客户建立和维护稳固的关系。** 这一成果通常在中期显现。虽然通过更好的沟通实践可以很快看到项目客户关系的一些改善，但要建立稳固的关系通常需要在多个项目接触点上保持一致的表现和参与

续表

	成 果	描 述
20	改进的绩效管理	**监控和管理项目组合、项目集和项目的绩效，以便及早发现问题并确保成功交付。** 这一成果通常在中短期显现。虽然可以很快看到绩效跟踪的一些改进，但在多个项目中改进绩效管理的全部收益通常会随着系统的成熟，在几个月后才逐渐显现
21	提高的成功率	**确保项目集和项目按时且按预算完成，同时实现其目标，从而推动组织的整体成功。** 这一成果通常在中长期内显现。虽然可以很快看到项目执行中的一些改进，但在多个项目和项目集中持续提高成功率通常需要六个月至一年（或更长）的时间
22	提高的信息可靠性	**确保所有项目组合、项目集和项目的信息可靠、最新且准确，以支持明智的决策。** 这一成果通常在中短期内显现。虽然通过新系统和流程可以很快看到信息（数据）质量的初步提高，但在所有项目中全面建立提高信息可靠性的文化可能需要几个月的时间才能实现并得到验证
23	提高的干系人参与度	**在项目集或项目生命周期中争取干系人，以满足他们的需求并管理他们的期望。** 这一成果通常在中短期内显现。虽然通过新实践可以迅速看到在干系人参与度方面的一些改进，但在所有干系人群体中建立稳固且一致的争取机制可能需要几个月的时间才能全面落地并显现成效
24	增加的组织学习	**通过获取和分享经验教训来建立学习和持续改进的文化。** 这一成果通常在中长期内显现。虽然可以快速执行获取和分享经验教训的初步步骤，但建立真正的组织学习文化并看到其对项目绩效的影响通常需要一年或更长的时间
25	提高的项目生产力	**引入良好实践和工具以提高项目团队的生产力和效率。** 这一成果通常在中短期内显现。虽然通过新的工具和流程可以迅速看到一些生产力方面的提高，但在多个项目中全面提高（或优化）团队生产力通常需要几个月的时间，因为团队需要适应和掌握新实践
26	提高的项目进展可见性	**提供清晰和定期的项目进展更新，以确保所有干系人都知情并保持信息一致。** 这一成果通常在短期内显现。通过运用新的报告流程和工具，项目进展可见性的提高通常可以在几周或几个月内迅速显现
27	更准确的项目预测	**使用可靠的数据和方法论来提供更准确的项目预测和更科学的规划。** 这一成果通常在中期内显现。虽然可以较快地看到初步的预测改进，但要培养准确和可靠的预测能力通常需要几个月的时间，因为需要积累历史数据，并根据实际项目成果来优化预测模型
28	降低的风险敞口	**实施全面的风险管理战略，以识别、评估和减轻风险。** 这一成果通常在中期内显现。虽然可以迅速实施初步的风险识别和减轻策略，但在项目组合、项目集和项目中降低风险敞口的全部收益通常需要在几个月后，随着项目集和项目的推进以及潜在风险的成功管理或规避而逐渐显现

续表

成 果	描 述
29　更强的治理和合规性	建立并维护强大的治理框架，以确保遵守所有相关的法规和政策。 　　这一成果通常在中长期内显现。虽然可以快速建立初步的项目组合、项目集和项目治理结构，但在整个组织中完全推行强有力的治理实践并实现一致的合规性通常需要几个月至一年的时间
30　缩短的项目生命周期	简化项目流程，以减少完成项目所需的时间并更快地交付成果。 　　这一成果通常在中期内显现。虽然可以很快看到项目效率方面的一些改进，但由于要全面采用并优化新的方法论和实践，因此，在多个项目中持续缩短项目生命周期通常需要几个月的时间

附录 X2 中的 PMO 客户期望评估是 PMO 专业人士的宝贵工具。对于全部 30 个成果，它都提供了"需要证据"，突出显示了客户在特定领域可能面临挑战的迹象；"如何询问客户"，帮助 PMO 探索客户的需要和期望；"推荐服务"，列出了可以实现特定成果的常见 PMO 服务。此评估帮助 PMO 系统地确定需要，根据客户需求排序服务的优先级，做出有关资源分配的明智决策，并创建一个战略性的、以客户为中心的 PMO 运营方法。

以客户为中心的 PMO 的收益

将传统的 PMO 转变为以客户为中心的 PMO，可以显著提高其在组织中的相关性和有效性。与这种转变相关的一些典型优势包括：

◆ **增加的价值创造**。当 PMO 的服务与客户的需求一致时，价值链活动在双方都变得更加透明。这种一致性有助于确保 PMO 直接为实现组织目标做出贡献，并为其客户提供有意义的成果。因此，PMO 被视为组织成功的重要合作伙伴。

示例：在一家全球制造公司，管理层难以看到战略与项目之间的联系。PMO 引入了一个全面的项目组合管理流程，将项目直观地映射至战略目标。这一举措使高管能够清晰地感知项目的价值，从而做出更明智的决策，并在 6 个月内使战略对齐的项目增加了 25%。

◆ **强化的 PMO 客户关系**。强调客户成功和客户满意度可在整个组织中形成更紧密、更积极的联系。牢固的客户关系建立在信任、沟通和共同致力于实现项目目标的基础上。通过关注客户需求，PMO 可以与干系人建立更强大、更具协作性的关系。

示例：某科技公司的 PMO 为缺乏经验的项目经理建立了导师计划。通过提供一对一的指导、定期检查和可裁剪的建议，PMO 与项目经理建立了牢固的、基于信任的关系。结果，项目成功率在一年内提高了 40%，PMO 也被誉为专业发展中可信赖的伙伴。

- **灵活的响应**。来自 PMO 客户的持续反馈使 PMO 能够快速响应不断变化的具体环境。在客户需要和项目需求可能快速变化的动态商业环境中，灵活性至关重要。以客户为中心的 PMO 更能适应这种变化，并提供及时、有效的支持。

    示例：某多元化集团的 PMO 注意到其 IT 和建筑部门的项目管理需求截然不同。为此，他们开发了两种不同的方法：一种是为快节奏的 IT 部门设计的更灵活的敏捷方法；另一种是为建筑部门设计的更传统的瀑布方法。这种可裁剪的方法在 3 个月内使两个部门的方法采用率提高了 60%。

- **更好的战略契合**。PMO 要理解客户需求，以便其服务能够有效地与组织的总体战略保持一致。将 PMO 服务与组织战略对齐有助于确保 PMO 为实现战略目标做出贡献，并提供支持组织发展方向的价值。

    示例：某零售公司的 PMO 预见到组织即将进行数字化转型，便提前启动了全面的项目管理能力发展计划。6 个月后，当正式宣布转型举措时，组织已经拥有了由 100 多名受训专业人员组成的团队，能够随时领导关键项目。

- **更高的 PMO 相关性**。为了确保 PMO 在组织中的必要性和责任感，PMO 应坚持以客户为中心的立场。以客户为中心的 PMO 通过其满足客户需求、解决问题和交付成功项目成果的能力来展示自身价值。这种相关性有助于确保 PMO 在组织中的地位，并证明其存在的合理性。

    示例：某金融服务公司的 PMO 对其服务和工具进行了全面审查。PMO 识别出一些不再符合客户实际需求的实践和工具。PMO 淘汰了这些过时的服务和工具，并将精力转向新服务的开发，以满足新兴的客户需求。这种积极主动的举措不仅每年为公司节省了 50 万美元，还将 PMO 塑造成具有前瞻性的创新部门，这对组织的未来成功至关重要。

简言之，以客户为中心的 PMO 代表了 PMO 实践的一种演变。将运营与组织的实际需求相结合能够显著提高 PMO 的价值。通过这种方式，PMO 可以创造更多的价值，交付更好的项目结果，并成为组织成功不可或缺的推动力。

展望下一章

在探讨了以客户为中心的概念后，不难发现，这种方法可以极大地提高 PMO 的有效性，并为组织增加价值。然而，要充分释放这一潜力，PMO 还需要深入了解其提供的服务以及这些服务如何随时间的推移而演变。

下一章将探讨 PMO 服务和 PMO 服务成熟度，涵盖了从战略指导到运营支持的广泛服务。描述了这些服务如何逐步成熟和适应变化，从而使 PMO 能够持续优化其价值主张。通过掌握服务交付和成熟度管理，PMO 专业人士可以更好地实施以客户为中心的战略，在每个阶段满足并超越客户期望。

第 7 章

PMO 服务和 PMO 服务成熟度

为什么本章对 PMO 专业人士很重要

本章为 PMO 专业人士提供了基于全球 PMO 社区研究的 26 项最常见 PMO 服务的综合列表。详细介绍了广泛应用于各组织的战略型、战术型和运营型服务。

此外,本章引入了一个有价值的模型,强调了为 PMO 客户提供服务的多种方法,突破了传统的"一刀切"分类模式。这个灵活的框架使服务的交付更加细致,更具有适应性。本章还阐明了 PMO 服务成熟度的真正含义,并提出了一个评估 PMO 服务成熟度的模型。

通过研究这些服务、交付方法和服务成熟度的概念,PMO 专业人士可以深入了解如何裁剪服务,以满足组织的独特需求。

从 PMO 职能到 PMO 服务

PMO 应从职能部门转变为组织内的战略服务提供者。这一转变反映了对 PMO 在当今复杂的商业环境中如何创造价值并推动组织成功的深刻理解。

PMO 的核心作用是,成为项目组合、项目集和项目管理的专业知识枢纽。PMO 提供了一整套旨在提升能力和推动组织成功的服务。这些服务并非一成不变;它们随着组织目标的变化、PMO 客户需求的出现以及 PMO 自身的成长而演变。

将 PMO 活动视为从"职能"到"服务"的转变,标志着组织思维方式的根本变革。这种以客户为中心的方法将 PMO 定位为价值提供者,专注于满足客户的需求。通过将服务作为核心定位,PMO 可以更清晰地阐明其价值主张,并与组织需求保持一致。

这种以服务为导向的方法提供了若干优势。专注于服务能够带来更大的灵活性和适应性，使 PMO 能够根据不断变化的组织需求调整其服务。服务通常更易于定义、衡量和评估，也有助于为绩效跟踪和持续改进提供支持。

此外，服务模式鼓励更积极的客户参与，以及一种双向互动的关系（而不是自上而下的职能式管理）。以服务为导向的思维方式倡导一种价值驱动的理念，PMO 应清楚地向组织展示其价值。这种视角使 PMO 的角色更加专业化，将其定位为战略合作伙伴，而非单纯的行政管理部门。

还可以对服务方法进行定制化，使 PMO 能够根据不同客户、部门或业务单位的多样化需求裁剪其服务。这种方法通常伴随着更明确的期望和 SLA，从而强化了担责机制，并改善了服务质量和干系人满意度。

通过采纳这种以服务为导向的思维方式，PMO 可以从静态的、以过程为导向的实体机构转变为推动组织成功、主动创造价值的合作伙伴。这种转变使 PMO 能够发挥更具战略性的作用，直接为组织的敏捷性、效率和整体成功做出贡献。

本质上，PMO 的服务旨在提升项目管理的成熟度，推动战略对齐，并最终助力组织目标的实现。在日益复杂的商业环境中，PMO 专业人士和组织领导者需要理解并借助这些多样化的服务，以使项目管理的价值最大化。

服务类别和域

PMO 服务包含多种功能，旨在支持和优化组织内的项目组合、项目集和项目管理。这些服务在确保高效执行项目、与组织战略目标对齐以及实现最大价值方面发挥着关键作用。

这些 PMO 服务可以分为三个主要类别：战略、战术和运营，如表 7-1 所述。

表 7-1　战略型、战术型和运营型 PMO 服务的特点

PMO 服务类型	特　　点
战略型	• 直接与组织的项目组合、战略和目标对齐； • 涉及高层领导者的决策和监督； • 影响整个组织或多个部门； • 影响组织文化和项目管理的成熟度

续表

PMO 服务类型	特　点
战术型	• 同时服务多个项目集、项目或客户； • 涉及中层管理者和资深项目管理专业人士； • 推动流程和方法论的标准化； • 管理共享资源和相互依赖关系； • 促进不同举措之间的沟通和协调
运营型	• 服务于单个项目集、项目或客户； • 直接涉及项目经理和团队成员； • 提供日常支持和问题解决； • 专注于特定项目的交付物和里程碑

这些 PMO 服务可以应用于三个不同的域：项目组合、项目集和项目。通过针对不同域来裁剪 PMO 服务，组织能够有效满足其特定需求：

◆ **项目组合**。该域涵盖了组织内所有项目集和项目的战略管理。该域的 PMO 服务包括项目组合规划、优先级排序、绩效测量以及与组织战略的对齐。这确保了项目组合能够创造最大价值并支持组织的整体目标。

◆ **项目集**。该域涉及了多个相关项目的协调管理，这些项目为实现共同目标而保持一致。该域的 PMO 服务包括项目集治理、资源分配、风险管理和收益实现。这确保了项目集内的所有项目都能交付其预期收益。

◆ **项目**。该域专注于单个项目的管理，确保每个项目按时、在预算范围内完成，并达到所需的质量标准。该域的 PMO 服务包括项目的规划、执行、监控和收尾。

最常见的 PMO 服务

PMO 提供的服务可能因组织不同而异。然而，世界一流的 PMO 通常会提供一些通用服务，以推动组织成功。表 7-2 全面总结了在全球 PMO 社区中观察到的 26 项最常见的 PMO 服务，包括其类别（战略型、战术型和运营型）和适用域（项目组合、项目集和项目）。

需要强调的是，表 7-2 中未列出的其他服务（或服务变体）在世界各地的 PMO 中也可能存在。虽然这些服务不常见，但并不意味着它们不重要或不相关。恰恰相反，这些服务对于根据组织的特定需求来裁剪 PMO 至关重要，能够确保有效应对独特且具体的需求。

表 7-2　全球 PMO 社区中常见的 PMO 服务

服　务		描　述
战略型服务		
1	向高管提供建议	为高层管理者提供项目组合、项目集和项目管理的战略指导和建议，以确保与组织的目标和目的保持一致。 域：项目组合/项目集/项目
2	收益实现管理	管理并衡量项目组合中项目集和项目的收益实现情况，以确保它们为组织提供预期的价值。 域：项目组合/项目集
3	建立项目文化	在组织内推广项目管理文化，以加强项目管理的意识、支持和协作。 域：项目组合/项目集/项目
4	治理监督	建立并维护治理框架，以确保按组织的政策和标准管理项目组合、项目集和项目。 域：项目组合/项目集/项目
5	组织变革管理	管理组织变革对项目集和项目的影响，以确保平稳过渡，并将干扰降到最低。 域：项目集/项目
6	项目组合管理	监督项目组合中项目和项目集的选择、优先级排序、监控和整体管理，以确保与战略目标保持一致并实现资源的最佳分配。 域：项目组合
7	战略规划支持	为战略规划活动提供支持，以确保项目集和项目与组织的长期目标保持一致。 域：项目组合
战术型服务		
8	知识管理	收集、整理并共享项目组合、项目集和项目管理的知识，总结经验教训，推广良好实践，以促进持续改进和组织学习。 域：项目组合/项目集/项目
9	方法论和框架管理	开发、实施并维护标准化的方法论和框架，以确保项目组合、项目集和项目管理的一致性和质量。 域：项目组合/项目集/项目
10	资源管理	在项目中有效分配和管理资源，以确保资源的最佳利用，并减少冲突。 域：项目
11	系统和工具管理	管理并维护系统和工具，以支持有效的项目组合、项目集和项目管理。 域：项目组合/项目集/项目

续表

	服 务	描 述
12	培训和发展	提供培训和发展计划,以提高组织内项目组合、项目集和项目管理的技能和能力。 域:项目组合/项目集/项目
运营型服务		
13	审计评估	对项目进行全面审计和评估,以确保其符合标准。识别问题,并提出改进建议。 域:项目
14	变更控制管理	监督变更控制过程,以管理项目集和项目中的变更,确保将干扰最小化并与目标保持一致。 域:项目集/项目
15	客户关系管理	维护并深化与项目客户的关系,以确保在整个项目生命周期中满足他们的需求和期望。 域:项目
16	数据分析和报告	提供数据分析和报告服务,以监督项目绩效,识别趋势,并支持明智的决策。 域:项目
17	问题管理	识别、跟踪和管理项目中出现的问题,以确保问题得到及时解决,避免对项目成功造成负面影响。 域:项目
18	指导和辅导	为项目经理和团队提供指导和辅导,以提升他们的技能水平、知识储备和整体绩效。 域:项目
19	绩效管理	监控并管理项目集和项目的绩效,以确保它们达到目标,并交付预期的输出和成果。 域:项目集/项目
20	项目集管理	管理并协调多个相关项目,将它们作为项目集进行管理,以交付收益并实现战略目标。 域:项目集
21	项目管理	管理并协调单个项目,以在范围、时间、预算和质量的约束下达成特定的目标。 域:项目
22	项目支持服务	为项目经理提供全面的技术支持,包括项目规划和任务协调方面的协助,并在项目经理的指导下开展工作。 域:项目
23	质量保证	通过系统的质量保证流程,确保项目的交付成果符合定义的质量标准。 域:项目

续表

服　务		描　　述
24	风险管理	在项目集和项目生命周期中识别、评估和管理风险，以尽量减少风险对项目集和项目成功的影响。 域：项目集/项目
25	专业化服务	提供可裁剪的专业服务，以满足单个项目的独特需求。PMO 团队成员应具备支持项目经理的专业知识和资源，以便在项目经理可能缺乏特定技术或领域知识时提供支持。 域：项目
26	干系人参与	识别并管理干系人的期望和参与度，以确保他们对项目的支持和参与。 域：项目

PMO 服务方法

PMO 服务方法的概念标志着 PMO 在组织中的运作方式和价值交付方式的重大转变。这一转变摆脱了传统的、僵化的服务模式，转而采用更具动态性和灵活性的方法，使 PMO 能够更好地满足多样化客户群体不断变化的需求和期望。

以往，PMO 通常被划分为固定的类型，如咨询型、指导型、支持型或控制型，并假设无论客户或服务内容如何，PMO 都将采用统一的运作模式。然而，这种一刀切的做法已被证明无法充分代表全球范围内各组织中 PMO 的实际运作情况。

事实上，组织内的现实情况要复杂得多。根据客户的特点，如客户的项目管理成熟度和所需的具体服务，PMO 应采用多样化的方法。这一认知推动了更加灵活的、以客户为中心的 PMO 服务交付模式的发展。

根据客户需求裁剪方法

在这一新范式下，一个重要见解是，PMO 可能以不同的服务方法为两个不同的客户提供相同的服务。例如，PMO 可能对一个客户采用咨询型方法，而对另一个客户采用控制型方法。这一选择通常取决于每个客户的项目管理成熟度。

考虑这样一个场景，PMO 为某组织的 IT 和财务部门提供服务。IT 部门由于更频繁地参与项目，可能具有较高的项目管理成熟度。相比之下，主要以过程为导向的财务部门具有较低的项目管理成熟度。因此，PMO 可能为两个部门提供相同的服务，但采用不同的服务方法：给予 IT 部门更多的自主权；给予财务部门更多的指导和支持。

这种以客户为中心的方法认识到，组织内的不同部门或团队在项目管理方面的经验和能力可能存在显著差异。PMO 应根据不同客户的具体需求和成熟度裁剪方法，在自主权与支持之间找到最佳的平衡点，从而提高其对组织的有效性和价值。随着客户能力和成熟度的提高，多样化的方法使 PMO 能够逐步增加给予客户的自主权。PMO 可能用于特定服务的主要方法如图 7-1 所示。

图 7-1　PMO 服务的主要方法

主要方法包括：

- **咨询型方法**。在采用这种方法时，PMO 充当顾问，提供专家建议和意见。客户对项目组合、项目集和项目保持完全控制，根据收到的建议自行做出决策。这种方法通常适合能力较强和成熟度很高的资深客户。

- **支持型方法**。在采用这种方法时，PMO 提供实际协助、工具和资源，以帮助客户更有效地履行其职责。尽管 PMO 提供协助和支持，但客户对项目组合、项目集和项目仍保留了重要的控制权和自主权。这种方法对于能力和成熟度适中的客户可能是有效的。

- **协助型方法**。在采用这种方法时，PMO 通过与客户举行的协作会议来推动相关活动。客户在 PMO 的协助下具有较高的参与度和所有权，营造了有利于实现与项目组合、项目集和项目相关的共同目标的环境。这种方法在客户能力和成熟度适中的跨部门场景中特别有用。

- **指令型方法**。在采用这种方法时，PMO 推行标准化的流程，并为执行特定任务提供明确的指导方针。客户虽然遵循既定流程，但他们对任务执行方式的控制较少，因为 PMO 主导了与项目组合、项目集和项目相关的流程。这种方法可能对能力和成熟度较低的客户是必要的。

- **控制型方法**。在采用这种方法时，PMO 需要监督并规范客户负责的流程，掌控项目组合、项目集和项目的执行。PMO 有权做出决策和采取行动，这显著减少了客户的自主权。这种方法可能用于高风险项目，或者面向能力和成熟度非常低的客户。
- **管理型方法**。这是最亲力亲为的方法，PMO 全权负责为组织（或其客户）管理特定的项目组合、项目集或项目活动。PMO 主动管理活动，使客户对执行的控制权最小化。这种方法可能用于战略性的、全组织范围的举措，或者在客户缺乏有效管理能力的情况下使用。

需要注意的是，某些 PMO 服务可能不涵盖所有这些服务方法，而可能仅适用于其中的几种。

选择正确的方法

服务方法的选择可能取决于多个因素，包括组织文化、客户的项目管理成熟度、可用资源以及所管理项目的性质。

PMO 可以采用混合模式，结合不同方法的优势以更好地满足组织的需求。例如，组织可能对核心战略项目使用管理型方法。或者，PMO 可能对大多数项目采用支持型方法，对需要严格遵循标准的高优先级项目采用指令型方法。

这些不同方法的最终目标是提高项目管理的有效性，使项目成果与组织目标保持一致，并为组织交付价值。成功实施的关键在于，所选方法在组织内的应用和理解是否清晰且一致。

PMO 可根据组织的具体需求和背景裁剪方法，以确保为项目成功提供最有效的支持。灵活性和适应性是必不可少的，这使得 PMO 能够随着组织需求的变化，不断优化和调整其策略。

这种适应性策略使 PMO 能够在项目管理成熟度方面与客户保持一致，并提供适当的支持水平，从而推动持续改进和项目成功。

在各种 PMO 服务中应用服务方法

不同服务与特定方法如何对应的示例包括：

示例#1——服务：向高管提供建议

- **咨询型方法**。PMO 基于最佳实践和行业标准为高管提供战略指导。
- **支持型方法**。PMO 提供工具和模板，以帮助高管规划和管理战略计划。

- **协助型方法**。PMO 组织与高管的战略规划研讨会，以协作的方式确定项目的优先级和目标。
- **指令型方法**。为了确保与组织目标的一致性，高管应制定战略指令。

示例#2——服务：收益实现管理

- **咨询型方法**。PMO 根据行业基准，就收益实现的最合适方法和实践提供建议。
- **支持型方法**。PMO 提供框架和工具，帮助客户在项目组合和项目集中衡量和管理收益。
- **指令型方法**。PMO 要求项目经理遵循特定的收益实现流程和指标。
- **管理型方法**。PMO 全权负责跟踪和报告收益实现指标，以确保与战略目标的一致性。

示例#3——服务：方法论和框架管理

- **咨询型方法**。PMO 提供关于选择和裁剪方法论的专业建议，以适应组织的需求。
- **支持型方法**。PMO 提供培训和资源，以帮助团队理解和应用方法论。
- **协助型方法**。PMO 主导协作会议，并结合干系人的意见，共同开发或完善方法论和框架。
- **指令型方法**。PMO 推行标准化的方法论和框架，要求所有项目集和项目都应遵循。

示例#4——服务：培训和发展

- **咨询型方法**。PMO 为项目管理专业人员提供个性化的辅导和指导，以帮助他们提高能力。
- **支持型方法**。PMO 提供培训计划和资源，以提升整个组织的项目管理技能。
- **协助型方法**。PMO 组织研讨会和同行学习会，以分享知识和良好实践。
- **指令型方法**。PMO 要求所有项目管理专业人员参加强制性培训，以确保其符合组织标准。

示例#5——服务：审计评估

- **咨询型方法**。PMO 建议项目团队采用最佳实践，以满足审计要求并提高项目绩效。
- **支持型方法**。PMO 提供指导方针和工具，帮助项目团队应对审计并处理已发现的问题。
- **指令型方法**。PMO 执行强制性审计，以确保符合项目管理标准并识别改进领域。
- **管理型方法**。PMO 负责进行全面审计，并实施必要的纠正措施。

示例#6——服务：客户关系管理

- **咨询型方法**。PMO 提供有关改善客户参与度和满意度的专业建议。
- **支持型方法**。PMO 提供工具和资源，以帮助项目团队有效管理客户关系。
- **协助型方法**。PMO 组织项目团队与客户之间的定期会议和反馈会，以促进合作。
- **指令型方法**。PMO 为管理客户的互动和期望，建立明确的指导方针和流程。

示例#7——服务：风险管理

- **咨询型方法**。PMO 就识别并缓解项目风险的良好实践和战略提供建议。
- **支持型方法**。PMO 提供风险管理工具和资源，以帮助项目团队有效管理风险。
- **协助型方法**。PMO 主导风险评估研讨会，以协作的方式来识别并应对项目风险。
- **指令型方法**。PMO 实施强制性的风险管理流程和框架，要求所有项目都应遵循。

示例#8——服务：治理监督

- **咨询型方法**。PMO 就良好实践和合规要求向项目集和项目经理提供建议，帮助他们在保持一定灵活性的同时，使其活动与治理标准保持一致。
- **支持型方法**。PMO 提供工具、模板和资源，以帮助项目集和项目经理满足治理要求。PMO 提供实际支持但不强制合规。
- **协助型方法**。PMO 组织研讨会和培训课程，向项目团队教授治理实践，鼓励团队间的协作学习和自我合规。
- **控制型方法**。PMO 强制执行严格的治理政策和程序，要求所有项目集和项目都应遵循。这种方法涉及定期审计、合规检查，以及暂停或调整不符合治理标准的项目，确保所有活动与组织政策保持一致。

示例#9——服务：资源管理

- **咨询型方法**。PMO 提供有关资源管理战略的专业建议，以帮助项目集经理和项目经理基于良好实践和组织目标来优化资源分配。
- **支持型方法**。PMO 提供工具和系统来跟踪并管理资源，协助项目团队高效利用可用资源，同时保留对资源分配的控制权。

- **协助型方法**。PMO 组织资源规划会议，召集项目经理和资源所有者共同解决资源分配问题，确保与组织的优先级保持一致。
- **控制型方法**。PMO 集中控制所有项目集和项目的资源分配和利用。该方法包括批准资源请求，根据需要重新分配资源，并监控资源使用情况，以防止资源过度分配或资源未被充分利用，从而确保资源利用率的最大化且符合战略优先级。

示例#10——服务：项目组合管理

- **咨询型方法**。PMO 就项目组合管理的良好实践提供建议，以帮助高管就哪些项目应纳入项目组合，以及如何排序优先级做出明智决策。
- **支持型方法**。PMO 为项目组合的分析和报告提供工具和框架，以帮助高管跟踪项目组合绩效并确保决策是基于数据驱动的。
- **协助型方法**。PMO 组织项目组合评审会，促进高管之间的讨论，以评估项目组合绩效、应对挑战，并在必要时重新调整优先级。
- **控制型方法**。PMO 对项目组合的选择、优先级和监控进行严格监督，确保所有项目集和项目都与战略目标保持一致。PMO 有权根据战略契合度和资源可用性批准或拒绝项目。

通过将这些服务与最合适的方法相结合，PMO 能够有效应对每项服务的特定需求和挑战，确保在组织内获得最大的影响力和相关性。

本章介绍的服务方法革新了我们对 PMO 的认知，明确摒弃了将 PMO 简单划分为指令型 PMO、控制型 PMO 或支持型 PMO 的过时观念。这种思维方式的转变基于对全球成功 PMO 的深入观察，表明：现实情况远比这些僵化的分类要更加复杂、更加微妙。

在实践中，高绩效的 PMO 展现出极强的动态调整能力，通常在同一组织内的不同服务和客户中同时采用不同的策略。这种灵活性使 PMO 能够根据每个客户的具体需求、成熟度和背景裁剪其支持方案，将他们交付的价值最大化。

例如，PMO 可能在与成熟度较高的 IT 部门进行战略规划时采用咨询型方法，而在指导经验较少的市场团队执行项目时则采用指令型方法。同时，PMO 可以为财务部门提供资源管理的支持型服务。这种适应性使 PMO 能够有效满足每个客户的独特需求，促进整个组织的成长和成功。

此外，这种灵活的方法使 PMO 能够根据客户能力的成熟度，逐渐优化其服务，从直接的控制型方法转向咨询型方法。这种演变确保了 PMO 在组织需求发生变化时仍能持续创造价值。

本质上，现代 PMO 并不局限于单一方法，而是通过在多种方法之间无缝切换来实现交付最大价值的目标。这种对 PMO 能力的深刻理解为这些实体机构如何推动组织成功、促进创新以及支持各层级项目管理成熟度的战略目标，带来了新的可能性。

随着 PMO 专业人士逐步内化这种更精细的视角，他们可以开发出更全面、更灵活且更具影响力的服务。这种方法不仅提升了 PMO 满足当前组织需求的能力，还使其能够应对未来的挑战和机遇，实现可持续的发展。

理解 PMO 服务成熟度

长期以来，项目管理成熟度一直是组织提升项目交付能力的重要关注点。虽然组织项目管理成熟度是一个广为人知的概念，但人们逐渐认识到，PMO 服务成熟度同样是一个独特且重要的方面。

PMO 服务成熟度体现了 PMO 在提供服务、推动组织成功方面的复杂性和有效性。与评估组织整体项目组合、项目集和项目管理能力的组织项目管理成熟度不同，PMO 服务成熟度特别关注 PMO 的演进和绩效。

根据《剑桥词典》的定义，成熟度是指："一个非常先进或发达的形式或状态。"对于 PMO 而言，这一概念涵盖了 PMO 的实践、能力以及可以为组织提供价值的逐步发展过程。

传统上，许多组织成熟度模型将 PMO 的存在视为成熟度的标志，这过度简化了 PMO 的有效性。这种方法未能考虑 PMO 在不同发展阶段和有效性水平上的差异，导致对 PMO 绩效的理解和评估明显不足。

此外，所谓标准化的"成熟 PMO"模型的概念也存在局限性。PMO 应该能适应其组织的独特需求和期望，这种标准化反而适得其反。PMO 成功的关键在于根据具体的组织背景裁剪方法和服务。

PMO 服务成熟度的概念标志着对 PMO 如何推动组织成功的理解迈出了重要一步。通过关注服务交付的复杂性而不是遵循预定义的模型，能够更细致、更有效地评估 PMO 的绩效。

PMO 服务成熟度模型指出，两个 PMO 在提供相同服务时可能表现出截然不同的复杂性和潜在价值创造能力。关注点应从 PMO 执行哪些服务转向其执行服务的有效性。

这一观点挑战了关于 PMO 服务成熟度的两个常见误区：

- **战略型 PMO 是成熟的 PMO**。这一误区忽视了成熟度的核心在于服务交付的有效性，而不是所提供服务的类型。即使对于仅提供战略型服务的 PMO，如果不能有效交付这些服务，该 PMO 也可能只具有较低的成熟度。
- **PMO 应该从运营型方法演进至战略型方法**。PMO 的演进不一定遵循这一路径。PMO 的方法应取决于客户需求和期望，而不是预定的演进路径。

PMO 的一个核心任务是，确保其服务与客户需求和期望保持一致。正如彼得·德鲁克所言："高效地做那些根本不应该做的事，是毫无意义的。"这句话完美概括了 PMO 服务成熟度的核心所在。PMO 可能在高效提供各种服务方面表现出色，但如果这些服务不能满足组织的实际需求，其价值将大打折扣。

对 PMO 来说，提供战略型、战术型或运营型服务并非其终极目标，而是满足客户需求的结果。成熟的 PMO 不仅能很好地执行其选择的服务，还能根据特定的组织背景选择可提供价值的服务。

PMO 的目标不一定是在所有维度（战略、战术和运营）上都达到最高的服务成熟度。相反，应专注于实现适当的服务成熟度，以有效支持组织的需求和战略目标。

因此，必须认识到，依靠 PMO 服务成熟度并不等于实现成功。虽然更高水平的服务精细化确实可以提高实现预期结果的概率，但同样重要的是，PMO 必须确保其服务真正符合客户和组织的需求。换句话说，如果缺乏与真实需求的正确对齐，即使成熟度再高，也无法产生可感知的价值，最终导致资源、精力和资金的浪费。这种不匹配将不可避免地导致 PMO 的衰退，即使它提供的服务在技术上无可挑剔。成功并非仅依靠成熟度来实现，而是通过与 PMO 客户和组织的真正优先事项相契合，并交付满足其需求的价值来实现。

附录 X3 提供了 PMO 服务成熟度评估模型（用于评估 26 项最常见 PMO 服务的成熟度），该模型能够：

- 通过结构化的方法来衡量 PMO 服务的当前成熟度；
- 识别 PMO 服务的优势和需要改进的领域；
- 为 PMO 发展设定基准和目标；
- 提供提升 PMO 服务的指导。

展望下一章

本章详细介绍了 PMO 服务和 PMO 服务成熟度，分析了 PMO 可以扮演的各种角色，并探讨了其如何逐步发展。然而，要成功交付这些服务并实现成熟度的提高，PMO 专业人士需要掌握一套特定的技能。

在下一章，我们将探讨构建 PMO 能力的关键领域。介绍 PMO 专业人士取得成功所需的核心技能、知识领域和特质。从战略思维和干系人参与到技术专长和领导力，我们将为 PMO 专业人士提供能力发展和提升的指导。这种对技能的重视，为应用前文所讨论的服务和成熟度概念奠定了基础，有助于确保 PMO 为其组织提供最大的价值。

第 8 章

为 PMO 专业人士培养能力

为什么本章对 PMO 专业人士很重要

对于希望在组织中提升有效性和战略价值的 PMO 专业人士，了解能力发展之道至关重要。本章提供了一个全面的路线图，可用于持续的职业成长，它着重强调了在项目组合、项目集和项目管理这一动态领域中持续发展技能的重要性。

通过概述能力发展的结构化方法，本章有助于 PMO 专业人士主动把握自己的职业发展。本章提供了一种系统的方法，用于自我评估、差距分析和有针对性的改进，帮助从业者将自身的技能与当前的工作要求和未来的职业目标保持一致。

这种全面的能力发展方法为 PMO 专业人士提供了在其角色中脱颖而出、适应变化并成为组织核心资产所需的工具和思维模式。这种方法强化了持续学习在保持 PMO 战略相关性和影响力方面的关键作用。

核心能力是 PMO 专业化的基础。这些能力涵盖了一系列技能，包括沟通、领导力、分析思维和干系人争取。每位 PMO 专业人士都应在这些领域表现出色，以确保整体 PMO 的有效性。然而，需要注意的是，根据 PMO 提供的具体服务，可能需要某些专业能力。这些有针对性的能力使专业人士能够在其角色中精进专长，并为 PMO 的成功做出有意义的贡献。

核心能力所需的熟练程度可能有显著差异。影响因素包括 PMO 服务的复杂性、组织成熟度，最重要的是与 PMO 客户建立的 SLA。更高的期望和目标通常需要更高级的能力，以使 PMO 能够提供卓越的成果。

当 PMO 专业人士缺乏必要的技能和知识时，可能导致效率低下、错误频发和机会流失。这会影响当前的交付物，并可能削弱 PMO 在组织内的可信度。

为了确保一致的价值交付，PMO 应优先考虑其持续的能力发展。这项工作涉及定期评估 PMO 团队的能力，识别差距，并实施有针对性的培训计划。此外，还需要培养持续学习的文化，鼓励 PMO 团队成员拓展技能，并与行业趋势和良好实践保持同步。

PMO 专业人士的核心能力

卓越 PMO 的核心是，具备丰富技能和多样化能力的多面手型专业人士。这些基本能力对于成功驾驭当代组织的复杂生态系统至关重要，在为客户和更广泛的组织交付具体价值方面，能帮助 PMO 不仅满足而且超出客户的期望。

基于全球 PMO 领导者的经验，已确定了 30 项对 PMO 专业人士不可或缺的核心能力。这些专业能力涵盖了广泛的领域，从技术专长到软技能。通过掌握这些能力，PMO 专业人士可以有效地向各级客户展示 PMO 的价值。这 30 项核心能力使个人能够提升 PMO 的整体有效性，并通过以客户为中心、价值驱动的方法助力组织成功。这些核心能力包括：

1. **准确性**。确保 PMO 服务输出的准确性，并核实细节以保持一致的质量和可靠性，这直接影响 PMO 客户的满意度和价值实现。

2. **适应性**。迅速调整 PMO 的策略、服务和实践，以适应不断变化的客户需求、市场条件和组织优先级。

3. **分析技能**。利用数据分析来识别模式、趋势和见解，推动基于价值的决策，并增强 PMO 客户的成果。

4. **商业敏锐度**。了解组织的业务，以使 PMO 的活动与战略目标保持一致，并使交付的价值最大化。

5. **协作**。促进跨职能团队的合作以实现共同目标，强调以客户为中心的 PMO 成果，并在组织内创造价值。

6. **沟通**。熟练地在不同干系人群体中传递和交流信息，能够根据不同的受众调整信息。

7. **冲突解决**。在解决分歧或争端时，注重维护客户关系并实现价值驱动的成果。

8. **持续改进**。持续优化 PMO 的服务、流程和实践，以提高效率、有效性和交付客户的价值。

9. **文化意识**。识别并尊重组织内的文化差异，以更好地服务多元化客户并优化价值创造。

10. **客户导向**。在所有的 PMO 策略、服务和活动中，优先考虑客户需求和期望，以确保 PMO 的成果能提供有形的价值。

11. **决策**。做出及时、明智的选择，在组织环境中，平衡客户需求、组织目标和价值创造之间的关系。

12. **人际智能**。运用情商和同理心来处理复杂的干系人关系。

13. **诚信和道德**。在所有 PMO 活动中恪守道德准则，建立信任并维护与客户的信任关系。

14. **创新**。提出并实施创造性的解决方案，以优化 PMO 服务，并为客户创造更大的价值。

15. **领导力**。引导 PMO 团队、客户和干系人，共同实现价值驱动的目标。

16. **谈判**。巧妙协调各方利益，达成协议，使客户和组织的价值最大化。

17. **客观性**。保持中立的视角，确保决策公平且以价值为导向。

18. **主动性**。能够预见客户需求和潜在挑战，主动解决问题，避免影响客户满意度和 PMO 的价值。

19. **解决问题**。高效识别并解决威胁 PMO 成果和客户满意度的问题，尽量减少对价值交付的干扰。

20. **流程管理**。优化 PMO 流程，以提高效率、质量和价值创造。

21. **项目管理**。运用良好实践来管理项目，确保价值交付最优化。

22. **关系建立**。与 PMO 客户建立牢固的合作伙伴关系，以加强信任和理解，并有效识别 PMO 的价值。

23. **韧性**。尽管遇到挫折，仍持续关注价值创造，调整策略以克服障碍，同时确保成功的成果。

24. **风险管理**。识别并减轻可能影响客户满意度和服务交付的风险，同时保障预期成果和价值创造。

25. **干系人参与**。有效争取所有干系人，确保以客户为中心的目标与价值驱动的 PMO 成果保持一致。

26. **战略影响力**。有效地说服并教育客户，使他们理解 PMO 的战略价值，以及 PMO 服务如何推动组织成功。

27. **战略思维**。将 PMO 战略、价值主张和服务与组织的长期目标和客户需求对齐，确保持续的价值创造。

28. **团队合作**。营造合作的环境，使 PMO 团队成员能够协同工作，共同交付客户价值，并实现 PMO 的成功。

29. **时间管理**。高效排序任务的优先级，以在时间范围和客户期望内实现价值交付的最大化。

30. **培训技能**。设计并实施有效的学习策略，以提高客户的能力，包括培训、指导和辅导。

探索 PMO 能力域

PMO 能力域涵盖了 PMO 专业人士在 PMO 工作中涉及的各个责任域，它根据 PMO 专业人士的角色对所需的专业知识进行划分，并指导他们如何提供与组织需求一致的有效服务。

PMO 能力域包括：设计、运营和改进。

每个能力域分别代表 PMO 管理的一个基本方面，明确了专业人士应掌握的技能和责任，以确保服务交付的有效性并实现价值的最大化（见图 8-1）。

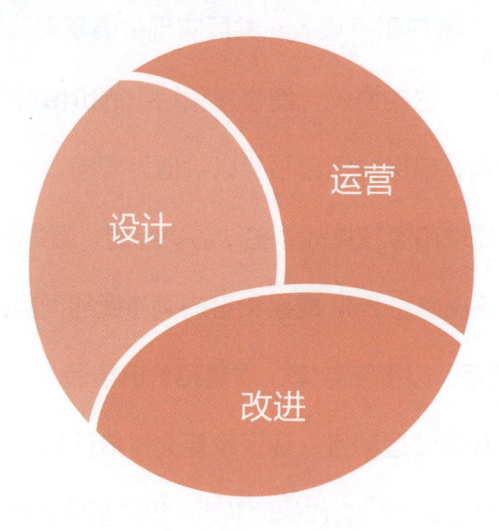

图 8-1　PMO 能力域

每个能力域的特点如下：

- **设计**。该域专注于 PMO 服务的设计和开发。该域对于建立服务交付的坚实基础至关重要，确保服务与战略目标保持一致，并有效满足干系人的需求。
- **运营**。该域涉及 PMO 服务的日常管理和执行。该域专注于按既定计划交付服务，并确保一致性、效率、质量和价值交付。
- **改进**。该域专注于完善和优化 PMO 服务，以提高其效率、有效性和价值交付。该域涉及分析绩效数据，收集反馈并实施措施，以确保持续改进。

PMO 能力域提供了一种结构化的方法来理解和发展 PMO 所需的多样化能力。通过将专业知识划分为 3 个能力域（设计、运营和改进），该模型为 PMO 专业人士提供了明确的技能发展和职业成长路径。

能力域的结构使 PMO 专业人士能够专注于特定服务领域的技能发展。该模型还提供了一个框架，使 PMO 领导者能够确保其团队具有平衡的能力组合，从构想到优化，涵盖所有的服务管理方面。

通过采用这种方法，PMO 可以确保：服务设计合理、高效交付、持续优化。各能力域的系统化发展，有助于打造适应性强、能够高效运作的 PMO，并与组织的战略目标保持一致。

PMO 能力域是个人职业发展和组织能力建设的宝贵工具。该模型帮助 PMO 实现持续的价值交付，推动战略举措，并巩固其作为组织成功关键贡献者的地位。

表 8-1 列出了 PMO 专业人士的 30 项核心能力，以及这些能力在 3 个能力域中的实际应用。

表 8-1 应用于不同能力域的核心能力

	能　　力	对应能力域的应用示例
1	准确性	• 设计：确保服务定义和需求的准确性。 • 运营：保持服务交付质量的一致性。 • 改进：准确分析数据以识别需要改进的领域
2	适应性	• 设计：创建灵活的服务模型。 • 运营：调整服务以满足不断变化的客户需求。 • 改进：根据反馈和趋势实施新方法
3	分析技能	• 设计：使用数据来指导服务设计的决策。 • 运营：监控服务绩效指标。 • 改进：识别服务优化的模式和趋势
4	商业敏锐度	• 设计：将服务设计与组织战略对齐。 • 运营：确保服务提供者交付商业价值。 • 改进：提出符合业务目标的改进建议
5	协作	• 设计：与客户合作定义服务需求。 • 运营：协调团队以有效提供服务。 • 改进：联合跨职能团队推动服务改进
6	沟通	• 设计：清晰阐述服务的概念和计划。 • 运营：定期提供服务绩效更新。 • 改进：有效呈现改进建议
7	冲突解决	• 设计：在服务规划中处理客户分歧。 • 运营：解决服务交付过程中出现的问题。 • 改进：协调服务变更时的不同意见
8	持续改进	• 设计：将反馈循环纳入服务设计。 • 运营：识别渐进改进的机会。 • 改进：提高 PMO 服务的成熟度，并衡量改进措施

续表

	能　　力	对应能力域的应用示例
9	文化意识	• 设计：在服务设计中考虑文化因素。 • 运营：使服务交付适应多元文化背景。 • 改进：将文化认知纳入服务改进
10	客户导向	• 设计：以客户需求为中心进行服务设计。 • 运营：确保服务交付响应迅速且令人满意。 • 改进：利用客户反馈推动服务改进
11	决策	• 设计：在服务设计中做出战略选择。 • 运营：在服务交付过程中做出及时决策。 • 改进：决定优先推进哪些改进措施
12	人际智能	• 设计：在服务规划中理解客户的情绪和需求。 • 运营：在服务交付过程中管理关系。 • 改进：在变更过程中应对情绪问题
13	诚信和道德	• 设计：确保服务设计符合道德准则。 • 运营：在服务交付中恪守道德准则。 • 改进：在改进流程中坚持诚信
14	创新	• 设计：开发新颖的服务概念。 • 运营：在服务交付中实施创造性的解决方案。 • 改进：为服务改进提供创新思路
15	领导力	• 设计：制定新服务的愿景。 • 运营：在服务交付中激励 PMO 团队。 • 改进：领导 PMO 的变革举措
16	谈判	• 设计：在服务规划中平衡客户利益。 • 运营：为服务交付，协商资源。 • 改进：获得服务变更的支持
17	客观性	• 设计：在服务设计决策中保持中立。 • 运营：无偏见地评估服务绩效。 • 改进：客观评估改进需求
18	主动性	• 设计：在服务设计中预见未来需求。 • 运营：在问题出现前解决潜在问题。 • 改进：主动发起改进流程

续表

	能　　力	对应能力域的应用示例
19	解决问题	• 设计：应对服务概念化过程中的挑战。 • 运营：解决服务交付中的问题。 • 改进：解决服务改进中的复杂问题
20	流程管理	• 设计：开发高效的 PMO 服务流程。 • 运营：确保 PMO 服务流程的顺利执行。 • 改进：优化 PMO 流程以实现更好的服务交付
21	项目管理	• 设计：规划新 PMO 服务的实施。 • 运营：为客户提供项目管理服务。 • 改进：监督 PMO 服务的改进计划
22	关系建立	• 设计：与客户建立联系以获取服务反馈。 • 运营：在服务交付过程中维护良好的关系。 • 改进：与客户合作进行服务改进
23	韧性	• 设计：在服务开发过程中应对挑战。 • 运营：在服务交付中适应障碍。 • 改进：克服变革中的阻力
24	风险管理	• 设计：识别服务设计中的潜在风险。 • 运营：在服务交付过程中降低风险。 • 改进：评估与服务变革相关的风险
25	干系人参与	• 设计：吸引客户参与服务规划。 • 运营：管理客户在交付过程中的期望。 • 改进：让客户参与改进计划
26	战略影响力	• 设计：为新的服务概念争取支持。 • 运营：宣传持续服务的价值。 • 改进：提倡必要的服务改进
27	战略思维	• 设计：将服务设计与长期目标对齐。 • 运营：确保服务交付支持战略目标。 • 改进：识别强化 PMO 价值主张的战略机会
28	团队合作	• 设计：在服务设计团队中进行协作。 • 运营：在服务交付中促进团队合作。 • 改进：共同推进改进举措

能　力	对应能力域的应用示例
29　时间管理	• 设计：在服务开发中按时完成任务。 • 运营：确保服务按时交付。 • 改进：在改进工作与运营工作之间保持平衡
30　培训技能	• 设计：为服务导入制订培训计划。 • 运营：提供持续的服务交付培训。 • 改进：在新流程或改进措施方面培训团队

将核心能力与 PMO 服务保持一致

PMO 的有效性不仅取决于其提供的服务，还深深植根于其专业人员的能力。虽然技能多样化很重要，但必须认识到，在有效提供特定 PMO 服务时，某些能力更具决定性作用。这种对能力重要性的细致理解，使 PMO 专业人士能够将发展重点放在那些最能提升其绩效和组织价值的技能上。

将核心能力与 PMO 服务对齐是一种战略性举措，能够使个人和组织的有效性最大化。通过识别每项服务的关键能力，PMO 专业人士可以有针对性地进行技能发展，以满足其角色的具体需求。

例如，在提供战略型服务（如为高管提供建议或对战略规划提供支持）时，需要具备商业敏锐度、战略思维和战略影响力等能力。在这些领域表现出色的专业人士能够更好地理解组织的愿景，将项目和项目集与长期目标对齐，并在最高层级的决策过程中发挥影响力。其有效沟通和诚信领导的能力进一步增强了他们的影响力，确保 PMO 被视为组织内有价值的战略合作伙伴。

战术型服务包括知识管理以及培训和发展，可以从协作、培训技能和持续改进等能力中显著受益。在这些领域有优势的专业人士可以有效传播知识，培养学习文化，并提升团队能力，这些都为组织的适应性和创新做出了贡献。

反之，对于审计评估和质量保证这样的运营型服务，则需要一套不同的能力，包括注重细节和客观性。这些能力对于提供无偏见的评估至关重要，这些评估可以推动流程改进和风险减轻。在这些能力上表现出色的专业人士有助于维护组织的信誉和卓越运营。

理解这种能力与服务的对齐不仅是为了提高个人绩效，而且还对团队协作和 PMO 内的资源分配有着深远的影响。通过将能力映射到服务，领导者可以组建团队，充分发挥每个团队成员的优势，从而打造更具凝聚力和更高效的团队。这种人力资源的战略部署有助于确保项目和项目集在必要时获得所需的专业知识，从而提高项目的整体成功率并实现价值交付。

附录 X4 给出了 PMO 服务交付的关键能力概况，它对有效 PMO 服务交付所需的核心能力进行了深入分析。该概况列出了针对 26 项最常见 PMO 服务至关重要的能力，并解释了这些能力对成功执行的重要性。

如何为 PMO 专业人士开发能力

深谙持续专业发展的重要性且具有远见的 PMO 专业人士深知，保持领先不仅有益，而且是十分必要的。通过培养扎实的核心能力和专业技能，PMO 专业人士能够提升个人绩效，强化 PMO 的价值主张，并最终为组织的战略目标做出贡献。

本指南概述了 PMO 专业人士能力发展的系统方法，提供了自我评估、精准改进和持续成长的路线图。通过遵循这些步骤，PMO 专业人士可以开启持续学习和持续适应的征程，始终处于项目管理卓越实践的前沿。

对于希望提升能力或建设团队的 PMO 专业人士，请考虑以下系统方法：

- **对当前能力进行全面评估**。对照 PMO 核心需求和特定服务需求，评估各项技能。使用标准化的评估工具，并寻求同事和主管的意见。
- **识别能力差距并确定改进领域的优先级**。分析评估结果以定位能力缺陷。将改进工作的优先级与组织目标和 PMO 战略目标对齐。
- **制订个性化的发展计划**。制订详细的发展计划，设定具体的、可衡量的、可实现的、相关的和有时间限制的目标（SMART 目标）。包括短期和长期目标，以确保持续进步。
- **追求多样化的学习机会**。参加正式的培训项目并获得相关认证。通过具有挑战性的任务和跨部门项目来获取实践经验。参加行业研讨会和专题讲座，向专家和同行学习。
- **不断收集反馈并采取行动**。建立包含同事、客户和导师的结构化反馈系统。定期进行自我反思练习，以评估进展并调整发展计划。使用 360 度反馈工具，全面了解绩效表现。

考虑推行正式的 PMO 人才管理计划，以充分发挥能力发展工作的成效。该计划应确保个人成长计划与组织目标保持一致，提供技能发展的资源，并在 PMO 社区提供知识共享的机会。

PMO 专业人士可通过聚焦核心能力和专业能力，显著提升交付价值的能力。这种系统化的方法能确保实现所承诺的成果，还能使 PMO 成为推动组织成功并满足不断变化的客户需求的战略资产。

请记住，能力发展是一个长期过程，需要持续投入和灵活调整。随着商业环境的变化，PMO 专业人士的技能也应随之发展。通过坚持不懈地追求持续改进并拥抱成长型思维，PMO 专业人士可以确保他们在组织中的有效性和相关性，并成为组织不可或缺的角色。

展望下一章

在探讨了关键的 PMO 能力后，PMO 专业人士应该了解在其角色中取得成功所需的知识和技能。但为了真正扩大他们的影响力，PMO 专业人士应该使用一个综合框架，系统整合上述所有相关概念。

下一章将介绍 PMO 价值环™框架。这是一个创新模型，将以客户为中心、价值交付、服务成熟度和能力发展整合为一种统一的方法。该框架可作为 PMO 成功的路线图，在发展和运营的各个阶段，为专业人士提供指导。通过采纳和应用该框架，PMO 专业人士可以将他们的潜力最大化，确保其 PMO 始终如一地交付价值并推动组织成功。在本指南的第 2 部分，将探讨这一具有变革性的模型，并揭示其如何引领 PMO 实践的革新。

第 2 部分

PMO 价值环™ 框架

第 9 章

框架概述

为什么本章对 PMO 专业人士很重要

本章介绍了一个全面的框架，该框架可助力 PMO 从战术监督者转变为推动组织成功的战略合作伙伴。该框架为 PMO 管理的新时代奠定了基础，将价值创造和客户满意度置于核心位置，对于任何希望在当今动态商业环境中保持相关性和影响力的 PMO 专业人士来说，这些都是不可或缺的知识。

通过掌握此框架，PMO 专业人士可以将其角色从项目管理执行者提升为战略价值创造者。该框架为 PMO 专业人士提供了设计、实施、运营和发展 PMO 的工具，使其能够持续交付价值并直接推动组织成功。

介绍新的 PMO 价值环™框架

PMO 价值环™框架为 PMO 专业人士提供了一种突破性的方法，这标志着 PMO 在组织中运作和交付价值方式的重大范式转变。这一创新框架超越了传统的 PMO 模型，并强调了价值创造和交付，从而有效地将 PMO 从单纯的战术和运营监督者转变为推动组织成功的战略合作伙伴。

PMO 价值环™框架的核心在于项目与战略目标之间的关键对齐。这种对齐确保每个项目，无论其规模或范围，都能为组织的总体目标做出实质性贡献。通过这种对齐，该框架提升了 PMO 的角色，使其成为实现组织长期成功的关键推动者。这种战略对齐不仅限于将项目与目标进行匹配，而是要创造一种共生关系，使项目成果直接推动战略实现。

该框架的优势在于提供了灵活、透明和以客户为中心的方法，实现了价值创造的最大化。它鼓励 PMO 发挥更具动态性和前瞻性的作用，摆脱传统 PMO 常见的被动立场。通过专注于提供可衡量的收益，并将其工作与客户需求和业务优先级对齐，PMO 可以有效地向其组织证明其价值。

此外，PMO 价值环™框架倡导持续改进和适应性的文化。在技术快速进步和市场动态变化的时代，快速适应能力是一个关键的成功因素。该框架鼓励 PMO 定期评估和完善其流程、方法论和绩效指标。这种持续的评估确保 PMO 与组织及其客户不断变化的需求保持一致。通过将适应性嵌入其 DNA，PMO 可以变得更加有韧性，并能更好地应对现代商业环境的复杂性。

PMO 价值环™框架的以客户为中心的特性尤其值得注意，并值得特别关注。通过将 PMO 客户的需求和期望置于运营的核心位置，PMO 可以提供更相关和更有影响力的服务。这种以客户为先的方法与传统 PMO 模型有显著区别，传统模型往往优先考虑流程而非人员。

通过关注客户需求，PMO 可以裁剪其服务以提供最大价值，提高客户满意度，并促进更紧密的关系。这种方法不仅改善了组织内对 PMO 的看法，还在各个层面上与 PMO 客户建立了信任并获得了认可。

PMO 价值环™框架重新定义了组织内 PMO 的角色。通过专注于价值创造、战略对齐和以客户为中心，PMO 能够从运营支持部门转变为组织成功的战略推动者。这种转变不仅有益，而且对于 PMO 在日益复杂和竞争激烈的商业环境中保持相关性和有效性至关重要。

掌握这一框架的 PMO 专业人士可将其角色从单纯的流程和工具的执行者提升为真正的价值创造者。基于本指南所述的实践方法，他们获得了设计、实施、运营和持续改进 PMO 的技能，这些 PMO 能够可靠地提供价值并对组织成功产生实质性影响。通过将重点转向战略对齐和可衡量的成果，这些专业人士可以建立 PMO，使其不仅支持项目执行，还能推动业务增长，提升 PMO 客户满意度并营造持续改进文化。由此，他们将 PMO 定位为实现组织长期目标的核心角色。

PMO 价值环™框架的主要目标是价值创造。这一目标不仅是按时并在预算内完成项目，而且它要确保每个 PMO 客户能够实现其与项目相关的目标，从而直接为组织的战略目标做出贡献。

该框架强调通过以客户为中心的方式来产生有价值的成果，这一趋势在全球成功的 PMO 中得到了见证。为了确保 PMO 能够持续交付这样的价值，本框架纳入了以下五个关键要素（见图 9-1）：

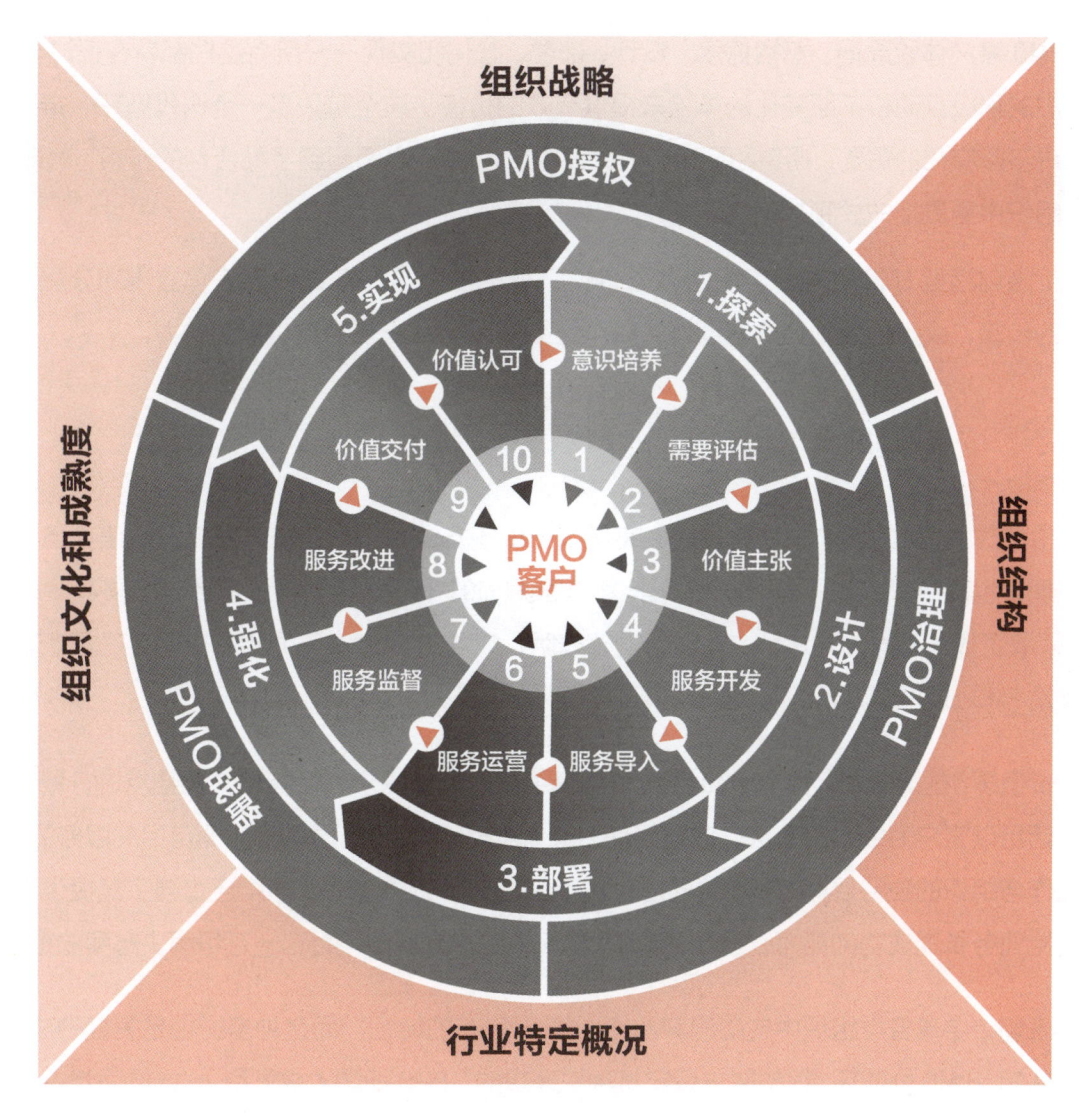

图 9-1　PMO 价值环™框架

- **PMO 客户**。PMO 客户处于中心位置，是 PMO 专业人士在不断优化 PMO 战略，定义目标和管理运营时的主要参考点。通过成为关键客户的真正合作伙伴，PMO 可以有效地为他们和整个组织创造价值。

- **组织基准要素**。这些要素是 PMO 价值环™框架的基础组件。这些要素包括组织战略、文化和成熟度、结构以及行业特定的概况，它们共同构成了能够根据每个场景的独特需求裁剪方法的背景。通过这种整合，PMO 得以更深度地融入组织，增强了其创造价值的能力。

- **PMO 结构组件**。这些组件构成了成功 PMO 的支柱。这些支柱包括 PMO 授权、PMO 战略和 PMO 治理。这些组件定义了 PMO 的关键方面，明确了目标、运营范围、职责、权限以及 PMO 在组织内发展的清晰愿景。

第 9 章　框架概述

- **PMO 客户体验周期**。包括探索、设计、部署、强化和实现——所有这些都旨在通过与 PMO 客户的积极互动和不断变化的体验来提供有效的价值。这个阶段是一个迭代循环，持续响应客户不断变化的需要、期望和反馈，因此在客户和 PMO 之间起到了黏合剂的作用，确保 PMO 在组织中更具相关性和战略性。
- **价值创造型 PMO 飞轮**。价值创造型 PMO 飞轮的核心是，将 PMO 客户体验周期分解为可操作的步骤，突出价值创造的连续性，每个连续的周期为未来的成功积累动力。

超越"一刀切"的 PMO 模型

PMO 价值环™框架的一个关键特点是，它区别于传统方法。虽然传统方法有其价值，但它并不能充分代表现实世界中 PMO 的多样性。与推崇将"理想 PMO"作为通用基准的传统方法不同，PMO 价值环™框架采取了根本不同的方法。这一创新框架表明，成功的 PMO 在不同组织之间存在显著差异，这种差异正是 PMO 成功的重要因素，而非对标准模型的偏离。

PMO 价值环™框架强调，每个 PMO 都应根据其组织的具体需求、目标和文化特点进行裁剪。通过专注于灵活且以客户为中心的方法，该框架使 PMO 领导者能够调整其战略，确定相关服务的优先级，并将其工作与组织的独特目标对齐。这种适应性不仅提升了 PMO 的有效性，还增强了其提供可衡量的价值和支持业务长期成功的能力，这使 PMO 成为多样化的贡献者，而非一刀切解决方案的提供者。

经验表明，全球各类组织中成功的 PMO 都展现出独有的特征，而这种多样性是关键的成功因素。基于这一认知，PMO 价值环™框架并未设定某种"理想的"PMO 模型（或类型），以作为组织要实现的通用标准。相反，它承认相关文献中各种观点的价值，并将其视为灵感来源而非现成的解决方案。这些观点具有适应性，为 PMO 专业人士提供了选项，以便在考虑其组织的具体需求、战略目标和独特环境时加以借鉴。

PMO 价值环™框架本质上是一座"桥梁"，使 PMO 专业人士能够根据每个组织的独特需求、挑战和文化背景（这些因素共同决定了理想的 PMO 结构），设计出自己的定制解决方案。PMO 价值环™框架并不是要取代现有模型，而是承认其作为灵感来源的有效性和实用性。所以，与其规定 PMO 应该是什么，不如专注于指导应该如何创建 PMO，并弥合不同观点之间的差距。这种方法使专业人士能够优化和调整这些观点，以形成满足组织背景特定要求的解决方案。

在实践中，应用 PMO 价值环™框架可能催生迥然不同的 PMO 结构，即使在同一行业内也是如此。例如，两家科技公司可能根据各自特定的发展阶段、市场地位、组织文化和战略优先事项，最终形成截然不同的 PMO 模型。这种适应性在当今快速变化的商业环境中特别有价值，组织需要敏捷性并对变化做出响应。

使用 PMO 价值环™框架来设计和管理的 PMO 更具灵活性，并且更能随着其服务的组织一起发展。这种方法表明，成功的 PMO 在不同组织之间存在显著差异，这种差异正是 PMO 成功的重要因素，而非对标准模型的偏离。

在后续章节，我们将深入探讨 PMO 价值环™框架的各个方面，使 PMO 专业人士能够全面了解其组成部分。

展望下一章

PMO 价值环™框架是一个综合模型，可以帮助 PMO 专业人士建立价值驱动的、以客户为中心的 PMO。然而，要有效应用该框架，必须准确理解影响 PMO 设计和管理的关键要素。

下一章将探讨组织基准要素——组织战略、组织结构、组织文化和成熟度以及行业特定概况，这些要素定义了 PMO 运作的环境。通过深入了解这些基础要素，PMO 专业人士可以更好地将其工作与组织的独特背景对齐，确保其 PMO 满足组织的需要和约束条件。

第 10 章

组织基准要素

为什么本章对 PMO 专业人士很重要

了解组织基准要素对 PMO 专业人士至关重要，因为它们构成了 PMO 成功的基础。本章探讨了 4 个基准要素，这些基准要素犹如组织的基因，不仅决定了 PMO 的运作环境，还影响着 PMO 的设计、运营和最终成效。

理解这些基准要素，有助于 PMO 专业人士打造与组织目标和文化高度对齐的 PMO。这种理解使 PMO 专业人士能够应对复杂的组织动态，适应不断变化的环境，并使 PMO 成为推动组织成功不可或缺的"催化剂"。

本章还为 PMO 专业人士提供了分析组织独特背景、裁剪方法、实现 PMO 可持续发展所需的知识和技能。

解码组织背景

PMO 价值环™框架的第一个组件是组织基准要素，它们构成了成功 PMO 的基础，见图 10-1。

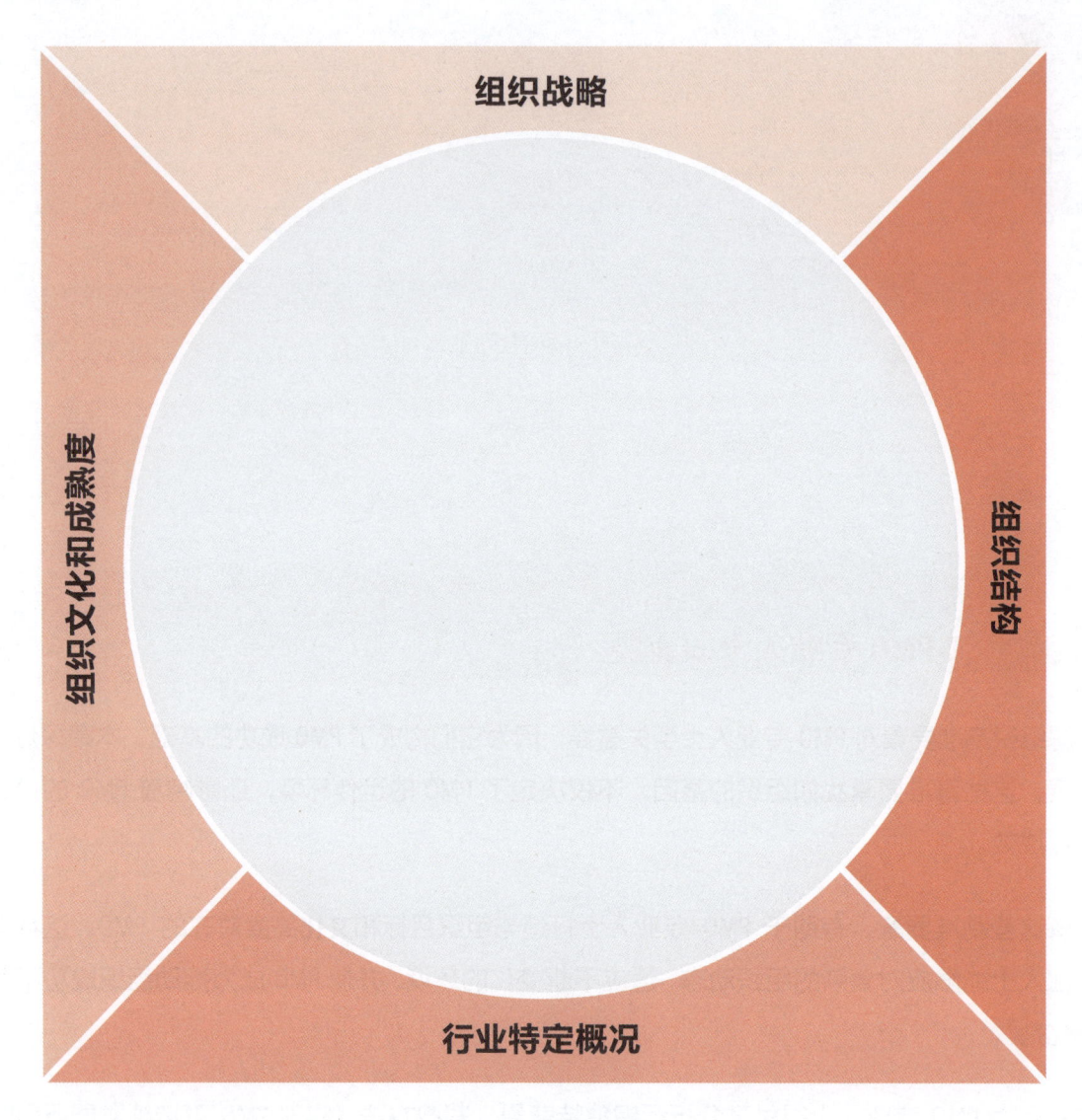

图 10-1 基准元素

PMO 并不是孤立存在，也不是在真空中运作，它是组织生态系统的一部分。正如生物体的生存和发展取决于它与环境的适应程度一样，成功的 PMO 也取决于它与基准要素的对齐和利用能力。如果不考虑这些要素，PMO 可能被孤立，并可能无法在组织内展示价值并获得支持。

以下 4 个关键要素决定了应如何设计和运作 PMO：

◆ **组织战略**。组织战略为 PMO 提供了明确的方向和目标，起到了指南针的作用。与组织战略高度对齐，可使 PMO 成为战略执行的强大推手，能够将最高层级的目标转化为有形的 PMO 成果，从而推动组织成功。

◆ **组织结构**。PMO 在组织结构的框架内运作。PMO 能否有良好的表现，关键在于它能否基于组织现有的结构，开发出支持性流程和方法，以顺利融入现有层级和沟通渠道。需要特别关注

"真实结构"，因为实际的依赖关系、权力和影响力网络往往与组织结构图上显示的有所不同。

- **组织文化和成熟度**。组织文化和成熟度等隐性因素既可能推动一些 PMO 的发展，也可能阻碍另一些 PMO 的进展。成功的 PMO 应考虑这些特征，同时在处理基于文化规范的项目时逐步提高整体项目管理的成熟度。
- **行业特定概况**。行业特定概况为 PMO 的运作提供了更宏观的背景。这一要素意味着每个行业在法规、实践或挑战方面都有某些特殊性，这可能迫使 PMO 相应地调整其战略、方法论和关注领域。

综合来看，这些要素构成了组织的基因——既融合了 PMO 的运作环境，又持续影响着 PMO 的设计、运营和最终成效。"组织的基因"不仅是比喻，还代表了每个组织的独特特征。PMO 需要先理解"组织的基因"，才能与整个组织建立互利关系。

这 4 个组织基准元素为每个组织打上了独特的印记，这要求 PMO 在实施和管理时采用差异化的、可裁剪的方法。每个要素本身都具有重要意义，但其内在联系才是 PMO 在运营背景下真正发挥作用的关键。任一要素的失调都可能引发连锁反应，进而影响 PMO 的有效性和价值。因此，PMO 高管必须理解这些互动，方能在推动组织变革的同时实现可持续的价值创造。

这些要素不是静态的，它们会随着市场的变化、业务的增长或新战略的挑战而改变。成功的 PMO 专业人士应始终调整其战略，使 PMO 成为组织成功不可或缺的"催化剂"。

接下来，我们将详细解释这些要素，研究这些要素的具体特征，以及它们如何影响 PMO。通过这一宏观视角，PMO 专业人士可获得重要的知识和技能，以帮助他们解决与组织相关的复杂问题，从而增强 PMO 成功的可持续性。

组织战略：PMO 成功的支柱

组织战略是 PMO 的根本指引，为 PMO 提供了关键的方向和目标。犹如惊涛骇浪中的船只需要依靠地图和指南针来确定航向，组织战略如同指南针，能够引导 PMO 穿越项目管理的复杂迷宫。

组织战略就像组织实现愿景的路线图。组织战略既明确了组织的发展目标，又规划了达成目标的路径，包括设定目标和长期目标，以及确定具体实施步骤。对于 PMO 专业人士来说，深入理解组织战略不是可选的，而是必备的素质。如果 PMO 团队对组织战略缺乏清晰理解，或者在执行过程中不够专注，都将导致工作失去方向，难以产生实质的影响。

组织的战略优先级和目标由组织战略规定。当战略优先级或目标发生变更（如组织战略的转变）时，PMO 应相应地重新对齐工作重点。如果某组织决定未来转向创新，那么它会启动促进创新的项目，并可能在 PMO 团队内部开发适合创新项目的新方法论。这种对齐有助于确保 PMO 交付的所有工作都是相关的，从而提高其在实现整体战略目标方面的价值。

组织战略对 PMO 运营的影响既深刻又具多维特征，其体现在以下几个领域：

- **项目组合管理**。组织战略为项目选择和优先级排序提供了关键的筛选标准。PMO 据此评估潜在项目，确保资源投向真正有助于实现组织目标的项目。
- **方法论选择**。在选择适应型（敏捷）、预测型（传统）或混合型方法时，战略因素往往起着重要作用。例如，注重快速创新的战略可能更倾向于敏捷方法，而注重可预测性的战略则更倾向于传统方法。
- **能力发展**。了解组织方向并具有前瞻性的 PMO 可以培养适合的团队技能和能力，以满足未来需求，而不是仅满足当前需求。
- **技术的采用**。工具和技术通常与战略优先事项相匹配。例如，数据驱动决策的战略可能包括对现代分析平台或 AI 技术的投资。
- **治理结构**。组织对风险和创新的态度会影响 PMO 的控制和监督力度。当强调快速市场扩张时，可能需要更灵活的治理结构。

仅理解组织目标不足以实现有效的战略对齐，还需要采取行动，主动将这些目标整合至 PMO 运营的各个方面。成功与组织战略对齐的 PMO，往往能从简单的项目执行部门转变为值得信赖的战略合作伙伴。这些 PMO 不仅在实施战略方面发挥着重要作用，而且还能凭借其独特的视角（在整个组织中监督多个项目和举措），在提供信息和决定战略方面给出宝贵的见解。

将 PMO 与组织战略对齐并非一次性的任务。相反，这种对齐需要随着时间的推移持续调整，并且，有效的 PMO 应该能够在战略变化时快速适应。这种动态调整有助于 PMO 持续提供价值，并成为组织成功的关键推动力。

组织文化和成熟度：塑造 PMO 的无形因素

PMO 的成功受组织文化和成熟度等无形因素的显著影响。对于 PMO 专业人士来说，只有全面了解这些因素，才能打造出契合组织特性，持续创造价值并蓬勃发展的 PMO。

组织文化涉及组织的整体价值观、信仰体系、态度和实践。组织文化可能体现在运营的基本规则、受奖励的行为和主流思维模式中。成熟度是指组织在项目组合、项目集和项目层面的项目管理技术的先进程度。因此，这些动态因素既可能成为 PMO 成功的助推器，也可能成为绊脚石。

组织文化的不断发展与项目管理成熟度之间的相互作用对 PMO 本身有显著影响。例如，成熟度较高的组织可能需要更精细化的项目跟踪和报告机制，PMO 应予以实施。同理，当组织向更具协作性或创新性的文化转变时，也可能需要 PMO 在促进团队协作和项目执行方面做出改变。

PMO 专业人士应考虑的组织文化和成熟度的关键方面包括：

- **价值观和规范**。价值观和规范构成了在组织内做出选择时所遵循的基本原则。
- **沟通模式**。沟通模式决定了信息在组织（无论是扁平化结构还是层级化结构）中的流动方式。
- **风险承受能力**。风险承受能力决定了组织在处理不确定性（包括创新）方面的能力。
- **决策流程**。决策流程有助于确定决策是通过共识还是自上而下做出的。
- **协作的多样性**。协作的多样性影响组织内不同部门的合作方式。
- **变革准备和适应能力**。变革准备和适应能力影响组织接受并吸收新想法的能力。
- **组织项目管理成熟度**。组织项目管理成熟度级别会影响组织在项目组合、项目集和项目管理实践方面的知识、理解和应用水平。
- **隐藏的利益和非正式的权力**。隐藏的利益和非正式的权力包括可能影响组织内决策和报告的非正式权力结构、模式和利益。

PMO 的实施和运营深受组织环境的影响。PMO 专业人士应考虑组织过往的 PMO 实践，如过去的成功案例或失败教训。

PMO 的感知价值及其执行复杂实践的能力取决于组织项目管理成熟度和 PMO 客户的敏锐度。在成熟度较低的环境中，通常需要先从简单的流程开始，然后再引入更先进的方法。

PMO 应谨记，组织文化和成熟度具有动态性，会随着外部压力、变革型领导力和战略转向而改变。成功的 PMO 专业人士会跟踪这些变化，并相应地调整所采用的方法。

组织结构：将 PMO 与组织整合

组织结构是影响 PMO 有效性的基础框架。作为蓝图，组织结构定义了组织中各组件如何相互影响和共同运作。

PMO 专业人士只有深刻理解组织结构，才能创建有影响力且有效的 PMO，使其无缝融入组织结构。组织结构涵盖了几个直接影响 PMO 设计和运营的关键方面，包括（但不限于）：

- **层级水平**。管理层级和汇报关系；
- **决策权**。组织内决策的流程和位置；
- **部门划分**。不同部门之间的职责划分；
- **沟通渠道**。信息流动的正式和非正式路径；
- **资源分配**。人力和财务资源的分配；
- **治理模型**。监督和担责的框架；
- **文化动态**。组织结构与组织文化之间的相互作用。

必须认识到，组织结构不是静态的，它会随着组织的变化和成长而演变。PMO 应密切关注这些结构变化，并为相应的调整做好准备。

组织结构的变化可能影响 PMO 的角色，以及 PMO 与其他部门的互动方式。例如，如果组织进行重组，就会影响汇报关系或部门划分，PMO 可能需要明确其新的角色和职责，以确保在新的组织框架下顺利运作，并保持其有效性。

通过深刻理解并巧妙应对这一结构环境，PMO 专业人士可以创建与组织结构无缝衔接的 PMO，成为提升效率、促进协作和实现战略成功的推动者。这种适应型方法确保 PMO 在组织发展过程中保持相关性和价值，并成为实现组织目标不可或缺的资产。

行业特定概况：根据不同的现实情况裁剪 PMO

组织的行业特定概况可以显著影响其 PMO 的运作方式。该概况涵盖了组织所在行业或经济领域的独有特征、挑战和行业惯例。对于 PMO 专业人士来说，识别并适应这些细微差异对创造实际价值和确保组织成功至关重要。

影响不同行业 PMO 的关键因素包括：

- **监管环境**。监管环境因行业和地区而异，影响合规要求和运营框架。
- **项目类型**。项目类型可能因行业而异，导致差异化的方法论和独特的管理方式。
- **技术环境**。不同行业和地区的技术整合水平可能存在差异，影响项目的执行和管理。

- **市场动态**。经济状况、竞争格局和市场趋势都可能影响项目时间表的优先级。
- **风险概况**。每个行业都有其特定风险，需要制定针对每个行业的风险管理策略。
- **干系人生态系统**。PMO 客户的多样性和期望可能因行业而异，进而影响 PMO 战略。
- **行业标准和实践**。项目管理方法论可能受到各行业适用标准的影响。
- **文化和成熟度因素**。PMO 的有效性可能取决于其所在行业项目管理实践的成熟度以及特定国家的行业文化规范。

为了说明这些差异，请参考一些行业/部门示例（展示 PMO 应如何使其方法、方法论和重点领域与各行业的特定挑战、法规和良好实践保持一致）：

- **建筑行业**。建筑行业专注于大型、长期项目，高度重视安全和环境法规，以及复杂的干系人参与。
- **能源行业**。能源行业应考虑资本密集型项目的合规性，以及与可再生能源相关的快速技术变化。
- **金融行业**。金融行业面临网络安全和合规性挑战，以及行业技术的快速更新。
- **政府部门**。政府部门有独特的考虑因素，如公共担责制、复杂的干系人参与、严格的采购法规和长期规划工作。
- **医疗保健部门**。医疗保健部门应考虑患者安全、数据隐私、法规合规性，以及与效率平衡的创新。
- **信息技术行业**。信息技术行业面临快速的项目周期、敏捷方法论的考量、创新、持续集成和部署实践的挑战。

为了有效满足这些行业/部门的特定需求，PMO 专业人士应理解调整方法以恰当应对行业特定需求的重要性。成功的 PMO 表明，对行业挑战的审慎考量凸显出灵活性不仅是可取的，而且是任何项目创造价值的必要条件。

行业环境的动态性不容忽视。PMO 专业人士应随时准备调整策略，以应对行业变化、新法规生效以及新技术带来的行业颠覆。

行业特定概况是决定 PMO 运营的关键因素。通过将项目管理原则和实践与特定行业的现实相结合，PMO 专业人士可创建定制化的方法，确保 PMO 在独特的环境中保持相关性、有效性和价值。

展望下一章

组织基准要素为理解可能影响 PMO 运营的背景因素奠定了基础。在下一章，我们将探讨 PMO 结构组件，包括 PMO 授权、PMO 治理和 PMO 战略。这些组件进一步构成了 PMO 运作的基础，概述了其目的、战略方向和运营框架。通过掌握这些结构要素的开发和实施，PMO 专业人士可以确保 PMO 在特定组织环境中提供有意义的价值。

第 11 章

PMO 结构组件

为什么本章对 PMO 专业人士很重要

对于 PMO 专业人士来说，了解 PMO 结构组件至关重要，因为这些组件为打造成功且有影响力的 PMO 奠定了基础。本章重点介绍了 3 个核心组件：PMO 授权、PMO 治理和 PMO 战略，它们不仅包含 PMO 的理论概念，还是推动 PMO 落地、使 PMO 有效运作的支柱。

通过深入研究这些组件，PMO 专业人士可以搭建稳固的 PMO 结构，确保 PMO 有效运作，与组织目标对齐，并交付有形的价值。本章为 PMO 专业人士提供了搭建 PMO 结构的知识，以促进其组织采用战略性的、价值驱动的方法。

建立 PMO 基础

高绩效 PMO 的核心在于其结构组件，PMO 结构组件为 PMO 的卓越表现提供了基础。虽然前一章讨论的组织基准要素为 PMO 的运营提供了背景，但真正赋予 PMO 生命力，使其具有形态、方向和目标的，是 PMO 结构组件。

PMO 结构组件与组织基准要素之间的复杂关系至关重要。每个结构组件都深受组织战略、组织结构、组织文化和成熟度以及行业特定概况的影响，并应与之紧密对齐。这种共生关系可以确保 PMO 不是孤立的存在，而是组织生态系统的一个组成部分，能够从组织内部推动变革和改进。这 3 个 PMO 结构组件之所以被称为"结构"组件，是因为它们构成了 PMO 的基本构建要素，为 PMO 的有效和高效运营提供了必要的架构。

如图 11-1 所示，结构良好的 PMO 建立在三大支柱之上：PMO 授权、PMO 治理和 PMO 战略。

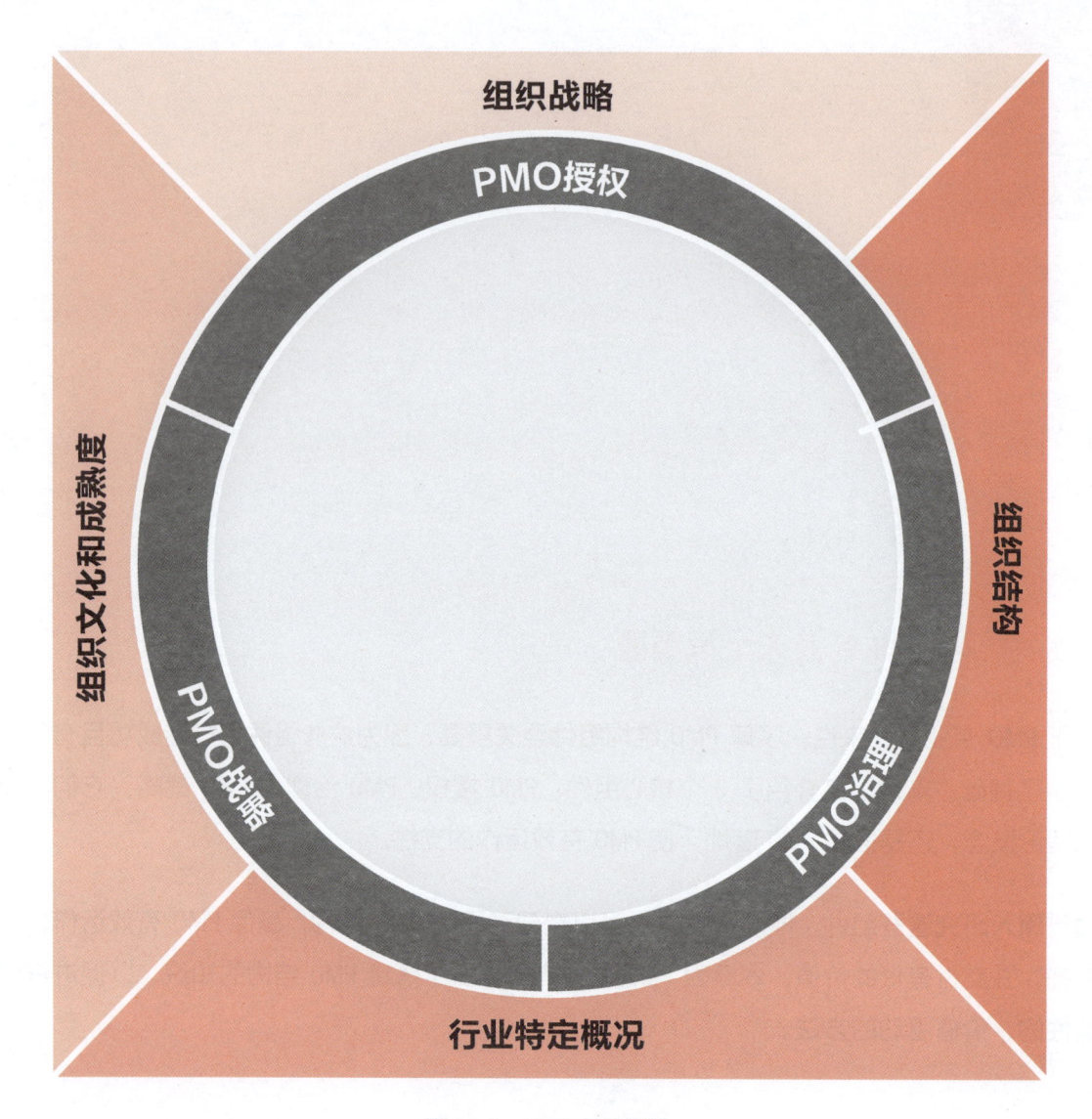

图 11-1　PMO 结构组件

这些组件协同工作以定义 PMO 的目的、方法和运营框架：

- **PMO 授权**。该组件确定了 PMO 的"为什么"，阐明了其在组织背景中存在的目的和理由。PMO 授权确保 PMO 的活动与组织的战略目标保持一致，为 PMO 的存在和运营提供了明确的依据。

- **PMO 治理**。该组件确定了 PMO 的"谁"和"何时"，制定了决策流程、角色、职责和担责机制。PMO 治理为 PMO 运营提供指导，确保其实践的一致性。PMO 治理还定义了管理 PMO 日常活动的政策、流程和标准。

- **PMO 战略**。该组件确定了 PMO 的"什么"和"如何"，制订了长期计划，定义了 PMO 如何成长和发展，以持续为组织提供价值。PMO 战略专注于 PMO 可能采取的具体行动和改进措施，以增强其影响力。

这 3 个组件绝非理论概念，而是推动 PMO 落地、使 PMO 有效运作的基本构建要素，能帮助 PMO 明确方向，并从容驾驭组织中的复杂性。这些组件作为关键桥梁，将广泛的组织任务转化为符合组织需求的、价值驱动型 PMO。

本质上，PMO 授权奠定了基础，PMO 战略为未来发展指明了方向，而 PMO 治理则强化了担责和控制。它们共同确保 PMO 不仅能提供价值，而且还能持续适应并与组织的长期愿景和不断发展的成熟度保持一致。

PMO 授权、PMO 战略和 PMO 治理之间的相互关系对于确保 PMO 的长期一致性和有效性至关重要。这三个组件是相互加强的：PMO 授权提供方向，PMO 战略推动持续改进和适应，PMO 治理确保一致性和合规性。它们共同确保 PMO 不仅能够履行当前职责，还能够随着时间的推移不断发展和改进。

此外，PMO 专业人士必须深刻理解组织基准要素（组织战略、组织文化和成熟度、组织结构以及行业特定概况）与 PMO 结构组件之间的复杂关系。这种理解使 PMO 能够前瞻性地调整其结构组件以应对组织变革，确保 PMO 在组织中的相关性和有效性，而且始终是价值驱动的实体机构（见图 11-2）。

接下来，我们将详细介绍 3 个 PMO 结构组件及其基本要素、实施策略和良好实践，并解释如何制定：清晰且有说服力的 PMO 授权、与组织目标高度对齐的 PMO 战略（计划）、确保 PMO 高效、有效和价值驱动的 PMO 治理（框架）。

PMO 授权：PMO 成功的起点

PMO 授权是 PMO 成功的基石。它提供了一份全面的声明，定义了 PMO 在组织背景中的目的、覆盖范围和职责。表述清晰的 PMO 授权可以为 PMO 战略提供指导，确保其与组织的整体目标保持一致。

PMO 授权回答了以下关键问题：PMO 为何存在？PMO 预期交付什么价值？谁是 PMO 的主要客户？PMO 授权与组织战略的联系越紧密，其贡献就越相关且更有影响力。

组织战略→PMO授权：
设定PMO角色的总体方向和期望

组织战略→PMO战略：
推动PMO的长期目标和发展，以支持组织的战略目标

组织战略→PMO治理：
建立所需的控制机制，以使PMO与更广泛的组织目标保持一致

组织文化和成熟度→PMO授权：
影响PMO获得的权限和支持水平，并定义其角色

组织文化和成熟度→PMO治理：
决定流程的规范化程度和决策的严谨性

组织文化和成熟度→PMO战略：
决定PMO的发展，以向其客户提供越来越多的价值

行业特定概况→PMO授权：
定义PMO在其角色中需要应对的独特需求、法规和业务要求

行业特定概况→PMO治理：
定义可裁剪的监督和合规机制，以满足行业标准

行业特定概况→PMO战略：
确定PMO的长期发展路径，以符合行业趋势和监管要求

组织结构→PMO授权：
确定PMO的权限、报告关系和职责

组织结构→PMO治理：
确定指导PMO运营/管理的部门决策流程

组织结构→PMO战略：
定义PMO如何与其他部门互动、分配资源和调整活动规模，以与组织部门和职能保持一致

A **PMO授权→PMO治理：**
PMO治理的结构和监督规则

PMO治理→PMO授权：
为PMO授权的调整提供依据

B **PMO授权→PMO战略：**
确定PMO的战略方向和重点

PMO战略→PMO授权：
完善或扩大PMO授权

C **PMO治理→PMO战略：**
确保根据PMO授权实施PMO战略

PMO战略→PMO治理：
不断发展的PMO战略决定了如何调整PMO治理以支持PMO授权

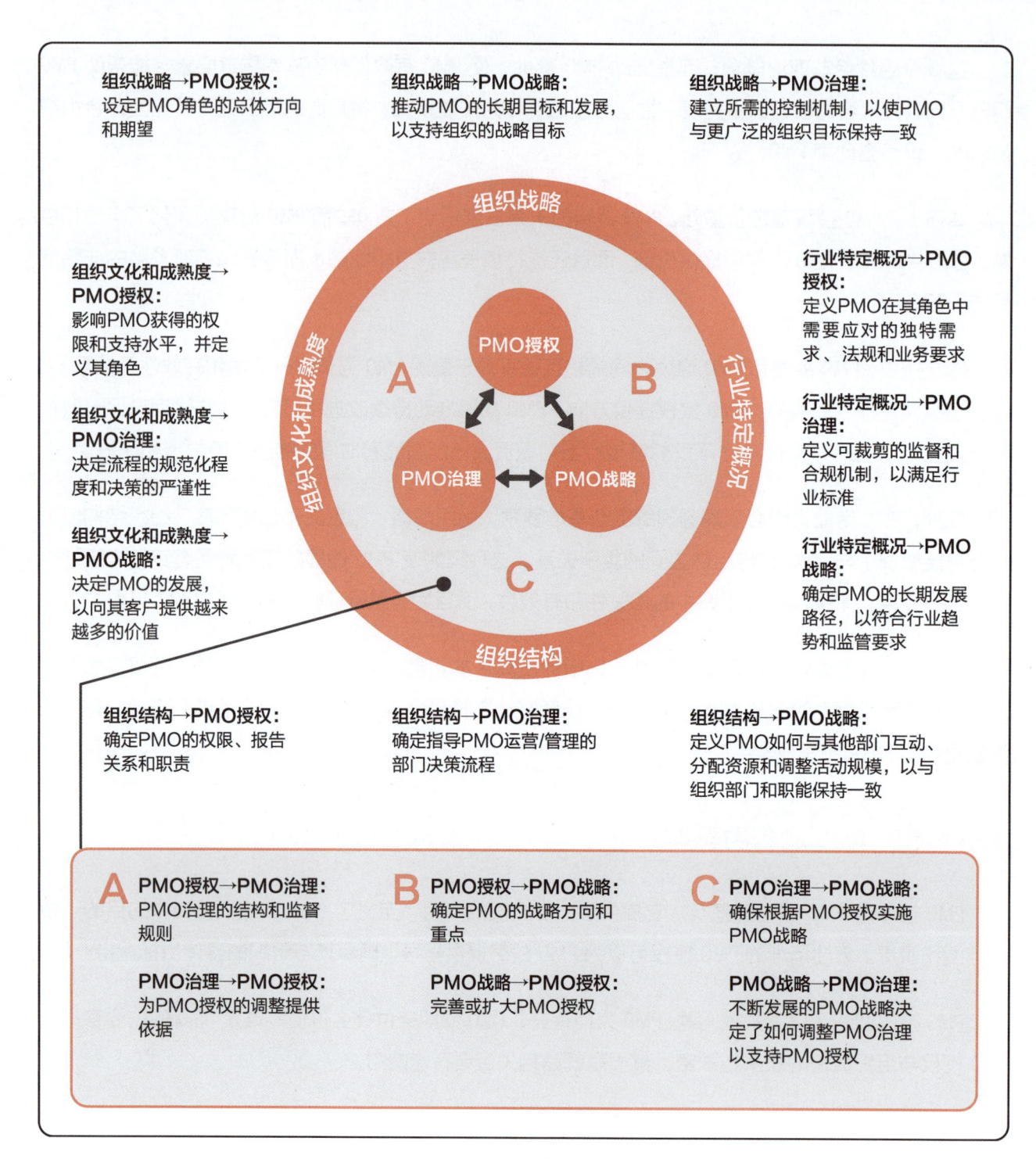

图 11-2 PMO 的基础支柱

PMO 授权涉及多个关键领域，包括：

◆ **目标明确。** 明确的授权对于避免干系人之间关于职责分工的混淆至关重要，也有助于将冲突最小化。

◆ **责任定义。** 为避免 PMO 被闲置或 PMO 过度干预，PMO 授权确定了 PMO 的权限范围。

- **干系人对齐**。PMO 授权可以确保所有干系人了解 PMO 的目的和价值主张。
- **战略对齐**。PMO 授权有助于将 PMO 活动与组织战略目标"对齐"或同步。
- **绩效基准**。PMO 授权提供了基准指标，可用于衡量和评估 PMO 的长期绩效。

定义 PMO 授权的一个重要因素是 PMO 的覆盖范围，这决定了 PMO 的影响力或影响范围。通常，有以下 3 个层级：

- **企业 PMO**。企业 PMO（EPMO）在组织的最高层级运作，将所有项目组合和项目与整个组织的战略业务目标对齐。
- **部门/分部 PMO**。部门/分部 PMO 在特定领域内运作，将该领域内的项目与部门/分部的目标对齐。该 PMO 在特定领域内拥有权限。
- **特定项目集/项目 PMO**。根据定义，这类临时性 PMO 支持特定项目集或大型复杂项目的运作，将其活动与项目集或项目对齐，并对其范围拥有权限。

PMO 授权深受覆盖范围选择的影响。PMO 的覆盖范围应与组织需求和成熟度级别保持一致。

PMO 章程正式确定了 PMO 授权，从初步角度澄清了 PMO 的覆盖范围、其必要性、目标以及在组织结构中的定位。PMO 章程确立了 PMO 成功的初始支柱，从而确保一致性、清晰性和组织的支持。

PMO 章程是基于收集到的初步信息从高层级视角制定的，应包含以下事项。在本框架的后续步骤中，将对这些信息进行审查、验证和详细说明。

- **PMO 的目的和使命**。详细说明 PMO 在组织中存在的原因。
- **PMO 愿景**。解释 PMO 在中长期内希望成为的样子。
- **PMO 覆盖范围**。决定 PMO 可能影响的层级，如企业、部门/分部，或者特定项目集/项目。然而，混合结构也很常见，例如，EPMO 与关键业务领域内的部门 PMO 相结合。
- **PMO 目标**。代表最初识别的需求，这些需求推动了 PMO 的建立。
- **PMO 干系人**。包括对关键 PMO 客户的初步识别，以及对其需求的初步了解。
- **基本资源需求**。包括对有效建立 PMO 所需资源的初步评估。
- **实施路线图**。包括初步的路线图，可作为建立或发展 PMO 的分阶段计划。
- **PMO 成功标准**。包括将用于衡量 PMO 成功的初步 KPI 和指标。
- **评审和更新流程**。提供一种机制，用来定期评审和更新 PMO 授权。

- **PMO 章程的批准**。包括可能需要的关键干系人和高管发起人的任何正式签字或批准。

这些是 PMO 的基础要素，从高层级的战略和战术视角确立了 PMO 的定位和目的。然而，需要注意的是，PMO 章程仅提供了概述，不包括关于 PMO 的所有运营细节。在本框架的后续步骤中，将对这些细节进行详细说明。

PMO 治理：PMO 运营的基石

有效的 PMO 运营依赖于健全的治理，这对于确保 PMO 平稳运行并为组织创造显著价值至关重要。

PMO 治理涵盖决策流程、自主权级别、角色和职责、担责措施以及 PMO 运作的整体治理框架。高效的治理有助于确保 PMO 与组织目标保持一致，运作透明且高效。

需要注意的是，PMO 治理与项目组合、项目集和项目治理不同——这些均为项目管理中的相关概念。它们之间的关键区别在于范围和关注点：

- **PMO 治理**。PMO 治理审查 PMO 作为组织实体机构运作/管理的政策、程序和标准。该治理包括报告结构的定义、决策权限、担责措施和升级路径。PMO 治理（框架）还明确了 PMO 内部的角色和职责，并划分了 PMO 不同方面的权限级别。

- **项目组合治理**。与项目集和项目管理不同，项目组合治理监督整个项目组合生命周期，以保持战略一致。项目组合治理侧重于管理组织的项目集和项目集合的选择、优先级排序及管理的政策、流程和标准，以确保资源的最佳分配以及与整体业务战略的对齐。

- **项目集治理**。项目集治理专注于监督相关项目的协调及管理的政策、流程和标准，确保实现超出单个项目管理所能达成的综合收益和战略目标。

- **项目治理**。项目治理是指导单个项目的规划、执行及控制的政策、流程和决策结构的框架。项目治理建立了明确的角色、责任和担责措施，以确保项目符合组织目标，满足干系人的期望，并在定义的范围、时间、成本和质量的约束下交付预期成果。

虽然 PMO 通常在项目组合、项目集和项目治理中发挥作用，但 PMO 治理关注的是 PMO 本身的构建和管理方式，以及有效支持其他治理的职能。虽然 PMO 负责制定并执行项目组合、项目集和项目的治理标准，但 PMO 治理需要确保 PMO 具有适当的结构和权限以有效履行这些职能。

PMO 的治理结构应包括：

- **PMO 的角色和职责**。在 PMO 内谁负责什么，他们如何与组织的其他部门协作？

- **PMO 的汇报关系**。PMO 在组织内向谁汇报？PMO 报告其活动、进展和问题的既定渠道和流程是什么？
- **PMO 的决策流程**。在 PMO 内可以在哪个层级做出哪些决策？何时以及如何将决策升级至更高的权力机构？干系人如何参与决策过程？如何记录和传达决策？
- **PMO 的自主权级别**。PMO 的自主权级别是怎样的，以及如何在不同层级做出决策？
- **PMO 的担责措施**。PMO 及其团队成员如何对其行为和决策负责？
- **PMO 的绩效指标**。设置了哪些 KPI 来衡量 PMO 的有效性和效率？
- **PMO 的合规性**。如何确保 PMO 遵循组织政策、行业标准和道德准则？
- **变革管理**。如何提出对 PMO 内部活动方式的变革？如何顺利启动并有效传达已批准的组织变革？
- **冲突解决**。如何处理 PMO 客户与其他干系人之间的争议？如何将这些争议（或问题）转交给更高的权力机构？第三方应如何参与解决这些复杂问题？
- **PMO 的持续改进**。如何收集反馈循环并应用经验教训？随着 PMO 和组织成熟度的提高，PMO 治理如何演变？

有效的 PMO 治理对于 PMO 的成功和可持续性至关重要。治理过程为 PMO 高效运营、有效决策以及为组织交付价值提供了必要的结构和指导。通过明确定义角色、职责、决策流程和担责措施，PMO 治理可以确保 PMO 在与战略目标保持一致的同时，能够应对复杂的组织环境。

实施健全的 PMO 治理是一个持续的过程，需要精心规划、干系人参与和适应变化的意愿。随着 PMO 和组织的发展，PMO 治理框架也必须随之演变。定期评审和完善治理措施可以确保 PMO 对组织及其客户保持实用性、相关性和价值。

PMO 治理框架随着组织的发展而逐步完善。PMO 治理框架最初只是一个简单的提案，基于 PMO 章程所概述的初步假设。在这个早期阶段，PMO 治理框架有意保持简单，因为随着 PMO 的成长和演变，会发现和调整许多内容。

随着 PMO 工作的进展，PMO 治理框架自然会变得更加清晰和详细。通过与客户互动并了解他们的需求，PMO 将优化其服务并获得更准确的信息。

最初的基本框架逐步演变为全面的框架，具有明确分配的角色、决策流程和担责措施。这种逐步演变确保了框架的实用性，并与 PMO 的持续发展保持一致。

采取这种循序渐进的方法使 PMO 治理框架能够灵活响应组织不断变化的需求。所以，PMO 要避免过早增加不必要的复杂性，而是以反映其当前状态和价值贡献的方式发展。

PMO 战略：规划价值交付的路线

PMO 战略是一个全面且动态的计划，概述了 PMO 如何在短期、中期和长期内为其干系人交付价值。该战略是弥合 PMO 授权与日常运营之间差距的关键要素，可确保 PMO 与组织目标保持一致，同时持续满足 PMO 客户不断变化的需求。

PMO 战略的核心在于创建价值交付的路线图。虽然 PMO 战略提供了有关"做什么"的信息，但没有说明"如何"做。典型 PMO 战略的一些关键组件包括：

◆ **PMO 愿景和使命的对齐**。这种对齐详细说明了如何将 PMO 章程中定义的更宏观、更高层级的愿景和使命在不同的时间段（短期、中期和长期）付诸实施。愿景和使命通过将这些目标转化为实际选择和可衡量的结果，帮助 PMO 专业人士明确方向。这项工作将 PMO 绩效目标与整体目标联系起来，确保 PMO 运营的各个方面都保持一致。

◆ **PMO 与组织目标的对齐**。PMO 战略概述了 PMO 如何持续将其活动与更广泛的组织目标和战略对齐，确保 PMO 在组织中始终是有价值的战略资产。这些工作包括根据组织内部关注点的变化定期评审和调整优先级排序的机制，或者通过各种方式展示项目对主要业务目标的直接影响。

◆ **PMO 成熟度和演进路线图**。该 PMO 战略组件侧重于组织内部 PMO 和项目管理能力的发展。该路线图提供了逐步改进组织项目管理实践和能力的计划。

◆ **PMO 价值之旅**。该 PMO 战略组件侧重于外部视角，描绘了 PMO 对其客户的价值主张将如何演变。这一组件详细说明了 PMO 的发展过程，概述了它将如何不断调整其服务以满足不断变化的业务需求和客户需求。PMO 价值之旅包括传达 PMO 价值的策略，强调 PMO 将如何引导客户对其价值的认知，并成为组织成功不可或缺的一部分。

◆ **PMO 绩效指标和 KPI**。PMO 战略对 PMO 章程中高层级的成功指标进行了详细说明，建立了详细的 KPI 和绩效指标以衡量实现愿景和使命的进展。该组件包括对 PMO 有效性和价值交付的定量及定性衡量，以及定期评审和完善这些指标的系统，以确保它们保持相关性并与组织优先级保持一致。

◆ **PMO 客户参与计划**。PMO 战略详细说明了将如何发展与不同 PMO 客户的互动，以为实现愿景和完成使命提供支持。该计划包括管理期望、建立关系，以及制定与客户需求持续对齐的策略。该计划概述了针对不同客户群体的可裁剪的方法，以及收集和利用客户反馈以推动持续改进的机制。

- **PMO 资源和能力发展**。PMO 战略明确了如何开发和利用资源（人力、财务、技术）和能力，以实现愿景和完成使命。该组件包括培训、招聘、技术采用、流程改进计划、资源分配，以及在 PMO 和整个组织内建立持续学习和发展的文化。

- **PMO 风险管理**。PMO 战略详细说明了如何识别、评估、管理和减轻实现愿景和完成使命的风险，包括内部 PMO 风险、可能影响 PMO 有效性的更广泛的组织风险，以及与 PMO 客户价值感知相关的危险。这项工作包括制定策略以主动调整 PMO 服务与干系人期望之间可能出现的偏差，以及维护 PMO 在组织内的相关性和感知价值。

- **PMO 服务组合的演变**。PMO 战略定义了 PMO 的服务将如何演变，以满足不断变化的组织需求并推动价值增长。这项工作包括制定框架（用于定期评估当前服务的有效性）、识别新兴需求，以及开发新能力（以确保 PMO 始终处于卓越项目管理的前沿）。

- **PMO 沟通和变革管理**。PMO 战略包括制订计划，以有效传达 PMO 的价值主张，并管理 PMO 成功所需的组织变革。这项工作涉及全面的变革管理方法，包括克服阻力、在组织各层级促进认同，以及确保 PMO 引入的新流程和实践得以顺利采用的策略。

- **PMO 的持续改进**。PMO 战略建立了持续评估和改进 PMO 实践的机制，确保 PMO 创造价值并保持相关性。这项工作包括定期评估 PMO 绩效、与行业实践对标，以及通过结构化的方法来实施改进（基于经验教训和项目管理与组织效能的新兴实践）。

- **创新和适应**。PMO 战略概述了 PMO 如何在项目管理实践中促进创新，并适应新兴趋势和技术。这项工作包括制订计划以跟上行业发展、尝试新方法和工具，以及在 PMO 内部培养创新文化。

通过统筹这些组件，PMO 战略将 PMO 章程的高层级愿望转化为具体的、可衡量的行动计划，帮助 PMO 在应对组织环境的复杂性和变化时与组织的核心目标保持一致。

PMO 战略不应被视为静态的。我们需要频繁对 PMO 战略进行评审和更新，以在组织和环境变化时保持相关性。保持 PMO 战略的动态性对于确保其通过与组织不断演变的需求保持一致而持续增加价值至关重要。这些活动通常每年进行一次，并支持主动调整，以确保 PMO 在组织中仍然是重要资产。在评审过程中应考虑客户的参与，以及影响 PMO 绩效的内部和外部因素。

PMO 战略最初基于初步假设和目标的高层级纲要。随着 PMO 与其客户的互动，战略逐渐得到细化并变得具体。这种方法有助于确保 PMO 战略与组织目标保持一致，及时响应 PMO 客户的需求，并专注于随着时间的推移交付越来越多的价值。

在以下几种关键情况下，需要对 PMO 战略进行全面评审和必要更新：

- ◆ **PMO 的建立和发展**。在 PMO 初始设置期间进行该评审，同时会形成一份基础性文件。在达到重要的成熟度里程碑后，该文件会得到进一步完善，以体现更高的复杂性并设定新的目标。

- ◆ **组织变革**。在重大重组期间进行该评审，以与新的组织结构保持一致。当关键客户发生变化（特别是在高管层面），或者组织的整体战略发生变化时，也可能进行该评审。

- ◆ **项目组合动态**。在对项目组合的构成进行重大调整后，以及在完成任何重大项目集或项目后进行该评审，以纳入所获取的经验教训。

- ◆ **外部环境变化**。当面临重大市场变化（包括行业趋势和竞争压力），以及新的监管要求或经济条件时，可能触发该评审。

- ◆ **技术进步**。在采用新的项目管理工具或方法论时，或者在实施企业级系统或新兴技术（如 AI、区块链）时，可能进行该评审。

- ◆ **客户反馈和绩效评审**。当收到有关 PMO 绩效或价值交付的重要客户反馈时，可能进行该评审。此类评审也可作为 PMO 年度战略规划周期的一部分进行，以确保其持续的相关性和有效性。

本质上，精心制定并定期更新的 PMO 战略就像动态的路线图，能够引导 PMO 的发展，将其活动与组织目标对齐，并确保在不断变化的商业环境和客户期望中持续保持相关性和价值。

展望下一章

在结构组件的基础上，PMO 价值环™框架的下一个组件将关注点转向客户体验。因为，要提供真正的价值意味着优先考虑 PMO 如何与客户互动并为其服务。

下一章将介绍 PMO 客户体验周期（该模型将客户置于 PMO 活动的核心）。从探索到实现，PMO 客户体验周期提供了一个清晰的框架以持续满足和超出客户期望。通过采用这种方法，PMO 专业人士可以确保其结构组件被有效利用，从而创造积极的、价值驱动的体验。

第 12 章

PMO 客户体验周期

为什么本章对 PMO 专业人士很重要

了解 PMO 客户体验周期对 PMO 专业人士至关重要，因为它代表了一种将 PMO 转变为战略资产的综合方法。

本章介绍了一个以客户为中心的框架，该框架将 PMO 的关注点从仅执行项目转变为向客户和干系人提供有形价值。通过采用这一周期，PMO 专业人士不仅能提升自身的能力，以更好地满足组织不断变化的需求，而且还能与干系人建立更牢固的关系，并推动持续改进。

这一周期为客户体验周期的每个阶段都提供了实用的见解，着重说明了 PMO 应如何调整其服务，评估成效并确保战略对齐。采用这种方法，PMO 专业人士能够将其 PMO 从战术支持角色提升为组织成功的关键推动者，以确保 PMO 在组织内部保持其重要性、有效性和价值性。

从概念到价值：PMO 客户体验之旅

PMO 的角色已经超越了传统界限，PMO 不再仅是监督者，而是组织成功的战略推动者。这一转变的核心在于 PMO 客户体验周期，它是一种以客户为中心的方法，将 PMO 客户置于组织运营的中心（见图 12-1）。

PMO 客户体验周期体现了以客户为中心的理念，并代表了 PMO 领域的一次范式转变。它强调，PMO 成功的实质不仅在于高效执行组织的项目，更在于它为客户提供的有形价值。

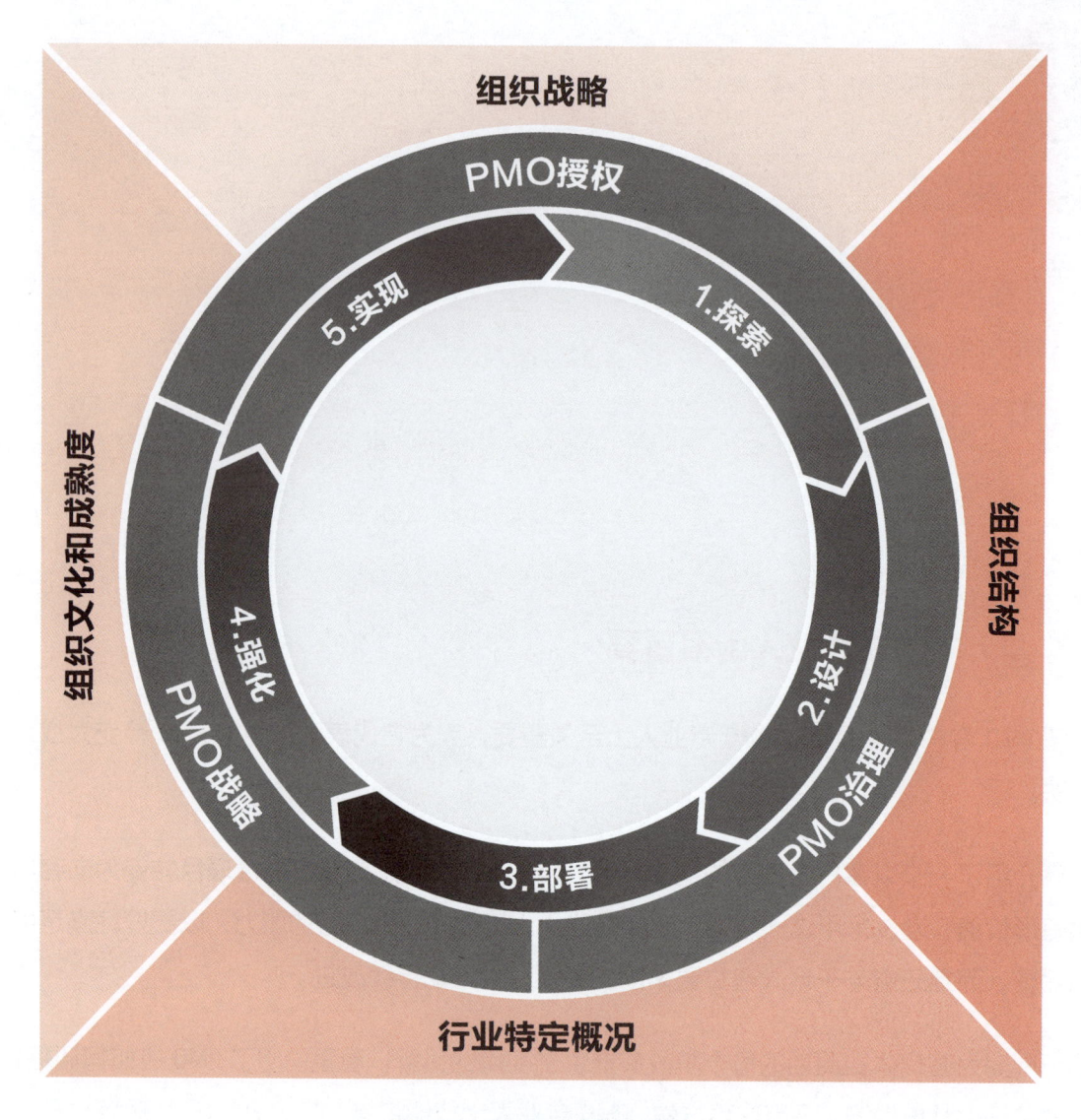

图 12-1　PMO 客户体验周期

这个周期包括 5 个阶段，每个阶段都经过精心设计，以确保 PMO 能够始终关注客户不断变化的需求，从而持续调整其服务，并展现出可量化的影响和价值。

- **探索阶段。**这一阶段标志着周期的开始，PMO 在此阶段进行深入的探索，以了解当前的环境、客户需要和潜在机会。这一阶段的特点是向客户介绍 PMO 的潜在价值，并积极倾听他们的需要和期望。这一探索为所有后续阶段奠定了基础，确保 PMO 的工作建立在对客户实际情况的透彻理解之上。

- **设计阶段。**基于在探索阶段获得的见解，PMO 可制定一个能够交付预期成果的可裁剪提案。这个富有创造性的阶段涉及协作解决问题、创新思维和服务方案设计，旨在开发出满足当前需要并预见未来挑战和机遇的服务方案。

- **部署阶段。**在这个阶段，PMO 将设计的解决方案付诸实践。部署阶段涉及 PMO 的日常运营，应确保计划服务的顺利实施，并按照既定的服务水平和目标执行。在此阶段，PMO 要应对运营的复杂性，并在组织内部有效整合新服务和流程。
- **强化阶段。**这个阶段关注持续改进，由绩效指标、反馈循环、服务成熟度提升和敏捷适应性驱动。在这个阶段，PMO 致力于通过不断优化其服务内容，并从成功和失败中汲取经验，来提升服务的成熟度，进而增强所交付的价值。
- **实现阶段。**这一阶段着重衡量 PMO 服务的成果，展现 PMO 的价值，并确保服务满足 PMO 客户的期望。此阶段强调对 PMO 所创造价值的认可和赞赏，验证其对组织的贡献。

周期的迭代力量

PMO 客户体验周期的强大之处在于其迭代的性质。这不是一个有明确终点的线性过程，而是一个持续改进和创造价值的周期过程。周期的每次变革都建立在前一次的学习和成就之上，从而推动价值和组织影响力的螺旋式上升。

该周期是一个动态且流动的过程，作为一个持续的、相互关联的系统运行，而不是僵化的线性步骤。这一理念对于理解 PMO 客户体验周期的有效性及其推动持续的价值创造的能力至关重要。

PMO 客户体验周期是持续运行的。尽管它包含探索、设计、部署、强化和实现这几个按逻辑顺序相连的阶段，但它们并非孤立运行，也不会在下一阶段开始前完全停滞。相反，这些阶段相互重叠、交织，形成了无缝衔接的活动和价值创造流程。

本质上，PMO 客户体验周期的动态性将 PMO 从被动的支持角色转变为积极的价值创造者。该周期使 PMO 能够同时管理当前需要，预见未来需求，并不断优化服务，以将其为组织创造的价值最大化。

本章详细介绍了 PMO 客户体验周期的每个阶段，展示了 PMO 专业人士如何利用它来提升 PMO 的战略相关性，展示有形价值，并成为推动组织成功不可或缺的合作伙伴。

探索阶段：为组织发展奠定基础

探索阶段是 PMO 客户体验周期中至关重要的第一步，为后续所有阶段奠定了坚实基础。探索阶段的特点是双重关注：既要深入了解当前状况，又要为未来做好充分准备，这包括进行深入的调研、积极参与以及制定战略规划。

探索阶段的重点是教育和培养 PMO 客户，帮助他们发现，由于项目管理成熟度的差异，而可能尚未意识到的潜在价值。探索阶段还包括识别 PMO 客户的当前需要，为制定有吸引力的 PMO 价值主张奠定基础。

在这一阶段，PMO 扮演教育者和调查者的角色，营造一种可以建立更先进项目管理实践的环境，同时发掘客户的当前需求。探索阶段的目标包括：

◆ **了解当前的环境**。通过分析现有流程、工具、方法论，以及有关项目的成功率、挑战和低效情况的数据，评估组织的项目管理环境。

◆ **教育和培养客户**。通过研讨会、讲座和有针对性的沟通，提升组织的项目管理知识水平，使客户在未来能够识别和欣赏更先进的 PMO 服务。

◆ **识别客户需要**。与 PMO 客户沟通，了解他们的观点、面临的挑战和期望。识别客户的显性需要和隐性需要，为未来的 PMO 服务提供依据。发现 PMO 客户面临的具体痛点和挑战，为制定定制化的解决方案奠定基础。

◆ **建立关系和信任**。与 PMO 客户（从高管到项目团队成员）建立牢固的关系并赢得他们的信任。

◆ **播下价值主张的种子**。通过明确 PMO 如何为组织带来有形价值，初步构建 PMO 的价值主张，以指导后续阶段的 PMO 服务和解决方案的开发。

探索阶段的核心在于发现。PMO 专业人士与 PMO 客户（从高管到项目团队成员）互动，以建立关系和信任，并了解他们的观点、面临的挑战和期望。这些互动不仅是为了收集信息，更是为未来的合作奠定基础，并展示 PMO 致力于提升价值的承诺。

探索阶段的独特且重要的价值在于其教育属性。要认识到，PMO 的价值可能不会立即被所有客户理解，特别是在项目管理成熟度较低的组织中，这一阶段包括了对 PMO 客户进行教育和培养的工作。通过研讨会、讲座和有针对性的沟通，PMO 开始提升组织的项目管理成熟度，为当前或潜在客户未来能够识别和欣赏更先进的 PMO 服务做好准备。

探索阶段也是播下 PMO 价值主张种子的阶段。通过识别痛点、理解客户需要（包括显性和隐性需要），并与组织战略保持一致，PMO 开始制订如何为组织带来有形价值的计划。这一初步形成的价值主张将指导 PMO 客户体验周期后续阶段中 PMO 服务和解决方案的开发。

值得注意的是，探索阶段并非一次性事件，而是一个持续过程的开始。虽然这一阶段标志着 PMO 客户体验周期的开始，但探索的精神，即发现和持续学习，应贯穿整个周期。

这一阶段不仅涉及收集信息，还涉及建立关系、树立信誉，并营造一个能够充分认可和理解 PMO

价值的环境。在这一阶段获得的见解和建立的联系将为后续所有阶段提供信息，确保 PMO 的工作与组织需求保持一致，并能够使交付的价值最大化。

设计阶段：打造 PMO 的价值蓝图

在 PMO 客户体验周期中，紧随探索阶段的是至关重要的设计阶段。设计阶段将探索阶段所获得的见解和理解转化为战略行动蓝图。在设计阶段，PMO 对组织的潜在价值开始具体成形，为后续的实施和运营奠定基础。

PMO 的愿景聚焦于设计阶段，为组织项目管理实践的变革性转变奠定了基础。设计阶段是一个充满创意、战略思维和精心规划的阶段，将在未来几年不断塑造 PMO 的影响力。

此阶段的特点是，强调战略一致性。PMO 应确保其方案的价值和服务不仅满足当前客户的直接需要，还能与组织的总体目标和战略方向高度对齐。这种一致性对于获得高层支持以及确保 PMO 的长期相关性和成功至关重要。

设计阶段的核心在于制定一个有吸引力的价值主张，明确阐述 PMO 将如何推动有意义的变革，并为客户和整个组织带来有形收益。

设计阶段的一个重要成果是定义 PMO 的服务组合。选择正确的服务组合至关重要，因为它将决定 PMO 履行承诺并为其客户创造价值的能力。

设计阶段还涉及为 PMO 的实施和发展制定路线图。该路线图提供了一个战略视角，展示了 PMO 如何推出其服务、建立其能力，并随着时间的推移逐步增加其对组织的影响力。设计阶段考虑了组织当前的项目管理成熟度和资源约束，并在规划长期可持续改进策略的同时，也着重考虑了展示早期成果的需要。

在整个设计阶段，客户参与仍然至关重要。设计过程应吸纳关键客户，以确保提出的 PMO 战略和服务符合他们的需要和期望。这种协作方法能够带来更好的设计成果，并有助于为 PMO 未来的举措赢得认可和支持。

值得注意的是，设计阶段并不是要制定一个僵化的、不可改变的 PMO 价值主张和服务组合。相反，此阶段的目标是制定一个灵活的建议方案，使其能够适应不断变化的组织需求和客户期望。在此阶段提出的 PMO 价值主张和服务组合应被视为动态元素，随着 PMO 经验的积累和组织需求的变化而进行优化和调整。

设计阶段包含几个重要活动，例如，制定有吸引力的 PMO 价值主张，开发战略服务组合，以及考虑 PMO 在这一关键阶段可能面临的挑战。此阶段的成果为 PMO 客户体验周期后续阶段的成功实施和价值交付奠定了基础。设计阶段的目标包括：

◆ **制定 PMO 价值主张**。制定清晰且有吸引力的 PMO 价值主张，以满足客户不断变化的需要和价值感知，提供可量化的收益，如效率的提高、项目的对齐和资源利用的优化。

◆ **开发 PMO 服务组合**。根据价值主张概述服务组合，识别能够满足需要并支持价值主张的服务类型，但不涉及具体细节的定义。

◆ **细化 PMO 服务**。为每项服务的实施定义所有必要的细节，包括建立流程、明确责任、确定所需资源、制定绩效指标、与客户商定服务水平和既定目标。

◆ **制定高层级路线图**。制定实施 PMO 及其服务的路线图，在项目管理的短期成果与长期改进之间取得平衡，同时兼顾客户需要、价值交付和价值感知。

当 PMO 从设计阶段进入下一阶段时，它有着清晰的愿景，知道如何为组织增值、需要提供哪些服务以实现这一愿景的战略概要，以及将这一愿景付诸实践的路线图。这些要素为 PMO 客户体验周期的下一阶段奠定了基础，下一阶段的重点将转向运营和绩效测量。

部署阶段：实现 PMO 愿景

在设计阶段之后，便进入 PMO 客户体验周期中动态且具有变革性的部署阶段。这一关键阶段是将精心制订的计划和价值主张转化为实际行动和服务的阶段。部署阶段是实质性工作开始的阶段，也是 PMO 为组织带来的潜在价值变为现实的阶段。这一阶段确保：PMO 的服务可供使用，能有效融入组织的结构之中，从一开始就能交付有形的价值。

在部署阶段，PMO 的影响力开始在整个组织中显现。部署阶段是一个行动、学习和转型的阶段，它为 PMO 的长期有效性和价值交付奠定了基础。成功完成这一阶段，对于将 PMO 确立为推动卓越项目管理和支持组织成功不可或缺的资产至关重要。部署阶段的目标包括：

◆ **建设基础设施**。建立支持 PMO 运营的工具、技术和基础设施。

◆ **分配资源**。有效分配和管理部署 PMO 服务所需的资源。

◆ **实施服务**。在整个组织中引入设计好的 PMO 服务和流程。

◆ **积极与 PMO 客户互动**。在部署过程中与客户保持积极沟通和互动。

◆ **客户服务导入**。为 PMO 客户做好准备，并向他们介绍新引入的服务和流程。

- **风险减轻**。在部署阶段识别并应对潜在的风险和挑战。
- **变革管理**。管理过渡过程，并化解人们对新 PMO 实践和流程的抵触情绪。
- **规划可扩展性**。随着 PMO 服务采用率的提高和组织需求的演变，为服务的扩展做好准备。

部署阶段的成功为 PMO 的长期有效性奠定了基础，并为 PMO 客户体验周期后续阶段的持续改进和价值交付铺平了道路。

强化阶段：提升 PMO 绩效和服务成熟度

在 PMO 客户体验周期中，紧随部署阶段的是至关重要的强化阶段。这一阶段标志着 PMO 发展历程中的一个关键时刻，其重点从实施转向优化和成长。

在强化阶段，PMO 基于其绩效测量结果，开始完善其价值主张，提升服务，并逐渐成为客户的重要资产。强化阶段的一个显著特征是其循环性——它不是一次性事件，而是一个持续的学习、适应和成长过程。这种持续改进的方法有助于确保 PMO 保持敏捷性，并对组织不断变化的需求做出响应。

强化阶段的特点是双重关注：既要测量并改进 PMO 服务的绩效，又要评估并提升 PMO 的整体成熟度。这个阶段至关重要，因为它关乎通过不断提升服务效率，来持续增加实现预期成果的可能性。

从这些测量和评估活动中获得的见解，有助于制订有针对性的改进行动计划。这些计划不仅是为了弥补缺陷，更是为了从战略上强化 PMO 为组织交付更大价值的能力。这种提升可能涉及优化现有服务、引入新产品、升级工具和技术，或者提高 PMO 员工的技能。

强化阶段的目标包括：

- **量化服务绩效**。建立并运行评估体系以量化 PMO 服务的绩效。
- **评估服务成熟度**。对 PMO 的成熟度进行全面评估。识别当前成熟度与目标成熟度之间的差距。
- **规划改进**。制订有针对性的行动计划，以消除识别出的差距并提升 PMO 的能力。
- **优化服务**。根据绩效数据和反馈，持续优化和改进现有的 PMO 服务。
- **开发能力**。提升 PMO 员工和项目经理的技能和能力。
- **鼓励创新**。鼓励并实施创新方法以提高效率并创造价值。

强化阶段对于确保 PMO 随时间的推移保持相关性、有效性和与组织需求的一致性至关重要。PMO 可以通过系统地测量绩效，评估和提高成熟度以及实施有针对性的改进，来持续优化其服务。这一阶段使 PMO 从静态实体机构转变为动态的、不断发展的推动者，进而持续推动项目管理卓越和组织成功。

实现阶段：巩固 PMO 价值并为未来增长做准备

PMO 客户体验周期的实现阶段是一个关键阶段，它展示了 PMO 的当前价值，并为其未来发展奠定了基础。在这个关键阶段，PMO 对组织的影响变得尤为突出，PMO 与客户的关系得到进一步深化，并为新一轮的价值交付奠定了基础。

实现阶段专注于量化并展示 PMO 为组织带来的有形收益，确保 PMO 客户对其价值的认可。这一艰巨任务涉及将 PMO 服务的实际成果与早期阶段确定的 PMO 客户需要和期望进行比较。此外，实现阶段还专注于理解并评估 PMO 客户和干系人对 PMO 所提供价值的认知。

实现阶段的强大之处在于，它创建了一幅关于 PMO 价值和影响的综合图景，将实际成果测量与客户感知相结合。在深化 PMO 客户关系方面，这一阶段非常有效。随着有形收益的展示和正面感知的加强，PMO 巩固了其作为组织成功值得信赖的合作伙伴的地位。

此外，实现阶段既是一个总结点，也是未来增长的跳板。这一阶段标志着 PMO 演进的新周期的开始，启动了价值螺旋式上升的过程。在这一阶段获得的可量化成果和客户反馈的见解为 PMO 的未来战略提供了信息，使其能够优化服务，锁定新的改进领域，并与不断变化的客户需要更加紧密地保持一致。

实现阶段的这种循环特性有助于确保 PMO 保持动态性和响应能力。每个周期都建立在前一个周期的基础上，PMO 不断强化其能力，扩大其影响力，并为组织提供更大的价值。实现阶段将 PMO 从静态的实体机构转变为学习型组织，使 PMO 能够不断适应变化并随着成功和挑战而成长。

实现阶段有助于 PMO 巩固其战略地位，为未来举措争取资源，并为后续周期迭代中产生更大的影响奠定基础。实现阶段的目标包括：

- **量化价值交付**。量化并展示 PMO 所交付的实际成果和收益。
- **评估客户感知**。测量和分析 PMO 客户对 PMO 服务价值的感知。
- **记录成功案例**。收集并传播展现 PMO 价值的成功案例和案例研究。
- **报告价值表现**。编制并提交关于 PMO 价值创造的综合报告。有效地与组织各级沟通 PMO 的价值主张和成就。
- **规划未来价值**。识别 PMO 在未来周期中提供更大价值的机会。
- **深化客户关系**。基于已展现的价值，加强与 PMO 客户的关系。

实现阶段标志着 PMO 旅程的圆满收官，它向客户和组织展示了 PMO 所带来的实际成果和可感知的价值。通过有效测量和沟通具体成果及客户感知，PMO 能够巩固其作为客户不可或缺合作伙伴的地位。

实现阶段提供了所需的证据和论述，以确保获得持续的支持、资源，并提升战略影响力，从而确保 PMO 继续在推动组织成功方面发挥关键作用。最终，执行到位的实现阶段将使 PMO 从成本中心转变为组织内部公认的价值推动者。

展望下一章

PMO 客户体验周期是一个模型，它帮助 PMO 专业人士为其 PMO 创建价值驱动的、以客户为中心的运营模式。为了使这个周期更具生命力，我们需要实用的工具来将其各个阶段转化为可操作的步骤。

下一章将介绍价值创造型 PMO 飞轮，这是一个将 PMO 客户体验周期付诸实践的动态模型。借鉴相关的商业理念，PMO 飞轮展示了如何通过持续的、渐进的工作为 PMO 创造一个自我强化的成功循环。通过实施这一模型，PMO 专业人士可以确保持续的价值交付，并为持续改进积累动力。在第 3 部分，我们将详细说明这一强大的概念以及它如何推动 PMO 成功。

第 3 部分

探索价值创造型 PMO 飞轮

第 13 章

PMO 飞轮概述

为什么本章对 PMO 专业人士很重要

本章将介绍一种创新模型，可推动 PMO 从传统的、以过程为中心的模式转向动态的、以客户为中心的模式，并推动持续改进和有形价值的创造。

价值创造型 PMO 飞轮（以下简称 PMO 飞轮）将 PMO 客户体验周期分解为 10 个可操作的步骤，为 PMO 专业人士提供了清晰的路线图。通过这种方式，PMO 飞轮强调了以客户为中心和价值创造的重要性。PMO 飞轮中的每一步都在积累动能，形成一个自我强化的循环，随着时间的推移，逐步提升 PMO 的影响力和效率。

PMO 专业人士可以学习如何提升对 PMO 价值的认知，识别客户需要，制定具有吸引力的价值主张，设计可裁剪的服务，管理服务部署，量化服务效率，提高 PMO 服务成熟度，评估 PMO 价值交付，并确保 PMO 客户认可其价值。本章将深入探讨每个步骤的细节，提供如何设计、运营和改进 PMO 的指导，使其不仅满足客户期望，还能超越客户期望。

PMO 飞轮可以确保 PMO 保持敏捷性、相关性和与组织目标的战略一致性。PMO 飞轮的各个步骤有助于将 PMO 定位为关键资产，通过坚持不懈地专注于交付价值来推动组织成功。本章对于任何希望提升 PMO 战略重要性、彰显其在组织中不可替代作用的 PMO 专业人士而言，具有重要的指导意义。

利用 PMO 飞轮释放 PMO 的潜力

PMO 飞轮代表了一种开创性的 PMO 管理方法，旨在为 PMO 客户和组织持续有效地创造价值。这一创新模型将 PMO 重塑为动态的、以客户为中心的实体机构，它能够适应不断变化的业务需要，同时始终展现其战略价值。

本质上，PMO 飞轮为有效实施 PMO 价值环™框架中的 PMO 客户体验周期提供了可操作的步骤。PMO 飞轮将周期的 5 个阶段分解为 10 个可操作的步骤，不仅为 PMO 专业人士提供了明确的成功路线图，还强调了项目管理中价值创造的相互联系和自我强化的特性（见图 13-1）。

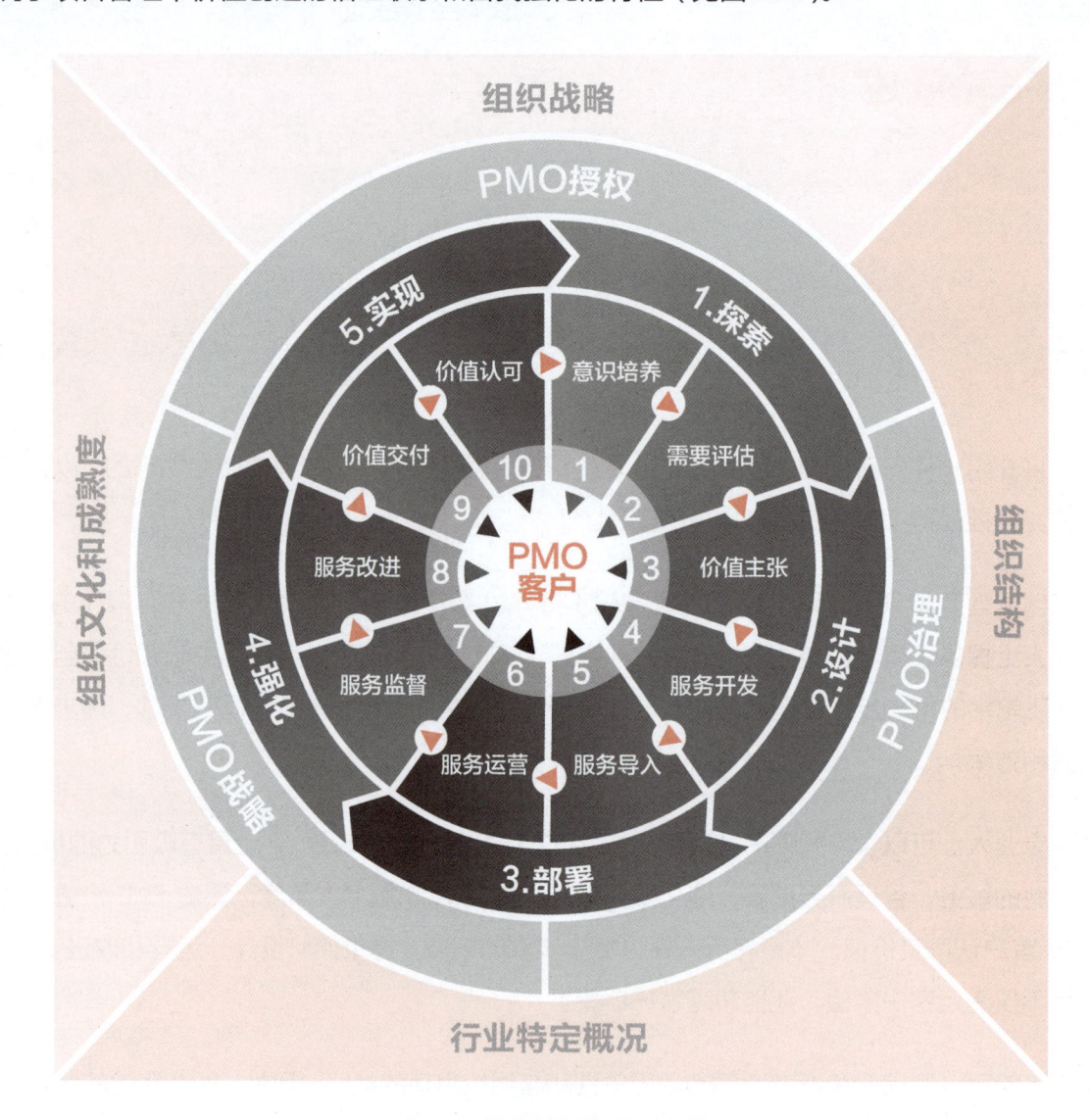

图 13-1　价值创造型 PMO 飞轮

PMO 飞轮的精妙设计有助于将 PMO 从注重流程的官僚机构转变为敏捷的、价值驱动的、以客户为中心的合作伙伴，进而推动组织成功。

PMO 飞轮的动态特性

此处的"飞轮"一词借鉴于吉姆·柯林斯（Jim Collins）在其著作《从优秀到卓越》(*Good to Great*)

中阐述的商业理念。从机械学的角度来看，飞轮是一个沉重的轮子，需要花费很大的力气才能开始旋转，但一旦转动起来，就会依靠自身的动能持续旋转。在商业领域，飞轮效应指的是持续的、渐进式的工作可以创造一个自我强化的成功循环。

将飞轮概念应用于 PMO，意味着当 PMO 持续创造价值并满足客户需要时，它就会积累动能。PMO 客户体验周期的每次成功迭代都会使下一周期变得更加容易且更具影响力，从而形成一个不断改进和价值创造的良性循环。

PMO 飞轮不是一个线性的过程，而是一个动态的、相互关联的持续改进和价值创造系统。与传统的按顺序推进（从一个阶段推进到下一个阶段）的模型不同，PMO 飞轮的循环机制是多面的、不断运转的。PMO 飞轮旨在使 PMO 始终处于持续的适应、创新和价值交付状态，确保其始终是组织内不可或缺的资产。

这种方法使 PMO 能够同时满足各种客户需要，开发量身定制的解决方案，管理不同成熟度级别的多项服务，量化其效率，不断优化其服务，并为客户提供和展示有效的价值。

将这个周期想象成一系列不断运转的齿轮。当一个齿轮（步骤）转动时，它会在继续旋转的同时带动下一个齿轮。这意味着 PMO 可能在任何给定时刻同时参与多个周期阶段的活动。例如，当 PMO 正在引入和提供一项新服务（服务导入和服务运营步骤）时，它可能已经在收集反馈并改进（服务监督和服务改进步骤）之前实施的其他服务。

同时，PMO 可以评估不同组织部门的新兴需要（需要评估步骤），同时评估客户对特定服务的感知价值（价值认可步骤）。

这种多面的方法使 PMO 具有更好的响应性和适应性。PMO 飞轮可以满足不同客户在其历程各个阶段的需要，管理不同成熟度级别的多项服务，并持续测量和改进其服务。

这个周期的动态特性也意味着从一个步骤中获得的经验和见解可以立即为其他步骤的活动提供信息并对这些活动产生影响。例如，在价值认可步骤中收集到的关于客户感知的收益的见解可以立即为服务开发步骤提供信息，从而可能引发对现有 PMO 服务的重新设计。

此外，这种方法允许 PMO 与其客户保持多方面的接触。这不是与客户进行一次交流后便告结束，而是要保持持续的对话，不断评估需要，并完善 PMO 的价值主张。这项贯穿所有阶段的持续性活动可以确保 PMO 保持敏捷性，并对不断变化的组织需求做出响应，从而防止其变得僵化或过时。

PMO 飞轮的 10 个步骤

PMO 飞轮与 PMO 客户体验周期紧密相连。这个周期为以客户为中心的 PMO 提供了一个高层级的框架，而 PMO 飞轮则将其细化为可操作的步骤。

在 PMO 客户体验周期的 5 个阶段（探索、设计、部署、强化和实现）中，每个阶段对应 PMO 飞轮中的 2 个步骤，形成一个包含 10 个步骤的流程。这种细分不仅使 PMO 客户体验周期更具实用性，还强调了过程的连续性。当完成 PMO 飞轮的一个完整循环后，它不会停止，而是基于以往的成功和经验继续进入下一个循环。

PMO 飞轮不同阶段的各个步骤包括以下内容：

探索阶段

- **步骤 1：意识培养。**该初始步骤旨在让潜在客户了解 PMO 的存在及其能力。此步骤的关键在于提高 PMO 在组织内部的可见度及其价值，并向潜在客户和现有客户宣传 PMO 如何支持他们的工作并创造价值。
- **步骤 2：需要评估。**在该步骤中，PMO 要进行深入探索，以了解当前环境、客户需要和潜在机会。这项工作包括积极倾听、收集数据和深入分析。

设计阶段

- **步骤 3：价值主张。**基于收集到的见解，PMO 为其服务制定明确的价值主张。该步骤涉及阐明 PMO 如何满足已识别的需要，向客户交付预期成果和收益，并为组织创造价值。
- **步骤 4：服务开发。**该步骤涉及详细地创建、完善或重新设计 PMO 服务。这是一个需要创新思维和协作解决问题的创造性过程。

部署阶段

- **步骤 5：服务导入。**该步骤侧重于向 PMO 客户引入新的或改进的服务。这一过程涉及变革管理、培训和确保 PMO 服务的顺利采纳。
- **步骤 6：服务运营。**在该步骤中，PMO 提供服务，管理日常运营，并确保服务交付质量和效率的持续稳定。

强化阶段

- **步骤7：服务监督。** 该步骤涉及监督和测量 PMO 服务的绩效。这项工作包括收集数据和反馈，以了解服务的交付情况，以及是否达到了商定的效率目标。
- **步骤8：服务改进。** 基于全面的 PMO 服务成熟度评估，在该步骤中，PMO 识别改进机会并提升其服务。该步骤关注持续改进、适应性和服务成熟度的提升。

实现阶段

- **步骤9：价值交付。** 该步骤侧重于通过预期结果来衡量对客户承诺的价值。该步骤确保 PMO 服务对 PMO 客户的需要和组织成功产生了切实的积极影响。该步骤涉及评估、衡量和沟通 PMO 创造的价值。
- **步骤10：价值认可。** 该步骤对于确保 PMO 客户和整个组织认可并欣赏 PMO 的贡献至关重要。通过持续评估和量化客户对价值的感知，PMO 可以展示其持续的相关性和影响力，从而赢得更广泛的支持，使项目与组织的目标更加一致，并为 PMO 在成长和演变的历程中启动新的周期提供动力。

PMO 飞轮的重要性

PMO 飞轮不仅是一个过程模型，而且还代表了 PMO 运作方式和展现其价值的一次范式转变。其重要性主要体现在以下几个方面：

- **以客户为中心。** 通过关注客户需要和体验，PMO 飞轮确保 PMO 对其用户保持相关性和价值。
- **价值创造。** PMO 飞轮通过明确的价值交付和价值认可步骤，帮助 PMO 从过程管理转向真正的价值创造。
- **动能累积。** 随着 PMO 飞轮的加速，PMO 的影响力和效率逐渐提高，形成了一个自我强化的成功循环。
- **适应性。** PMO 飞轮强调持续评估和改进，使 PMO 能够快速适应不断变化的组织需求。
- **持续改进。** PMO 飞轮的循环特性促使对 PMO 服务进行持续的优化和调整。

PMO 飞轮代表了 PMO 运营的重大演进。通过将 PMO 客户体验周期分解为可操作的步骤，并强调持续改进和价值创造，该模型为 PMO 成为组织成功的真正战略合作伙伴提供了一条路径。

通过采用 PMO 飞轮，PMO 可以从成本中心转变为价值驱动者，从流程执行者转变为成功的推动者，从行政负担转变为组织成就所不可或缺的合作伙伴。PMO 飞轮为 PMO 的演变提供了路线图,确保这些关键的组织实体机构在不断变化的商业环境中保持相关性、影响力和价值。

展望下一章

本章对 PMO 飞轮进行了概述,探讨了 PMO 飞轮如何促进 PMO 内部的持续改进和价值创造。

在下一章,我们将从"意识培养"开始,详细研究 PMO 飞轮中的每个步骤。这一至关重要的第一步通过让潜在客户了解 PMO 的角色、能力和价值,为所有 PMO 活动奠定了基础。接下来,还将探讨有效沟通 PMO 目的的策略,建立定期的干系人接触点,并向组织普及 PMO 所带来的价值。实施"意识培养"这一步骤能够使 PMO 专业人士为其举措营造一个支持性的环境,为成功的价值交付奠定基础。

第 14 章

步骤 1：意识培养

为什么本章对 PMO 专业人士很重要

意识培养是 PMO 飞轮中的关键第一步，为所有后续步骤奠定了基础。该步骤为 PMO 专业人士提供了建立和维持意识所需的战略及工具，以确保 PMO 在组织中的长期成功和战略重要性。

对于 PMO 专业人士来说，掌握意识培养的步骤至关重要，因为它有助于塑造认知、管理期望，并使 PMO 成为关键的战略合作伙伴。有效的意识培养可以确保客户了解 PMO 如何支持他们的工作，以及 PMO 如何推动项目成功并提高组织效率。

这种理解对于任何 PMO 专业人士来说都是至关重要的，它能获得认可，促进合作，并确保 PMO 的计划受到欢迎和支持。

意识培养步骤概览

在 PMO 飞轮中，意识培养是一个关键且持续的过程，它在组织内确立了 PMO 的存在、能力和价值（见图 14-1）。这个基础步骤不仅宣布了 PMO 的存在，还战略性地传达了 PMO 如何支持各种组织职能并为整体成功做出贡献。

这一步为后续的所有价值创造工作奠定了基础。通过有效地进行意识培养，PMO 可以更容易地识别客户需要并实施相应的服务，同时推动各项举措的实施。这一步还在塑造认知、将 PMO 定位为战略合作伙伴及管理期望方面发挥着关键作用。

图 14-1　PMO 飞轮中的意识培养步骤

意识培养有助于营造一个支持性的环境，使客户不仅认可 PMO 的贡献，而且重视这些贡献的价值。这种互动对于成功采用 PMO 服务和为未来举措争取支持是至关重要的。这一举措鼓励协作，并促进项目管理卓越文化的形成。

有效的意识培养可以确保 PMO 被视为推动项目成功和提高组织效率的关键资源。该步骤使 PMO 成为积极变革的"催化剂"和实现战略目标的关键角色。要认识到，意识培养不是一次性事件，而是一个需要持续投入并根据反馈不断进行调整的过程。随着组织在 PMO 生命周期中的不断发展，这一过程有助于保持 PMO 的可见性和相关性。

持续关注意识培养对于奠定 PMO 长期成功的基础至关重要。这种关注有助于确保潜在客户了解和欣赏 PMO 服务所带来的收益。

实施意识培养步骤

1. 识别潜在的 PMO 客户

- **组织结构映射**。先分析组织结构，识别参与项目相关活动的关键部门、团队和个人。考虑各种角色，如高管、项目经理、团队负责人和职能经理。评估每个潜在客户当前面临的挑战，他们对接纳 PMO 所能产生的影响力，以及他们对组织项目成功的潜在影响。

- **战略细分**。根据多个因素对这些潜在客户进行细分，如项目管理成熟度、具体需要、痛点，以及与 PMO 的潜在参与度。这种细分有助于后续开展更有针对性和更有效的意识培养工作。

- **组织权力动态**。了解组织的权力动态和决策过程至关重要。识别能够支持 PMO 倡议的关键影响者和决策者。这一认知有助于确定优先接触的对象，并根据不同干系人群体的特点裁剪信息，以引起他们的共鸣。

- **创建客户画像**。为每个主要细分群体创建详细、以成果为导向的客户画像，概述他们的特征、需要、偏好以及对 PMO 可能存在的顾虑。客户画像可为制定有针对性的意识培养策略提供指导。

- **排序客户优先级**。根据潜在客户对 PMO 成功和组织战略目标实现的潜在影响，对已识别的 PMO 客户群体进行优先级排序。这种排序有助于将初始意识培养工作的重点放在能够产生最大影响的领域。

2. 建立定期接触点

- **受众定制**。通过调查或访谈，绘制客户群体偏好的沟通渠道。了解他们各自喜欢的接收信息的方式，以及他们偏好的频率。撰写清晰、简洁的信息，传达 PMO 的目的、服务和价值。根据不同受众的需要、兴趣和项目管理成熟度，为他们裁剪这些信息。

- **沟通渠道**。根据组织文化、客户群体偏好和信息性质选择沟通渠道。采用多种方法相结合的方式，例如，每月通过电子邮件发送更新简报，每周在内网上发布小贴士和亮点，每季度举行全体会议讨论和收集反馈，以及每年发布 PMO 影响综合报告。

- **内容策略**。制定内容策略，结合信息性和趣味性的内容，介绍 PMO 服务，包括成功案例、信息图表、短视频和 PMO 成就的定期更新。针对每个客户群体，解答"这对我有什么好处"的问题。

- **内容日历**。制定一个内容日历，详细列出主题、频率和渠道，以确保内容组合均衡，避免重复。为每种类型的沟通建立固定的节奏。一致性是关键，客户应该清楚何时能从 PMO 收到不同类型的更新。

- **互动沟通。**在接触点中加入双向沟通机制。这种沟通可以包括全体会议中的问答环节、新闻稿中的反馈表或定期安排的"办公时间",供客户快速访问以讨论与 PMO 相关的事项。
- **灵活的信息。**考虑建立分层的沟通机制,允许客户根据自己的兴趣和需要选择信息的频度或深度。例如,项目经理可能希望获得更详细、更频繁的更新,而高管可能更倾向于获得每季度的高层级总结。
- **技术整合。**利用技术手段支持接触点策略。这可能涉及设置电子邮件自动推送,利用协作平台进行实时更新,或者使用项目管理软件共享 PMO 仪表盘。
- **跟踪有效性。**通过跟踪电子邮件打开率、活动出席率和内网帖子参与度等指标,定期审查接触点的有效性。利用这些数据来完善方法,并根据组织变化或反馈调整策略,使其在保持一致性的同时,保持灵活性。
- **非正式互动。**不要低估非正式接触点的价值。鼓励 PMO 团队成员就 PMO 活动进行日常交流,参加跨部门会议,或者参与公司社交活动,以建立关系并在正式沟通之外保持可见度。

3. 向客户传达 PMO 的价值

- **教育资源库。**针对不同受众群体开发一个教育资源库。该资源库可能包括为高层领导者准备的执行摘要、为项目经理提供的详细服务目录,以及为团队成员准备的快速参考指南。确保所有材料都使用清晰、无专业术语的语言编写,以引起每个受众群体的共鸣。
- **易于获取的培训。**开发一系列课程或研讨会,以概述 PMO 的目的,解释关键的项目管理概念,并展示 PMO 如何通过其服务为组织内的不同角色提供支持。定期提供这些课程,并使其易于获取,例如,通过线下和线上相结合的形式。
- **成功案例。**汇编一系列成功案例和案例研究,以展示 PMO 的影响。这些案例应具体、由数据驱动,并与组织相关。既包括短期快速见效的案例,也包括长期成功的案例,以展现其即时价值和持续价值。
- **同行倡导。**设立"PMO 大使"计划,邀请来自组织不同部门的满意客户分享他们与 PMO 合作的经验和所获得的收益。同行倡导是建立信誉和信任的有力工具。
- **收益亮点。**开展一系列有针对性的聚焦于特定收益或服务的"价值宣传活动"。例如,先开展关于 PMO 如何改进资源分配的宣传活动,接着再开展关于风险管理收益的宣传活动。随着时间的推移,这一策略能够对不同的价值领域进行深入探索。
- **PMO 门户网页。**建立一个 PMO 门户网页或知识库,供客户获取有关 PMO 服务、最佳实践、模板和工具的信息。在整个组织内,确保该资源对用户友好,并能定期得到更新和推广。

4. 衡量有效性

- **KPI**。先建立一套全面的指标，涵盖意识培养有效性的各个方面。采用工具和系统来收集这些指标的数据。可能需要考虑一系列关键的定量和定性指标，它们包括：
    - **覆盖范围**。跟踪通过各种渠道接触 PMO 信息的当前或潜在客户数量。
    - **参与度**。衡量与 PMO 内容的互动水平，如电子邮件打开率、点击率或 PMO 活动的出席率。
    - **认知度**。定期进行调查以评估客户对 PMO 服务和价值主张的熟悉程度。
    - **咨询量**。监测有关 PMO 服务的信息请求的数量和性质。
    - **参加情况**。跟踪 PMO 研讨会、培训课程或其他活动的客户出席和参加情况。
    - **服务采纳率**。衡量在意识培养活动后 PMO 服务采纳率的增长情况。
    - **反馈质量**。分析客户评论和问题的性质，以评估他们对 PMO 价值的理解和看法。

5. 意识培养的持续改进

- **意识影响**。与关键客户分享量化结果，包括 PMO 团队成员和组织领导层。利用这些结果展示意识培养的价值，并确保对 PMO 各项倡议的持续支持。
- **持续改进**。定期审查测量结果，以识别要改进的领域。探寻可优化意识培养方法的趋势、规律或异常情况。
- **标杆对照**。定期将意识培养工作与行业实践和其他成功的 PMO 进行标杆对比。这种外部视角可以提供宝贵的见解和创新思路，使意识培养方法保持新颖且有效。

可操作的自我评估：衡量 PMO 意识培养的有效性

以下自我评估旨在帮助 PMO 专业人士衡量他们在组织内建立和维护 PMO 价值意识的有效性。通过专注于映射客户需要、建立定期接触点、培训客户，以及衡量意识培养工作的影响，PMO 专业人士可以提升其服务的参与度和支持度。该评估强调持续改进，以保持 PMO 的可见性、相关性和与组织目标的战略一致性。

说明：请对 PMO 在每个领域的表现进行评分（1~5 分），其中：

1 分=完全不适用/无效
2 分=很少/较差
3 分=有时/一般
4 分=经常/良好
5 分=总是/优秀

1. 识别潜在的 PMO 客户	
问题	评分
a）我们拥有涵盖整个组织内所有潜在 PMO 客户的全景视图。	
b）我们为关键 PMO 客户群体创建了详细的客户画像。	
c）我们根据项目管理成熟度和具体需要对潜在的 PMO 客户进行了细分。	
d）我们了解组织内的权力格局，并已确定了关键决策者和具有影响力的人物。	
e）我们了解每个主要客户群体的核心需要和痛点。	
	小计

2. 建立定期接触点	
问题	评分
a）我们制定了针对不同客户群体的可裁剪的书面沟通策略。	
b）通过调查或访谈，我们识别了不同客户群体偏好的沟通渠道。	
c）我们在各种渠道（如更新简报、会议、内网等）中保持一致的沟通节奏。	
d）我们的内容策略包括成功案例、信息图表和 PMO 成就的定期更新。	
e）我们定期跟踪和分析沟通工作的有效性。	
	小计

3. 向客户传达 PMO 的价值

问题	评分
a）我们拥有关于 PMO 服务和价值主张的教育材料库。	
b）我们定期提供关于 PMO 服务和项目管理良好实践的培训课程或研讨会。	
c）我们积极收集和分享展示 PMO 影响力的成功案例和研究报告。	
d）我们有一个"PMO 大使"计划或类似的同行倡导计划。	
e）我们推广 PMO 门户或知识库，供 PMO 客户获取与 PMO 相关的资源、模板和公认实践。	
	小计

4. 衡量有效性

问题	评分
a）我们已经设定了明确的指标来衡量意识培养工作的有效性。	
b）我们定期开展调查，以评估 PMO 客户对 PMO 的认知和看法。	
c）在意识培养的宣传活动之后，我们跟踪并分析 PMO 服务的采纳情况。	
d）我们与主要 PMO 客户和领导层分享意识培养工作的成果。	
e）我们将自身的意识培养工作与行业实践或其他成功的 PMO 进行标杆对比。	
	小计

5. 意识培养的持续改进

问题	评分
a）我们分析 PMO 客户的反馈，以了解他们对意识培养工作的看法。	
b）我们根据反馈和绩效指标定期审查和调整沟通策略。	
c）我们将自身的意识培养工作与行业实践或其他成功的 PMO 进行标杆对比。	
d）我们与 PMO 的关键客户分享量化结果，以展示意识培养工作的影响。	
e）我们根据从监测和反馈中获得的见解，对意识培养方法进行调整。	
	小计
	总计

评分和解读：将所有 25 个问题的评分相加。

优秀（113~125 分）。你的 PMO 在意识培养和保持组织内的可见性方面表现出色。请继续完善和优化你的方法，以保持领先。

良好（98~112 分）。你的 PMO 在意识培养方面的工作表现良好，但在某些领域可能需要有针对性的改进。

一般（77~97 分）。你的 PMO 在意识培养方面的工作是有效的，但为了使其影响最大化，需要提高一致性并加强战略聚焦。

较差（51~76 分）。你的 PMO 在意识培养方面的工作缺乏一致性和有效性。在沟通和可见性方面存在重大缺陷，应予以改进，以提高 PMO 在组织中的地位。

极差（25~50 分）。你的 PMO 在意识培养方面的工作极少或无效，导致在组织内的可见性和参与度较低。需要立即采取行动，为 PMO 的成功奠定基础。

展望下一章

在探讨了意识培养的重要性之后，PMO 专业人士现在能够认识到，为 PMO 建立坚实的理解和支持基础是多么重要。有了这个基础，下一步的关键就是深入了解 PMO 客户的需要和期望。

在下一章，将重点介绍"需要评估"步骤，该步骤涉及系统地识别和评估组织内各干系人的具体需求、所面临的挑战和期望的成果。通过熟练掌握这一步骤，PMO 专业人士可以确保其服务真正与组织目标保持一致，从而为提出有影响力的价值主张和开发服务奠定基础。下一章将为开展深入且全面的需要评估提供指导，以推动 PMO 的成功。

第 15 章

步骤 2：需要评估

为什么本章对 PMO 专业人士很重要

对于 PMO 专业人士来说，需要评估是关键步骤，因为它为理解组织和 PMO 客户的独特需要及挑战奠定了基础。

这一步骤使 PMO 专业人士能够识别 PMO 客户的需要和期望，并定义应交付的成果。这种方法使 PMO 能够裁剪其服务，以应对最紧迫的需要。通过进行全面的需要评估，PMO 专业人士可以确保他们的工作与客户实际需要和组织目标保持一致，从而打造更有效、更有影响力的 PMO。

需要评估为 PMO 专业人士提供了数据驱动的决策基础，使他们能够明智地选择要重点关注的领域，以及如何最有效地分配资源，以提升客户对 PMO 价值的感知。

这一步骤对于向组织展示 PMO 的价值至关重要，因为它将 PMO 服务直接与客户的具体需要联系起来。最终，执行得当的需要评估为成功的 PMO 奠定了基础，使其能够创造有形价值并推动组织成功。

需要评估步骤概览

需要评估是 PMO 飞轮中的第二步。作为关键步骤，它起到了桥梁作用，将最初的意识培养步骤与后续的价值主张步骤连接起来。

其目的是全面识别、理解和记录 PMO 客户的显性和隐性需要，应对挑战并实现目标（见图 15-1）。通过进行全面的需要评估，PMO 能够精确定位其创造最大价值的领域，设置活动的优先级，并开发满足组织独特需求的特定解决方案。

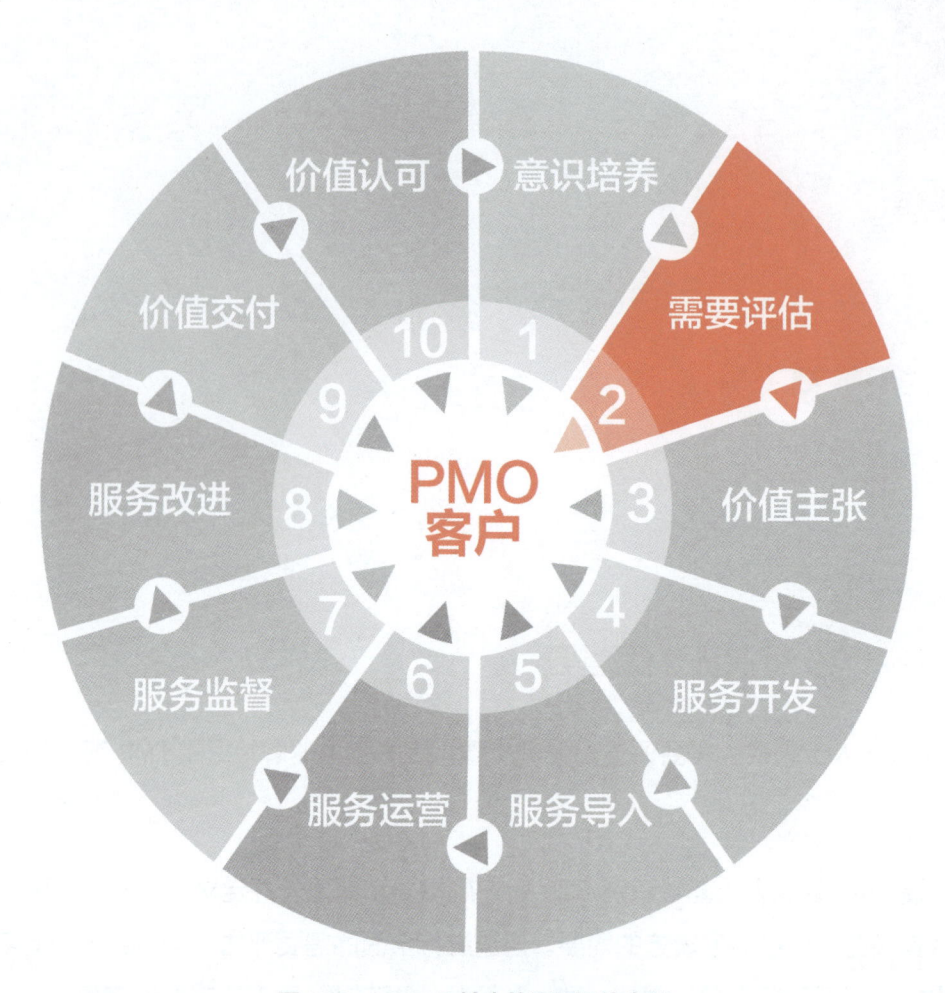

图 15-1 PMO 飞轮中的需要评估步骤

这一步骤对于将 PMO 的潜在影响最大化并向组织展示有形价值至关重要。全面的需要评估有助于 PMO 专业人士为 PMO 设计恰当的价值主张，确保最关键的优先事项先得到处理。

需要评估还通过积极与客户互动、主动倾听和快速响应来建立信任，并促进客户认同，从而营造协作的环境，这对于 PMO 举措的成功实施至关重要。

实施需要评估步骤

1. 基于结果的需要评估

- **项目环境概览**。我们需要先对组织的项目环境进行概览，识别所有层级中可能参与或受 PMO 工作影响的关键客户。这一分析为理解组织项目管理的成熟度提供了基础，并确定了潜在的改进领域。在分析过程中，需要考虑的关键方面包括：

- **现有的方法论和框架**。识别组织当前正在使用哪些项目管理方法（如预测型、适应型或混合型），并评估这些方法的应用效果。
- **工具和技术**。评估组织正在使用的项目管理软件、协作平台，以及其他辅助项目交付的技术。
- **成功率**。对历史数据进行深入分析，涵盖项目组合、项目集和项目成果。
- **资源分配和利用**。检查人力资源和财务资源在项目中的当前分布情况，并评估这种分配的效率。
- **决策流程**。了解在项目组合、项目集和项目管理中，决策是如何制定的。
- **报告和沟通实践**。评估当前共享项目状态、风险和问题的方法的有效性。
- **干系人参与和满意度**。评估不同干系人群体在项目组合、项目集和项目成果中的参与度和满意度。
- **与组织战略的一致性**：确定当前项目组合、项目集和项目与更广泛的组织目标的一致性程度。

◆ **客户矩阵**。开发一个全面的客户矩阵，根据客户在项目组合、项目集或项目成果中的角色、影响力和潜在影响进行分类。运用同理心映射练习，以更深入地了解客户对 PMO 的想法、感受和动机。这种映射可以揭示客户可能未明确表达的潜在需要和期望。

◆ **参与方式**。在所有交流中使用以结果为导向的语言。不要直接询问客户希望获得哪些 PMO 功能，而要关注他们希望实现的结果。例如，不要问客户是否需要风险管理流程，而要询问他们是否希望在与项目组合、项目集或项目相关的决策中变得更有信心。

注意：要了解如何创建全面的评估以识别 PMO 客户的需要和期望，请阅读本指南中有关 PMO 成果的章节，该章节根据全球 PMO 的实践经验，列出了 30 项收益。

2. 数据收集和成果分析

PMO 专业人士可以通过以下方法来收集有关客户需要和期望的见解：

◆ **客户访谈**。与关键客户进行一对一访谈，深入了解他们对 PMO 的具体需要、期望和关注点。这些访谈可以揭示，在群体环境中不易出现的详细信息。

◆ **调查和问卷**。向组织内更广泛的客户群体分发详细的调查和问卷。这些信息有助于构建关于客户满意度、客户需要和改进领域的定量数据。

◆ **焦点小组**。组织来自不同客户群体的代表参加焦点小组，讨论他们的体验和对 PMO 的期望。这种协作环境可以提供多样化的观点并促进开放的对话。

- **经验教训回顾**。从已识别的痛点和期望成果的角度出发，对项目的事后分析和经验教训进行深入剖析。此过程可以提供关于反复出现的问题和成功案例的丰富背景数据。
- **反馈循环**。建立定期反馈循环机制，如定期检查表或反馈表，以持续收集客户见解并据此采取行动。这种持续的沟通有助于适应不断变化的需要，并随时间的推移不断改进 PMO 服务。

注意：在附录 X2 中，为 PMO 专业人士提供了一个有价值的资源：PMO 客户期望评估。该工具基于前文讨论过的 30 个潜在的 PMO 成果，为理解和满足 PMO 客户的需要提供了一种结构化方法。该评估使 PMO 能够进行深入的需要分析；将服务重点放在具有高影响力的领域；采用积极主动、价值驱动、以客户为中心的战略。PMO 客户期望评估既是一个诊断工具，也是创造价值的路线图，可指导 PMO 专业人士建立一个更具响应性和影响力的 PMO。

3. 差距分析和机会识别

- **痛点和收益映射**。为每个客户群体绘制"痛点和收益"图，清晰列出他们当前面对的挑战和期望的积极成果。该图将为设计 PMO 价值主张和直接满足客户需要的服务奠定基础。
- **客户旅程映射**。绘制客户旅程图，将不同客户群体与 PMO 互动的整个体验可视化。此过程有助于识别接触点、痛点，并提升 PMO 为客户提供价值的机会。
- **价值期望矩阵**。创建"价值期望矩阵"，将客户群体与其预期成果进行映射。可视化工具有助于识别各群体之间的共同主题，以及可能产生价值期望冲突的领域。
- **未来状态愿景**。进行"未来状态愿景"练习，请客户描述其理想的项目管理环境。重点关注他们希望在此理想状态下实现的成果，而非具体的 PMO 服务、职能或流程。
- **验证**。与 PMO 客户验证调查结果，以确保准确无误，并与他们的期望和优先级保持一致。

4. 优先级排序和处理已识别的需要

- **结构化优先级排序流程**。制定一套系统的方法，用于识别最关键的 PMO 客户需要并对其进行优先级排序。评估处理每个需要的影响、紧迫性和可行性，以便将精力集中在能带来最大价值的领域。
- **与组织目标保持一致**。确保已确定优先级的需要与组织的战略目标和目的保持一致。这种一致性有助于确保 PMO 的举措直接促进更广泛的组织成功。
- **沟通调查结果**。将需要评估的结果有效传达给所有相关的 PMO 客户。透明地分享调查结果可以建立信任并促进合作，以处理已识别的需要。

- **制订行动计划**。制订明确的行动计划，以处理 PMO 客户的最高优先级的需要。列出具体的举措、责任方、时间表和预期成果。
- **进度跟踪和调整**。在处理已识别的需要方面，建立机制以跟踪进展。根据需要定期审查和调整 PMO 策略，以应对不断变化的情况或新的见解。

5. 展示需要评估的价值

- **将调查结果与成果联系起来**。清楚地展示需要评估的结果如何直接促进组织成功。将 PMO 客户的需要、PMO 行动与实际成果联系起来。
- **证明 PMO 资源分配的合理性**。利用需要评估的数据为资源分配和 PMO 活动的优先级排序提供依据。基于证据的决策加强了必要投资和支持的合理性。
- **展示有形收益**。重点呈现通过满足 PMO 客户需要而为其带来的有形收益和价值。使用成功案例和指标来说明 PMO 的影响。
- **让 PMO 客户参与进来**。让关键决策者和 PMO 客户参与需要评估流程。他们的参与确保了对 PMO 举措的认可和支持，并与组织的优先任务保持一致。
- **衡量长期影响**。衡量需要评估对 PMO 绩效的长期影响。基于这些分析结果来调整策略，不断提高 PMO 的效率。

可操作的自我评估：衡量 PMO 需要评估的有效性

以下自我评估旨在帮助 PMO 专业人士衡量其需要评估和客户挑战优先级排序的有效性。完善的需要评估流程是 PMO 服务与组织目标对齐，推动项目成功并为 PMO 客户提供实际价值的基础。该评估强调了数据收集、基于成果的分析以及持续反馈在 PMO 满足客户需要和期望方面的重要性。通过关注这些领域，PMO 专业人士可以提高其影响力，并将自己定位为组织内的战略合作伙伴。

说明：请对 PMO 在每个领域的表现进行评分（1~5 分），其中：

  1 分=完全不适用/无效
  2 分=很少/较差
  3 分=有时/一般
  4 分=经常/良好
  5 分=总是/优秀

1. 基于结果的需要评估

问题	评分
a）我们对组织的项目管理全景图有全面的了解。	
b）我们已识别并分类了组织内所有潜在的 PMO 客户。	
c）我们了解组织当前采用的项目组合、项目集和项目管理的实践方法及框架。	
d）我们对组织中用于项目组合、项目集和项目管理的工具和技术有清晰的了解。	
e）我们定期分析项目组合、项目集和项目结果的历史数据。	
	小计

2. 数据收集和成果分析

问题	评分
a）我们定期与 PMO 的关键客户进行访谈，深入了解他们的需要和期望。	
b）我们通过调查和问卷来收集关于 PMO 客户满意度和客户需要的定量数据。	
c）我们组织不同的 PMO 客户群体参加焦点小组，讨论他们对 PMO 的期望。	
d）我们剖析项目的事后分析和经验教训，以识别反复出现的问题和成功案例。	
e）我们建立了持续的反馈循环，以不断收集 PMO 客户对于需要变化的意见。	
	小计

3. 差距分析和机会识别

问题	评分
a）我们在与 PMO 客户的交流互动中使用以结果为导向的语言。	
b）我们进行了同理心映射练习，以了解 PMO 客户的想法和动机。	
c）我们为每个主要的 PMO 客户群体绘制了"痛点和收益"图。	
d）我们绘制了 PMO 客户旅程图，将不同客户群体与 PMO 互动的整个体验可视化。	
e）我们利用"价值期望矩阵"将 PMO 客户群体与其预期成果进行映射，以识别共同主题和价值期望冲突。	
	小计

4. 优先级排序和处理已识别的需要

问题	评分
a）我们用结构化的流程来识别 PMO 客户的需要，并对最关键的需要进行优先级排序。	
b）在开发 PMO 服务之前，我们确保已识别的 PMO 客户需要与组织目标和战略优先事项保持一致。	
c）我们针对需要评估的结果与组织内的所有 PMO 客户进行有效沟通。	
d）我们已制订明确的计划，以应对评估过程中确定的最高优先级的 PMO 客户需要。	
e）在处理已识别的 PMO 客户需要方面，我们跟踪并定期审查进展，以根据需要不断调整 PMO 策略。	
	小计

5. 展示需要评估的价值

问题	评分
a）我们始终如一地展示 PMO 客户需要评估的结果如何直接促进项目成果的改进和组织成功。	
b）我们运用 PMO 客户需要评估的数据来证明资源分配和 PMO 活动优先级排序的合理性。	
c）我们展示了通过满足 PMO 客户已识别的需要而为其带来的有形收益和价值。	
d）我们让关键决策者参与 PMO 客户需要评估流程，以确保他们认可并支持 PMO 的举措。	
e）我们量化 PMO 客户需要评估对 PMO 绩效的长期影响，并根据这些见解调整我们的方法。	
	小计
	总计

评分和解读： 将所有 25 个问题的评分相加。

优秀（113~125 分）。你的 PMO 拥有针对 PMO 客户的健全且有效的需要评估流程。请继续保持高标准，并根据不断变化的组织需要持续优化你的方法。

良好（98~112 分）。你的 PMO 在客户需要评估方面表现良好，但仍有改进空间。请找出得分最低的领域，并制订行动计划来解决这些问题。

一般（77~97 分）。你的 PMO 为 PMO 客户制定了基本的需要评估流程，但需要进行一些改进。请优先关注得分最低的领域，并立即着手处理。

较差（51~76 分）。在 PMO 客户需要评估方面，你的 PMO 需要进行大量改进。请考虑重新审视整体方法，并制订全面的计划以解决所有领域的问题。

极差（25~50 分）。你的 PMO 迫切需要为 PMO 客户建立基本的需要评估流程。请从基础开始，逐步进行改进。

展望下一章

需要评估为理解 PMO 客户需要并对其排序优先级提供了关键见解。接下来的重要任务是，阐明 PMO 将如何满足这些需要并提供可量化的价值。

在下一章，我们将探讨构建有说服力的 PMO 价值主张的过程。这个过程包括创建清晰、有说服力的声明，突出 PMO 为组织提供的独特优势。

这个过程使 PMO 专业人士能够展示其相关性，并通过制定真正与客户产生共鸣的价值主张来获得干系人的支持，从而推动 PMO 的成功。

第 16 章

步骤 3：价值主张

为什么本章对 PMO 专业人士很重要

价值主张步骤对于 PMO 专业人士至关重要，因为它是 PMO 专业人士与 PMO 客户建立合作关系的基石。强有力的价值主张有助于 PMO 专业人士将 PMO 定位为战略合作伙伴，而不仅是支持部门。通过将 PMO 客户的具体需要与其设定的优先目标的成果对齐，价值主张展示了 PMO 的有形和无形的收益。通过清晰地沟通这些收益，PMO 可以在客户面前树立信誉和建立信任，这对于促进参与和协作至关重要。

本质上，价值主张步骤是，将从需要评估中获得的见解转化为一个有吸引力的故事，以引起 PMO 客户的共鸣。该步骤为 PMO 举措的成功实施奠定了基础，确保客户理解并欣赏 PMO 能够提供的价值。

价值主张步骤概览

价值主张是 PMO 飞轮中的第三个关键步骤。该步骤专注于创建清晰且有吸引力的故事，概述 PMO 将如何解决已识别的客户需要和痛点（见图 16-1）。

价值主张展示了 PMO 将如何提供有形和无形收益，解释了组织内部客户为何应使用 PMO 的服务，并强调了 PMO 所带来的独特价值。精心构思的价值主张更容易获得客户的认可和支持，尤其是高层管理人员的支持。

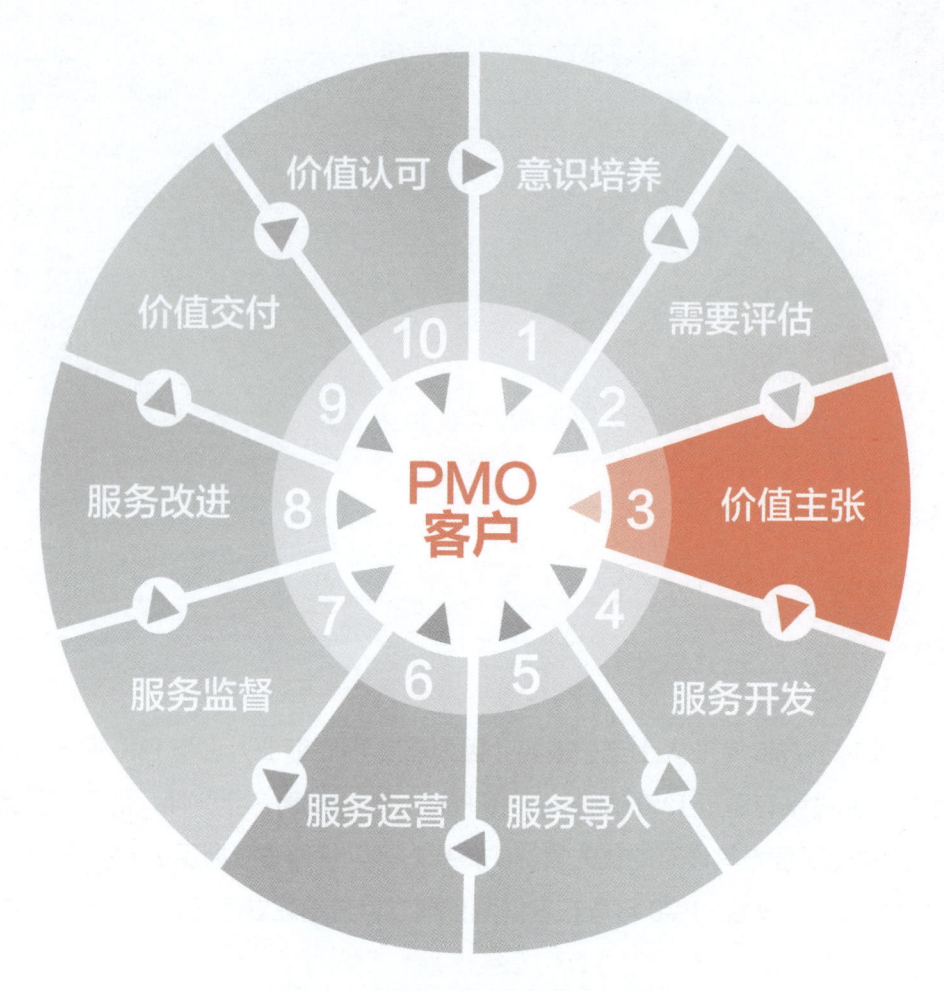

图 16-1　PMO 飞轮中的价值主张步骤

实施价值主张步骤

1. 综合需要评估的结果

- **全面分析。** 审查所有输出，包括报告、调查结果、访谈记录和其他相关信息。
- **需要分类和优先级排序。** 识别不同 PMO 客户群体中的常见主题和模式。创建一个包含所有已识别需要、痛点和期望成果的总清单。将这些发现归类至更广泛的领域，以识别潜在服务。根据提及频率、感知影响及与组织战略的一致性等因素，对已识别的需要进行优先级排序。使用加权评分法或 MoSCoW（必须有、应该有、可以有、不会有）等方法来创建优先级清单。
- **痛点概况。** 针对每个已识别的主要需要，编制详细的"痛点概况"。该概况应包括痛点的清晰描述、其对客户和组织的影响，以及任何相关的定量数据或证据。创建综合分析的可视化呈现，如思维导图或信息图等，以更有效地沟通分析结果并指导后续步骤。

2. 将痛点映射至潜在解决方案

- **协作创建**。与 PMO 团队一起举行会议，为每个主要痛点或客户需要生成一系列潜在解决方案。鼓励跳出当前能力或资源限制的思维框架，进行非常规思考。使用"我们如何能够"的方法，将每个痛点视为一个机会来构思解决方案。

- **解决方案设计**。运用合适的技术来映射与项目组合、项目集或项目管理相关的客户职责、痛点和收益。这种方法有助于清晰地阐述 PMO 如何缓解痛点并创造收益。

- **可行性分析**。通过考虑与 PMO 能力的一致性、资源需求、潜在影响和实施的难易程度等因素，来评估每个潜在解决方案的可行性。使用评分系统，根据这些因素对每个解决方案进行评分。识别提议解决方案中的模式或共性，并将相似的想法进行归类。

3. 定义 PMO 价值主张

- **解决方案地图**。创建可视化的"解决方案地图"，将痛点与潜在解决方案联系起来。这种方式有助于识别能解决多个痛点的高价值服务。

- **阐明 PMO 收益**。针对每个高优先级的解决方案，开发一个服务概念，包括明确的名称、简洁的描述，以及它所解决的具体痛点或需要。使用以下格式来清晰阐述每个提议服务的价值主张：对于[目标客户]，他们[需要或机会的陈述]，我们的[服务名称]可提供[关键问题的解决能力]。识别快速见效的方案，以积累动力并获得客户的支持。为了创建有效的解决方案来满足 PMO 客户的需要和期望，请参考本指南中关于 PMO 成果的章节。该章节提供了关于最有效的 PMO 服务（以产生 PMO 客户期望的收益）的宝贵见解。这些建议基于全球社区 PMO 领导者集体智慧的实践经验。请记住，目标不是实施每个可能的服务，而是选择和调整那些能够最好地提供 PMO 客户最重视的成果的服务。

- **服务概述**。制定每项服务如何交付的高层级描述，考虑可扩展性、灵活性，以及随着组织项目管理成熟度的提高而可能发生的变化。识别服务之间的依赖关系或协同效应。要创建有效的 PMO 服务概述，请参考本指南中专门介绍 PMO 服务的章节。我们提供了精选清单，列出了全球社区中观察到的 26 项最常见的 PMO 服务。每项服务都经过仔细分类，并明确了其适用领域，为 PMO 专业人士提供了如何最有效地部署这些服务的清晰理解。

- **服务蓝图**。创建核心 PMO 服务的高层级可视化呈现，展示它们如何相互关联并满足客户需要。

- **客户验证**。组织验证研讨会，或者与关键客户进行会议，展示服务概念并收集反馈。

- **客户价值协议**。为每个主要客户或客户群体创建"客户价值协议"，概述 PMO 承诺实现的成果。通过获得正式批准来确保一致性和客户认可。

- **价值主张演进路线图**。绘制"价值主张演进路线图",概述 PMO 的产品将如何随着时间的推移而演变,采用滚动式规划方法。该路线图是 PMO 战略计划的一部分,定义了 PMO 的价值主张将如何随着时间的推移而逐步演变。它确保了 PMO 的服务、能力和影响与不断变化的组织需求、PMO 客户期望和业务目标保持一致。通过采用这种方法,PMO 可以在不断重新评估路线图的同时提供增量收益和价值。
- **风险管理策略**。制订 PMO 风险管理计划,专门应对未能交付承诺价值的风险。该计划应包括详细的流程,用于识别、评估和减轻可能危及 PMO 承诺的风险。通过有效管理该风险,PMO 可以提高其可靠性,加强客户关系,并确保成功实现其战略目标。

4. 构建和发展价值主张

- **审查计划**。建立定期审查 PMO 价值主张的机制,例如,每季度进行小调整,或者每年进行全面审查。尽可能将这些审查周期与关键的组织规划周期对齐。
- **价值主张评审委员会**。建立多元化的"价值主张评审委员会",由来自不同客户群体的代表组成,以讨论 PMO 的绩效并提出改进建议。
- **反馈管理**。实施系统化的流程,通过审查、焦点小组或一对一访谈来收集和分析客户反馈。
- **经验教训**。在每个评审周期中,记录并分享经验教训,以培养 PMO 团队内的持续改进文化,并积累关于有效 PMO 价值主张的机构知识。
- **变更管理**。制定明确的标准,以便在淘汰或大幅修改现有服务时,确保 PMO 的服务组合保持精简,并专注于提供最大价值。

5. 衡量和优化 PMO 价值主张

- **系统化的反馈收集**。通过调查或访谈收集并分析 PMO 客户对 PMO 价值主张有效性的反馈。
- **经验教训的记录**。记录每个审查周期的经验教训,并在内部分享,以改进 PMO 的价值交付方法。
- **对改进进行优先级排序**。根据 PMO 客户的反馈,对 PMO 服务的改进进行优先级排序,确保持续提供最大价值。
- **服务演变的标准**。制定明确的标准,以淘汰、演进或修改不再符合客户需要或目标的 PMO 服务。
- **影响的测量和调整**。定期量化 PMO 价值主张对客户期望的影响,并据此调整服务。

可操作的自我评估：衡量 PMO 价值主张的有效性

以下自我评估工具旨在帮助 PMO 专业人士通过将其价值主张分解为关键组件（从综合客户需要到基于反馈优化服务交付），来衡量其价值主张的有效性。通过识别差距和改进领域，PMO 可以更好地成为组织的战略合作伙伴，确保其服务既符合客户期望，又与更广泛的业务目标保持一致。

说明：请对 PMO 在每个领域的表现进行评分（1~5 分），其中：

1 分=完全不适用/无效
2 分=很少/较差
3 分=有时/一般
4 分=经常/良好
5 分=总是/优秀

1. 综合需要评估的结果	
问题	评分
a）我们全面分析了报告、调查结果和 PMO 客户反馈，以清晰了解 PMO 客户需要。	
b）我们将已识别的 PMO 客户需要、痛点和期望成果归类为更广泛的主题，以构建 PMO 价值主张。	
c）我们使用与组织战略一致的客观方法来对 PMO 客户需要进行优先级排序。	
d）我们为每个已识别的主要需要编制了详细的"痛点概况"，包括影响数据和 PMO 客户的痛点。	
e）我们创建了可视化呈现（如思维导图）以综合和传达需要评估的结果。	
	小计

2. 将痛点映射至潜在解决方案	
问题	评分
a）我们与 PMO 团队举行了会议，针对每个主要痛点集思广益，寻找解决方案。	
b）我们利用合适的工具系统地将 PMO 客户的痛点与潜在的 PMO 解决方案联系起来。	
c）我们对提议的解决方案进行了可行性分析，考虑 PMO 的能力、资源需求和潜在影响。	
d）我们系统地对潜在解决方案进行了评级和分组，基于模式和共性来识别高价值服务。	
e）我们设计了 PMO 服务，明确说明它们将如何缓解痛点并为 PMO 客户带来收益。	
	小计

3. 定义 PMO 价值主张	
问题	评分
a）我们为每个解决方案创建了清晰、简洁的 PMO 服务概念，将其与特定的 PMO 客户痛点联系起来。	
b）我们创建了"解决方案地图"，以可视化的方式将痛点与 PMO 服务联系起来，展示与组织目标的一致性。	
c）我们识别并交付能快速见效的方案，以积累动力并向 PMO 客户展示即时价值。	
d）我们概述了每项服务的交付方法，同时考虑了随着组织成熟度的提高，其可扩展性、灵活性和演变。	
e）我们向关键 PMO 客户展示了 PMO 服务概念，并在验证研讨会或会议中收集反馈。	
	小计

4. 构建和发展价值主张	
问题	评分
a）我们为每个主要的 PMO 客户群体创建了"客户价值协议"，概述预期成果并确保获得支持。	
b）我们绘制了"价值主张演进路线图"，以根据 PMO 客户的需要不断调整和增强 PMO 服务。	
c）我们制定了风险管理策略，以减轻未能实现价值主张的风险。	
d）我们定期审查 PMO 价值主张，每季度进行优化，每年对其重新评估，以保持 PMO 价值主张的相关性。	
e）我们建立了多元化的"价值主张评审委员会"，该委员会为 PMO 的价值主张提供见解并提出改进建议。	
	小计

5. 衡量和优化 PMO 价值主张	
问题	评分
a）我们通过调查或访谈系统地收集和分析 PMO 客户对 PMO 价值主张有效性的反馈。	
b）我们记录了每个审查周期的经验教训，并在内部分享，以改进交付 PMO 价值的方法。	
c）我们根据 PMO 客户的反馈，对 PMO 服务的改进进行优先级排序，以确保 PMO 持续提供最大价值。	
d）我们制定明确的标准，以便淘汰、演进或修改不再符合 PMO 客户需要或目标的 PMO 服务。	
e）我们定期测量 PMO 价值主张对 PMO 客户期望的影响，并据此调整服务。	
	小计
	总计

评分和解读：将所有 25 个问题的评分相加。

优秀（113~125 分）。你的 PMO 已经构建并成功实施了非常有效的价值主张。随着 PMO 客户需要的变化，专注于保持高标准并不断完善你的方法。

良好（98~112 分）。你的 PMO 在构建 PMO 价值主张方面表现良好，但仍有改进空间。识别得分最低的领域，并制订有针对性的行动计划来解决这些问题。

一般（77~97 分）。你的 PMO 已构建了价值主张，但需要进一步加强沟通并优化所提供的价值。专注于创建更全面的价值叙述，并收集更多的 PMO 客户反馈。

较差（51~76 分）。你的 PMO 的价值主张尚未充分构建或未得到良好沟通。请重新审视你的整体方法，以确保其以客户为中心，并利用反馈来强化价值对齐。

极差（25~50 分）。你的 PMO 迫切需要构建清晰的价值主张。应从全面评审 PMO 客户需要入手，并设计直接解决痛点且与战略目标一致的服务。

展望下一章

本章涵盖了打造有吸引力的价值主张的重要性，帮助 PMO 专业人士阐明 PMO 对组织的独特价值。很自然地，下个步骤就是将这些价值主张转化为可操作的服务。

在下一章，我们将探讨服务开发过程，重点是设计、完善和发展 PMO 服务，以符合客户需要并提供承诺的价值。PMO 专业人士可以学习构建服务目录、定义服务水平，以及确保与组织目标保持一致的策略。掌握这一步骤使 PMO 专业人士能够提供一套强大的价值驱动的服务，从而满足客户需要并为组织的成功做出贡献。

第 17 章

步骤 4：服务开发

为什么本章对 PMO 专业人士很重要

本章对于 PMO 专业人士至关重要，因为它详细阐述了如何将战略见解和客户需要转化为可操作的服务，从而交付有形价值。

服务开发步骤将 PMO 的价值主张分解为 PMO 将提供的有效服务，弥合了理解客户需要与有效提供解决方案之间的差距。本质上，服务开发步骤是 PMO 的价值主张成为现实的关键环节。该步骤包括一个结构化的流程，用于设计能交付预期成果和收益的服务。

服务开发步骤概览

在 PMO 环境中，服务开发是指为客户系统化开发服务的过程。PMO 飞轮中的这一关键步骤将需求评估中的见解和 PMO 价值主张中的承诺转化为有形的、可交付的服务（见图 17-1）。

通过精心设计的服务开发步骤，PMO 可以满足其价值主张中设定的期望，确保其在组织内保持相关性和影响力。这一迭代过程可以确保 PMO 能够动态响应不断变化的挑战和机遇。

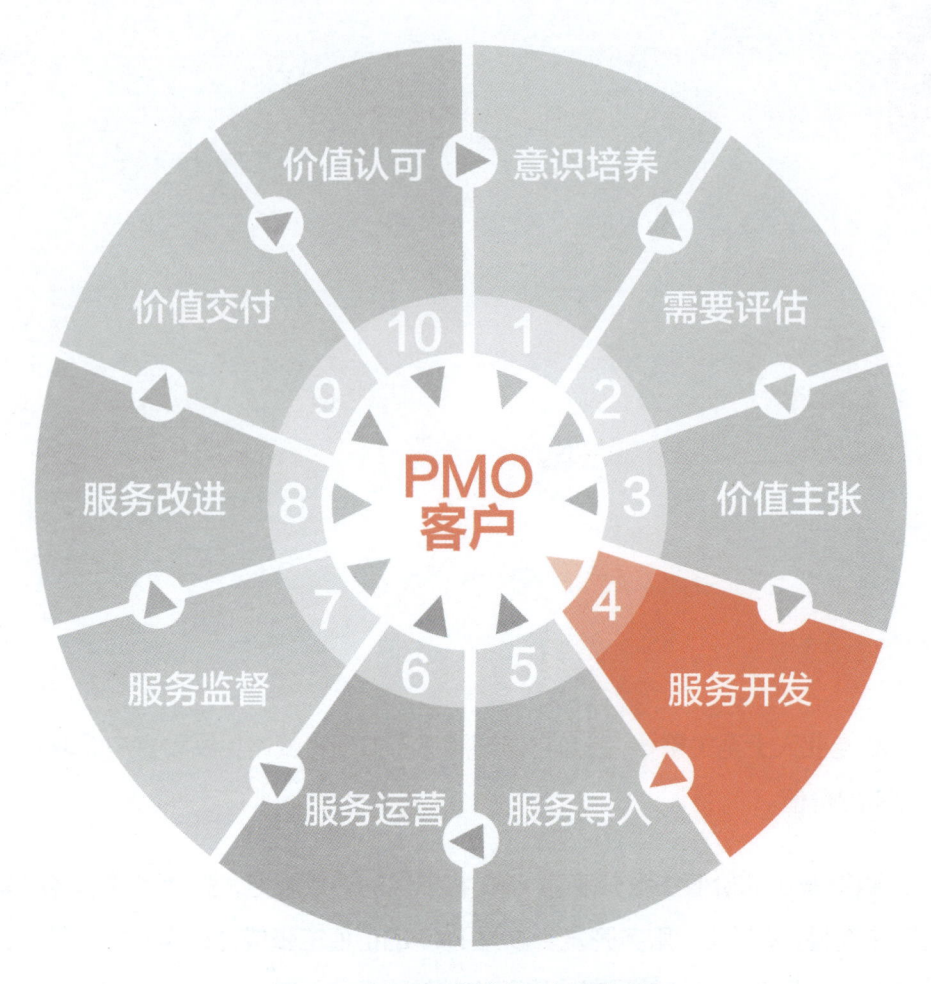

图 17-1　PMO 飞轮中的服务开发步骤

实施服务开发步骤

1. PMO 服务交付方法设计

◆ **服务交付方法频谱**。评审每个服务概念，并考虑一系列交付方法，从全权托管服务（PMO 承担全部责任）到纯自助服务（客户使用 PMO 提供的工具独立操作）。对于每项服务，仔细评估客户能力和成熟度、服务的复杂性、PMO 内的资源可用性，以及整体组织文化和偏好等因素。这种评估将有助于确定每项服务在频谱中的位置。关键要认识到，合适的交付方法可能不仅因服务而异，还可能因同一服务的不同客户或项目而异。

◆ **服务交付矩阵**。制定一个全面的服务交付矩阵，概述每项服务的方法。该矩阵应包括服务的详细描述、所选的交付方法、明确的 PMO 及其客户的角色和职责，以及关键接触点和互动模式。该矩阵可以作为 PMO 团队和客户的指南，以确保每项服务的交付和访问方式清晰明了。

- **服务交付方法的验证**。与 PMO 客户验证提议的服务交付方法。征求反馈意见，了解提议的方法是否符合组织的需要和期望。根据这些反馈准备对交付方法进行优化。
- **服务交付方法的演变**。考虑服务交付方法如何随着时间的推移而演变。随着 PMO 客户在项目组合、项目集和项目管理实践方面的成熟度提高，或者随着 PMO 能力的扩展，可能有机会转向不同类型的方法。将这种演进思维融入服务交付设计，绘制服务交付随时间变化的路线图。

2. 裁剪 PMO 服务流程设计

- **服务流程映射**。绘制每项服务的端到端流程图。这应包括所有步骤、决策点和交接环节。使用流程建模技术，如流程图或泳道图，来将这些流程可视化。考虑为常见场景开发流程变体，以适应不同的项目类型、规模或复杂性。例如，可能存在标准的项目启动流程，但也可能需要为快速跟踪项目、复杂的多阶段项目或特定领域的项目开发流程变体。这些流程变体可以作为进一步定制的起点。
- **PMO 服务风险管理**。为所有 PMO 服务制订全面的风险管理计划。该计划应识别并评估影响服务交付和服务质量的潜在风险，建立减轻策略，并创建监督流程。该计划应将风险管理整合至服务运营，制订高影响风险的应急计划，并确保持续改进。这种积极的方法增强了服务的可靠性和客户信任。
- **流程裁剪指南**。为每个流程制定裁剪指南。该指南应概述流程的哪些元素可以定制，以及在何种情况下可以定制，包括何时使用不同流程变体的标准，以及根据特定客户需要调整流程的指导原则。该指南的目的是提供明确的指导，说明如何在不损害流程完整性或服务交付质量的情况下修改流程。
- **流程文档**。为每项服务创建全面的流程文档。该文档应包括详细的流程图、执行流程各步骤的分步说明、明确角色和职责的 RACI（执行、担责、咨询、知情）矩阵，以及每个流程步骤输入和输出的明确规范。该文档将作为 PMO 团队成员和 PMO 客户的参考，确保对每项服务的理解和执行保持一致。
- **流程变更管理**。建立治理流程来管理和更新 PMO 服务目录。该流程应包括审核和批准流程变更的程序、版本控制机制，以及定期审查的时间表，以确保所有流程保持最新和相关。考虑在 PMO 内部指定流程负责人，负责维护和改进特定流程。
- **沟通策略**。定义如何将流程传达给 PMO 客户。考虑开发用户友好版本的流程文档，可以采用交互式指南或视频教程的形式。沟通策略的目标是尽可能让客户轻松理解和使用 PMO 服务。

3. PMO 服务目录开发

结构良好的服务目录对于清晰地向 PMO 客户传达 PMO 的服务内容至关重要。开发服务目录的关键要素包括：

- **服务名称和描述**。服务的正式名称和服务内容的概述。
- **价值主张**。服务所提供的独特价值、能解决的问题以及客户可以预期的收益。
- **目标受众**。服务旨在覆盖特定客户、客户群体或部门。
- **服务负责人**。负责该服务的个人或团队。
- **服务交付模式**。有关如何交付服务的详细信息。
- **服务特性**。服务的具体特性或组件。
- **技术整合**。将适当的技术整合至服务，以提高其效率和有效性。
- **服务水平协议（SLA）**。客户可以期待的服务水平的承诺。
- **请求和访问程序**。客户如何请求或访问服务。
- **交付时间框架**。服务交付的预期时间框架。
- **资源需求**。提供服务所需的资源，包括人力资源、工具和材料。
- **绩效指标**。如何衡量服务的成功。
- **反馈机制**。客户如何提供服务反馈。
- **培训和文档**。可用的培训材料和文档，以帮助客户使用服务。

4. PMO 服务特定的绩效指标和目标

- **指标类型**。为每项服务定义一组指标。这些指标应包括效率指标（衡量服务的交付效果）、输出指标（量化服务的直接结果）和成果指标（评估服务对客户和组织目标的影响）。
- **PMO 服务指标的定义**。为每个指标创建详细的指标定义，应包括指标名称、测量内容的清晰描述、计算方法、数据来源、测量频率，以及负责数据收集和报告的人员。务必考虑数据的可用性，以及收集和分析每个指标所需的工作量。该工作的目标是，创建一组可靠的指标，同时避免造成不必要的报告负担。
- **协同设计**。建立流程，为每个指标设定客户特定的目标。该流程应从当前绩效的基准评估开始。接下来，与每个客户或客户群体进行协作目标设定会议。这些会议应考虑客户的具体需要、优先事项和制约因素。请记住，基于各自独特的背景，不同客户对于同一服务可能有不同的目标。

- **PMO 绩效仪表盘**。开发灵活的绩效仪表盘模板，以便为每个客户进行定制。该仪表盘应清晰显示客户的具体指标和目标，以及随时间变化的实际绩效。考虑使用图表或仪表等视觉元素，使信息易于理解。仪表盘应区分用于内部服务监督的指标（在服务监督步骤中测量）和用于衡量服务成果的指标（在价值交付和价值认可步骤中评估）。测量框架应同时涵盖短期服务绩效和长期价值创造。

- **审核流程**。为这些指标和目标实施定期审核流程。该流程可能涉及与客户进行季度检查，以讨论绩效，识别问题，并在必要时调整目标。利用这些审核机会收集定性反馈，这可以为定量指标提供背景信息。

- **持续改进**。建立流程以分析趋势，识别改进领域，并实施变更以增强服务交付。该流程可能涉及 PMO 团队内部的定期服务评审会议，在该会议中，会讨论绩效数据并规划改进措施，因为这些指标的最终目标不仅是测量，而是改进。

5. PMO 资源分配和能力映射

- **能力分析**。对每项服务进行详细分析，识别有效交付所需的关键能力。该分析不应局限于项目管理技术技能，还应包括沟通和问题解决等软技能。创建全面的能力框架，概述 PMO 服务组合中所需的所有技能。

- **当前能力**。评估 PMO 团队的当前能力。该评估可能涉及技能评估、绩效评审，以及与团队成员讨论他们的优势领域和待发展领域。创建技能矩阵，将每个团队成员的能力与能力框架进行映射。

- **角色描述**。为每项服务制定详细的角色描述，概述职责、所需技能和绩效期望。这些描述应足够灵活，以适应 PMO 团队成员可能参与多项服务交付的情况。

- **资源需要**。根据服务设计和预期要求，确定每项服务所需的资源量。考虑服务的复杂性、交付方式和预期客户要求等因素。该评估将有助于识别当前 PMO 团队的能力与资源需要之间的差距。

- **资源分配**。制订资源分配计划，根据 PMO 团队成员的技能和服务需要，将其分配至相应的服务。考虑实施矩阵管理方法，团队成员可以有一个主要的服务焦点，但也可以灵活地支持其他服务。这种方法有助于平衡负荷，并为团队成员提供发展机会。实施容量管理流程，以确保资源在各项服务中得到有效利用。该流程可能涉及使用资源规划工具来跟踪 PMO 团队成员的分配和可用性。根据服务要求和优先级的变化，定期审核和调整资源分配。

- **管理能力差距**。识别当前 PMO 团队中的任何技能差距，并制订计划来解决这些问题。该计划可能包括为现有团队成员提供培训和发展计划，或者招聘具有特定技能的新团队成员。根据服务演进路线图，考虑当前需要和未来需求。制订交叉培训计划，以便在关键技能上建立冗余。这种规划可以确保在缺勤或 PMO 团队人员变动的情况下保持服务的连续性，并为团队成员提供职业发展机会。

6. 服务水平协议（SLA）和 PMO 客户验证

- **创建 SLA**。为每项 PMO 服务起草初始 SLA。这些 SLA 应基于早期活动中开发的服务设计、流程和绩效指标。对于每项服务，明确说明服务范围（包括涵盖的内容和不涵盖的内容）、预期响应时间和交付时间框架、质量标准和验收标准、PMO 和客户的角色及责任、问题或争议的升级程序、绩效指标以及报告频率。

- **服务水平**。为每项 PMO 服务定义服务水平。该定义应包括具体的、可衡量的绩效指标和质量标准。与客户合作，确保这些定义符合组织的需要和期望，同时考虑响应时间、交付时间框架、准确率和客户满意度水平等因素。

- **设定服务目标**。为每个 SLA 指标设定现实且可实现的目标。这些目标应在客户期望与 PMO 的能力和资源之间取得平衡。避免过度承诺。最好设定保守且能够持续达成（或超出）的目标，而不是过于雄心勃勃却难以达成的目标。

- **裁剪 SLA**。在起草 SLA 时，需要考虑可能适用不同客户或项目类型的不同服务级别。例如，可以为大多数项目提供标准 SLA，为高优先级或复杂项目提供增强型 SLA。

- **验证 SLA**。安排与 PMO 客户或客户群体的验证会议。在这些会议中，展示 SLA 草案并详细讲解每个方面。鼓励开放式讨论，并准备就具体问题进行协商。验证 SLA 的目标是，达成一个 PMO 可实现且对 PMO 客户满意的协议。

- **建立信任**。在验证会议中，特别注意 SLA 中包含的绩效目标。这些目标应与之前制定的服务特定指标一致，但可能需要根据 PMO 客户的期望和优先级进行调整。请记住，不同的客户可能对同一服务有不同的优先级，因此也会有不同的绩效目标。SLA 不仅是设定目标和衡量绩效的工具。还是建立信任和促进 PMO 与客户之间合作关系的手段。将 SLA 的制定和验证过程视为加强关系并展示 PMO 交付价值承诺的机会。

- **监督和报告 SLA**。考虑如何监督和报告 SLA。开发定期 SLA 绩效报告的模板，并建立与客户一起审核这些报告的流程。这个流程可能涉及每月或每季度的评审会议，需要在会议上讨论服务绩效并解决问题。

- **沟通 SLA**。制订沟通管理计划，以确保所有 PMO 客户了解 SLA 并理解其影响。该计划可能涉及创建摘要文件或演示文稿（突出关键 SLA 的要点），为项目团队举行简报会，或者将 SLA 的信息纳入 PMO 导入流程。

7. PMO 服务实施规划

- **实施路线图**。为每项服务或相关服务组创建全面的实施路线图。该路线图应概述从开发到导入再到全面运营的关键里程碑和活动。考虑服务之间的依赖关系及其对实施顺序的影响。
- **实施计划**。为每项服务制订详细的实施计划，包括关键活动和里程碑的具体时间表、实施和导入任务的资源分配、实施和导入活动的预算需求、风险评估和减轻策略，以及实施和导入的成功标准。
- **服务导入的过渡计划**。制订从服务导入到服务运营的过渡计划，确保无缝交接和运营准备就绪。该计划应概述确定服务何时从导入转为全面运营的标准、从导入团队到运营团队的交接程序、定期服务审核流程的建立，以及持续支持和持续改进的机制。
- **变更管理策略**。创建全面的变更管理策略，解决变更中的人员问题，帮助客户理解和适应新服务。开发可裁剪的沟通材料，包括服务公告、用户指南、常见问题解答和培训资源。
- **分阶段实施策略**。在适当的情况下采用分阶段的实施方法，从试点小组或服务子集开始，然后全面实施。这种方法支持学习和调整，可有效管理组织影响。
- **实施治理**。建立治理结构以监督服务实施、服务导入和向运营的过渡。定期与客户沟通可以确保流程按计划进行，并能及时解决任何问题。

可操作的自我评估：衡量 PMO 服务开发的有效性

以下自我评估提供了衡量 PMO 服务开发流程有效性的结构化方法。通过评估关键领域，PMO 专业人士可以识别差距，优化服务设计和服务交付，并确保 PMO 的服务与客户期望和更广泛的组织目标保持一致。

说明：请对 PMO 在每个领域的表现进行评分（1~5 分），其中：

1 分=完全不适用/无效
2 分=很少/较差
3 分=有时/一般
4 分=经常/良好
5 分=总是/优秀

1. PMO 服务交付方法设计

问题	评分
a）我们根据 PMO 客户的需要、成熟度和组织文化，仔细评估每项 PMO 服务的不同交付方法。	
b）我们制定了一个全面的 PMO 服务交付矩阵，概述了每项 PMO 服务的角色、职责和交付模式。	
c）我们与 PMO 客户验证 PMO 服务的交付方法，并根据他们的反馈进行调整。	
d）我们积极考虑随着 PMO 客户的能力和组织成熟度的提高，PMO 服务交付方法如何演变。	
e）我们定期审查和更新 PMO 服务的交付方法，以确保其保持相关性和有效性。	
	小计

2. 裁剪 PMO 服务流程设计

问题	评分
a）我们为每项 PMO 服务绘制端到端流程图，包括决策点和交接点。	
b）我们开发了 PMO 流程变体，以适应不同的项目类型、规模或复杂性。	
c）我们已为 PMO 服务实施了全面的风险管理计划，以减轻服务交付的风险。	
d）我们提供了清晰的指南，以根据特定 PMO 客户需要和情况裁剪 PMO 流程。	
e）我们为每项 PMO 服务创建了全面的文档，包括流程图、RACI 矩阵和详细说明。	
	小计

3. PMO 服务目录开发

问题	评分
a）我们开发了全面的 PMO 服务目录，清晰定义了所有可用的 PMO 服务，包括描述和关键特性。	
b）PMO 服务目录根据 PMO 客户需要进行细分，针对不同部门、项目类型或项目管理成熟度级别，提供可裁剪的服务。	
c）PMO 服务目录为 PMO 客户提供了清晰且易于访问的指南，说明了如何请求和访问每项服务。	
d）我们定期更新 PMO 服务目录，以反映新的服务、服务改进和组织变革，确保其对 PMO 客户保持相关性和价值。	
e）我们在整个组织中积极推广 PMO 服务目录，确保所有 PMO 客户都了解可用的 PMO 服务，以及如何利用这些服务来满足他们的需要。	
	小计

4. PMO 服务特定的绩效指标和目标

问题	评分
a）我们为每项 PMO 服务定义了明确的效率、输出和成果指标。	
b）我们创建了详细的指标定义，包括如何计算每个指标、由谁负责及数据收集的频率。	
c）我们与 PMO 客户进行协作目标设定会议，以创建每项 PMO 服务的绩效指标。	
d）我们使用定制的绩效仪表盘，以可视化的方式展示每个 PMO 客户的 PMO 服务指标和目标。	
e）我们定期与客户一起审核 PMO 服务指标，并根据反馈和绩效趋势调整目标或服务。	
	小计

5. PMO 资源分配和能力映射

问题	评分
a）我们对每项 PMO 服务所需的技能进行了全面分析，包括技术技能和软技能。	
b）我们评估了 PMO 团队的当前能力，并将其与 PMO 能力框架进行了映射。	
c）我们制定了明确的角色描述，概述了每项 PMO 服务的职责、所需技能和绩效期望。	
d）我们定期审核资源需要，并根据 PMO 服务要求和 PMO 团队能力调整 PMO 团队的资源分配。	
e）我们实施了培训和发展计划，以弥补技能差距并确保 PMO 团队的持续职业发展。	
	小计

6. 服务水平协议（SLA）和 PMO 客户验证	
问题	评分
a）我们为每项 PMO 服务起草了详细的 SLA，概述了服务范围、交付时间框架、质量标准和绩效指标。	
b）我们设定切实可行的 PMO 服务目标，在客户期望与 PMO 的能力和资源之间取得平衡。	
c）我们根据不同 PMO 客户群体的具体需要裁剪 SLA。	
d）我们通过 PMO 客户反馈来验证 SLA，并进行相应的调整以确保符合 PMO 客户的需要。	
e）我们定期为 PMO 客户监督和报告 SLA 绩效，并在评审会议中讨论调整。	
	小计

7. PMO 服务实施规划	
问题	评分
a）我们为每项 PMO 服务创建详细的实施路线图，列出关键里程碑、依赖关系和时间表。	
b）我们制订全面的实施计划，包括 PMO 团队的资源分配、PMO 预算需求和 PMO 风险评估。	
c）我们已制订从服务导入到服务运营的过渡计划，确保无缝交接和运营准备就绪。	
d）我们对复杂或影响力大的 PMO 服务采用分阶段的实施方法，先从试点小组开始，再全面实施。	
e）我们已建立了明确的 PMO 治理结构，以监督 PMO 服务实施、PMO 服务导入和 PMO 持续运营。	
	小计
	总计

评分和解读：将所有 35 个问题的评分相加。

优秀（154~160 分）。你的 PMO 已经开发出非常有效的服务开发流程，明确聚焦于设计和交付有价值的、以客户为中心的服务。随着客户需要和组织优先级的变化，继续完善和演进你的服务。

良好（131~153 分）。你的 PMO 在服务开发方面表现良好，但仍有进一步改进的空间。关注评分较低的领域，以改善服务的设计和实施。

平均（102~130 分）。你的 PMO 已经建立了基本的服务开发流程，但需要进行一些改进。优先加强流程文档、客户验证和 SLA 监督。

较差（68~101 分）。你的 PMO 服务开发流程需要得到大幅改进。重新审视关键领域，如资源分配、绩效指标和客户参与，以优化你的方法。

极差（35~67 分）。你的 PMO 迫切需要建立结构化的服务开发流程。先设计清晰的流程，与客户验证这些流程，并创建强有力的 SLA，以提升服务质量并与组织需要对齐。

展望下一章

创建一套全面的 PMO 服务只是第一步。即使是最精心设计的产品,如果没有得到正确实施,也无法提供价值。

在下一章,我们将详细介绍服务导入步骤,这是向组织内部用户推广新的或增强的 PMO 服务的关键步骤。下一章将探讨管理变革的策略,以及提供培训和确保平稳过渡的方法。

掌握该步骤对于 PMO 专业人士将服务融入组织运营至关重要,也为有效的服务交付和价值创造奠定基础。

第 18 章

步骤 5：服务导入

为什么本章对 PMO 专业人士很重要

掌握服务导入对 PMO 专业人士至关重要，原因有多个。首先，它确保新服务被顺利使用。有效的服务导入帮助用户理解新服务的收益和功能，减少抵触情绪并提高接受度。这一流程最大化了 PMO 服务的价值和影响力，确保它们在组织内得到有效率和有效果的利用。

其次，服务导入在建立 PMO 的可信度和信任方面发挥着至关重要的作用。通过在导入流程中提供全面的培训、清晰的沟通和强大的支持，PMO 可以展示其帮助干系人取得成功的承诺。这种承诺有助于建立积极的关系，并强化 PMO 作为组织可靠和有价值的合作伙伴的声誉。

实施得当的服务导入流程为长期服务的成功奠定了基础。通过及早解决潜在问题、收集反馈并进行必要的调整，PMO 可以确保服务持续满足用户需要并实现预期成果。这种积极主动的方法最大限度地减少干扰，并确保新服务顺利融入现有的工作流程。

服务导入步骤概览

在 PMO 环境中，服务导入是一个结构化流程，它将新开发或改进的 PMO 服务介绍给组织内的目标用户。这一关键步骤弥合了服务开发与全面实施之间的差距，确保了 PMO 客户在采用新的 PMO 服务时做好准备，接受培训并获得支持（见图 18-1）。

有效的服务导入对于确保新服务的顺利采用，最大化 PMO 服务的价值和影响力，建立 PMO 的可信度和信任，减少对变革的抵触，以及为长期服务的成功奠定基础至关重要。

图 18-1　PMO 飞轮中的服务导入步骤

执行良好的导入流程显著影响客户对 PMO 服务的感知和使用，直接影响其效果和 PMO 对组织的整体价值。通过精心引导客户度过服务参与的初始阶段，PMO 可以营造积极的用户体验，鼓励持续使用，并最终推动其服务实现预期收益。

实施服务导入步骤

1. PMO 客户的准备和参与

◆ **参与策略**。识别所有将受到新服务影响（或参与新服务）的相关客户。绘制全面的客户地图，概述每个群体对新服务的当前认知水平、潜在关注点和预期收益。为每个客户群体创建可裁剪的参与策略。该策略应概述 PMO 将如何与客户沟通、需要传达的关键信息，以及应对特定需要和关注点的计划。

◆ **意识培养**。开展一系列意识培养活动，以激发客户对新服务的兴趣和热情。这些活动可能包括预告活动、展示服务优势，以及早期采用者的推荐。意识培养的目标是，在服务完全推出之前营造良好的氛围。组织启动活动或全员大会来正式介绍新服务。这些活动应提供服务概览，解释它们如何与组织目标保持一致，并概述导入流程。利用这些活动解答客户可能提出的任何初步问题或关注点。

- **客户反馈**。建立反馈机制，以在整个导入流程中收集客户的输入。具体措施可能包括发起调查问卷，组织反馈会议或设置专用电子邮件地址（接收问题和评论）。定期审查并根据反馈采取行动，以完善导入方法并解决新出现的问题。

- **识别倡导者**。在不同的 PMO 客户群体中识别并吸引"服务倡导者"。这些个人可以帮助推广新服务，在导入流程中提供同行支持，并作为 PMO 与其各自团队或部门之间的桥梁。

2. PMO 服务的培训课程开发

- **需要分析**。先对每个客户群体进行需要分析的培训。在进行需要分析时，应考虑客户群体当前的知识水平、使用新服务所需的特定技能，以及需要填补的任何差距。

- **培训课程**。开发多层次的培训课程，以满足不同用户角色和熟练度的需要。这个课程可能包括面向所有客户的基础入门课程、面向高级客户的深度技术培训，以及面向经理或高管的专门课程（用于理解服务的战略影响）。

- **培训材料**。创建各种培训材料以支持不同的学习风格和偏好。这些材料可能包括用户手册、快速参考指南、视频教程、交互式电子学习模块和实践研讨会。确保所有材料都清晰、简洁，并专注于服务的实际应用。

- **学习方法**。设计一种混合学习方法，以结合自主学习和教师授课。这种方法不仅具有灵活性，同时也提供了直接互动和问答的机会。考虑将现实世界的场景和案例研究纳入培训，使其更有相关性和吸引力。

- **认可能力**。开发一个认证或能力评估流程，以确保客户获得了必要的技能。该评估可能涉及实践测试、测验，或者在真实项目场景中展示服务的使用情况。可以使用证书或徽章来认可和激励用户熟练度的提升。

- **培训培训师**。制订一个培训师的培训计划，以建立持续培训和支持的内部能力。识别不同部门或团队中的潜在培训师，并为他们提供额外的培训和资源，以使其有效地指导他们的同事。

- **持续教育**。制订一个持续教育和技能发展计划。该计划应包括复习课程、高级培训模块，以及对新功能或行业实践的定期更新。通过培养持续学习的文化，客户可以持续发挥 PMO 服务的最大价值。

3. 试点实施和反馈循环

- **试点小组**。确定合适的能代表 PMO 目标客户的试点小组或项目。这些小组应具有足够的多样性以便提供全面的反馈，同时，还应易于管理以便进行密切监督和支持。

- **试点实施计划**。制订详细的试点实施计划，概述试点的范围、持续时间和目标。该计划应包括用于衡量试点成功的具体指标，如用户采用率、服务绩效指标和客户满意度评分。该计划应设计良好的机制，以确保在整个试点期间收集定量数据和定性反馈。

- **试点支持**。为试点参与者提供增强型支持。这种支持可能包括专用服务台支持、定期跟进会议以及在关键服务使用阶段的现场支持。目标是，密切监督用户体验，并快速解决出现的任何问题或挑战。

- **试点反馈循环**。建立一个结构化的反馈循环，以便从试点实施中获取有效见解。这项工作应包括定期调查、焦点小组会议和与客户的一对一访谈。鼓励客户提供有关服务各个方面的诚实、详细的反馈，从可用性到感知价值。

- **试点反馈分析**。分析在试点期间收集的反馈和数据，以确定改进或完善的领域。寻找客户行为中的模式、常见痛点或客户使用服务的意外方式。在服务全面实施之前，利用这些见解对服务、培训材料或支持流程进行必要的调整。

- **试点反馈审查**。在试点期结束时进行全面审查。此审查应涉及所有关键客户，包括试点参与者、PMO 团队成员和相关决策者。展示试点的发现，讨论获得的经验教训，并共同决定在服务全面实施前需要进行的任何最终调整。

- **利用成功经验**。利用试点的经验和成功为更广泛的推广造势（积累动力）。鼓励试点参与者成为新服务的倡导者，与同事分享他们的经验和良好实践。这种同行推广可以成为推动组织内采用服务和激发热情的强大工具。

4. 建立服务支持的基础设施

- **支持级别**。定义所需的不同支持级别，从基本的客户协助到更复杂的问题解决和服务优化。开发清晰的支持模型，概述用户如何获得帮助、如何将问题升级，以及用户可以预期的响应时间。

- **知识库**。创建一个全面的知识库，包括常见问题解答（FAQ）、故障排除指南、良好实践和每项服务的详细文档。该知识库应易于所有客户访问，并根据常见问题和用户反馈定期得到更新。考虑添加搜索功能，以帮助客户快速找到他们需要的信息。

- **服务台**。为新服务建立服务台或支持团队。该团队应在服务技术和客户服务技能方面接受过良好培训。制定清晰的流程来记录、跟踪和解决支持请求。考虑实施工单系统来有效管理和优先处理支持案例。
- **支持渠道**。为客户设置多种访问支持的渠道，如电子邮件、电话、在线聊天和自助服务门户网站。另外，也可以为此目的引入 AI 聊天机器人。不同的客户可能偏好不同的寻求帮助的方式，因此提供多种选择可以整体改善支持体验。确保这些渠道得到良好整合，无论用户采用何种联系方式都能提供一致的支持体验。
- **客户社区**。考虑建立用户社区或论坛，让接受服务的客户可以分享经验、技巧和解决方案。这种同行支持可以作为正式支持渠道的有益补充，并有助于围绕 PMO 服务培养社区意识。

5. 绩效监督和评估框架

- **成功标准的评审**。重新审视服务开发阶段定义的关键绩效指标（KPI）和成功标准。完善这些指标，以确保它们准确反映导入流程的目标，并与组织目标保持一致。
- **绩效仪表盘**。开发一个全面的绩效仪表盘，实时展示服务采用率、使用模式和影响。该仪表盘应包括用户参与率、服务利用率、时间节省、错误减少和客户满意度评分等指标。确保仪表盘可供客户访问，并提供从高层级的概览到具体细节的查看功能。
- **数据收集和分析**。进行数据收集并分析工具和流程。数据收集和分析可能涉及将分析能力整合至服务，设置用户调查，或者实施使用跟踪系统。确保数据收集方法符合隐私法规和组织政策。
- **绩效评审**。与客户举行定期绩效评审会议。该会议应侧重于分析绩效数据，识别趋势，并就导入流程或服务本身的必要调整做出数据驱动的决策。为该会议制定标准议程和报告格式，以确保一致性和效率。

6. 过渡至全面的服务运营

- **成功导入的标准**。明确定义成功导入的评判标准。这些标准可能包括达到一定的采用率、达到特定的绩效基准或完成一组关键里程碑。
- **过渡计划**。制订详细的过渡计划，概述从服务导入到全面运营所需的步骤。该计划应包括时间表、资源分配、风险减轻策略，以及导入团队与运营团队之间的责任划分。考虑分阶段的过渡方法，逐步转移责任和关注领域。

- **交接策略**。创建全面的交接文件，记录有关服务的所有关键信息，包括设计规范、用户反馈、已知问题以及在导入流程中获得的经验教训。该文件对于确保服务转入常规运营后的连续性至关重要。

- **知识转移**。组织导入团队与运营团队之间的知识转移会议。该会议应涵盖服务的技术细节，以及有关用户行为、常见挑战和有效支持策略的见解。可设置交接期，让运营团队在全面接管前与导入团队一起工作。

- **持续监督和支持**。建立持续的监督和支持流程（该流程在服务导入之后持续有效）。该流程包括定义长期绩效指标，设置定期服务审查，以及创建持续改进和用户反馈的机制。

- **沟通策略**。制订沟通管理计划，以便将服务全面过渡至运营的信息通知所有客户。该计划应包括客户在支持方面的期望、服务访问或流程的任何变化，以及客户提供持续反馈或申请优化服务的方式。

- **庆祝服务导入成功**。策划正式的启动或庆祝活动，以庆祝服务导入和过渡至全面运营的成功完成。在该活动中，可以表彰所有参与者的贡献，强化服务的价值，并在组织内激发持续使用和优化服务的热情。

可操作的自我评估：衡量 PMO 服务导入的有效性

以下自我评估提供了衡量 PMO 服务开发流程有效性的结构化方法。通过评估关键领域，PMO 专业人士可以识别差距，优化服务设计和服务交付，并确保 PMO 的服务与客户期望和更广泛的组织目标保持一致。

说明：请对 PMO 在每个领域的表现进行评分（1~5 分），其中：

1 分=完全不适用/无效
2 分=很少/较差
3 分=有时/一般
4 分=经常/良好
5 分=总是/优秀

1. PMO 客户的准备和参与	
问题	评分
a）我们已识别了所有受新 PMO 服务影响（或参与新 PMO 服务）的相关人员。	
b）我们已根据每个 PMO 客户群体的需要和关注点开发了可裁剪的参与策略。	
c）我们定期与 PMO 客户沟通，开展意识培养活动，以激发他们对新 PMO 服务的兴趣。	
d）我们在 PMO 服务导入流程中收集并采纳客户反馈。	
e）我们在 PMO 客户群体中已识别出 PMO 服务的倡导者，以推广新 PMO 服务并为同行提供支持。	
	小计

2. PMO 服务的培训课程开发	
问题	评分
a）我们在服务导入前对每个 PMO 客户群体进行了全面的需要分析培训。	
b）我们已开发了多层次的培训课程，以适应不同的用户角色和熟练度。	
c）我们提供了多种培训材料，包括快速参考指南、视频教程和交互式电子学习模块。	
d）我们采用了混合学习方法，结合了自主学习和教师授课。	
e）我们提供了认证或能力评估，以确保 PMO 客户已掌握必要的技能。	
	小计

第 18 章 步骤 5：服务导入

3. 试点实施和反馈循环	
问题	评分
a）我们已选择多样化的试点小组来代表不同的 PMO 客户群体。	
b）我们制订了详细的试点实施计划，其中包括明确的目标和成功指标。	
c）我们为试点参与者提供增强型支持，以密切监督 PMO 客户的体验。	
d）我们从试点参与者处收集定量数据和定性反馈。	
e）我们分析了试点反馈和数据以识别模式、痛点和改进领域。	
	小计

4. 建立服务支持的基础设施	
问题	评分
a）我们已建立了清晰的支持级别，从基本的 PMO 客户协助到更复杂的问题解决。	
b）我们已开发了全面的知识库，包括常见问题解答和故障排除指南。	
c）我们为客户提供了多种寻求帮助的支持渠道（电子邮件、电话、在线聊天）。	
d）我们已建立了在服务技术和客户服务技能方面接受过良好培训的服务台或支持团队。	
e）我们已创建了 PMO 客户社区或论坛，用于同行支持和知识共享。	
	小计

5. 绩效监督和评估框架	
问题	评分
a）我们已明确定义了衡量 PMO 服务导入流程的 KPI 和成功标准。	
b）我们使用绩效仪表盘来实时展示 PMO 服务的采用情况。	
c）我们已配备工具来收集并分析 PMO 客户参与度和 PMO 服务采用情况的数据。	
d）我们与 PMO 客户定期举行绩效评审会议，以评估服务导入进度。	
e）我们基于数据驱动的见解和反馈来调整 PMO 服务导入流程或 PMO 服务。	
	小计

6. 过渡至全面的服务运营	
问题	评分
a）我们明确定义了成功导入（从服务导入到全面运营）的评判标准。	
b）我们制订了详细的过渡计划，概述了步骤、时间表和 PMO 团队资源分配。	
c）我们组织了导入团队与运营团队之间的知识转移会议。	
d）我们为服务导入后的运营建立了持续监督和支持流程。	
e）我们与 PMO 客户清晰沟通有关过渡至全面运营及其可能带来的任何变化。	
	小计
	总分

评分和解读：将所有 30 个问题的评分相加。

优秀（134~150 分）。你的 PMO 已掌握服务导入的步骤，确保新服务的顺利采用、客户参与和持续成功。在根据持续反馈来完善和改进方法的同时，保持这一高标准。

良好（114~133 分）。你的 PMO 在服务导入方面表现良好，但仍有改进空间。关注得分较低的领域，并进一步强化培训、支持和客户参与。

一般（89~113 分）。你的 PMO 的服务导入流程是有效的，但需要一些改进。优先强化培训课程的开发、试点反馈和服务支持，以提高有效性。

较差（59~88 分）。你的 PMO 的服务导入流程需要大量改进。重新审视关键领域，如客户参与、服务支持的基础设施和过渡规划，以确保更成功的服务导入体验。

极差（30~58 分）。你的 PMO 迫切需要一个结构化的服务导入流程。优先关注全面的培训、客户反馈机制和支持系统，以推动服务的成功采用。

展望下一章

本章探讨了服务导入，以及如何成功地向组织引入新的或改进的 PMO 服务。下一章将详细介绍这些 PMO 服务的日常管理。

服务运营是交付 PMO 服务的真正起点。在 PMO 飞轮的这一步骤中，计划得以成形，PMO 将为组织创造价值。在下一章，将讨论管理服务交付、处理 PMO 客户请求、分配资源和确保服务质量的策略。通过掌握这一步骤，PMO 专业人士可以确保他们的服务始终满足 PMO 客户的需要并提供可衡量的价值。

第 19 章

步骤 6：服务运营

为什么本章对 PMO 专业人士很重要

掌握服务运营对 PMO 专业人士至关重要，因为它可以实现 PMO 的承诺和价值主张。能够持续提供高质量的服务对于在组织内建立和维护信誉至关重要。有效管理服务运营使 PMO 能够展示其价值，并成为业务战略的一个组成部分，直接影响项目成功和组织绩效。

PMO 专业人士可以通过确保 PMO 服务可用、可靠并符合质量标准，来显著提升整个组织的项目管理能力。持续的服务交付提升了客户满意度，并增强了对 PMO 支持和推动组织目标能力的信心。

服务运营步骤概览

在 PMO 环境中，服务运营步骤代表了战略制定、服务设计和实施工作的最终成果。该步骤涉及 PMO 服务的日常执行和管理，以为组织及其客户提供有形价值（见图 19-1）。

这一关键步骤标志着 PMO 从准备阶段转向行动阶段，将其精心设计的服务付诸实践。正是在这一步，PMO 通过持续、可靠和高质量的服务交付来建立声誉，展示其价值。通过成功管理服务运营，PMO 可以确保其服务易于获取、值得信赖，并符合直接影响项目成功和组织绩效的质量标准。

服务运营是 PMO 服务的真实检验场。通过与客户的直接互动，PMO 获得了推动持续改进的宝贵见解。随着 PMO 通过其服务持续提供价值，它巩固了自身作为组织战略框架重要组成部分的地位。

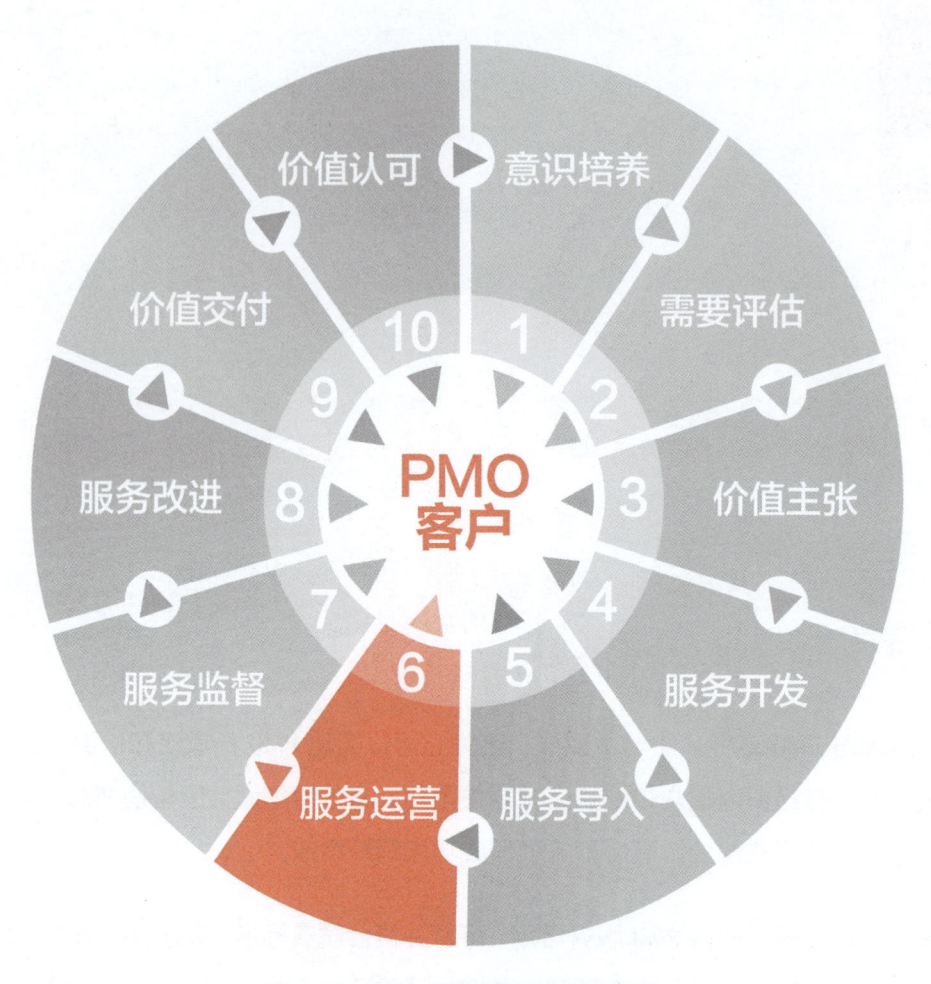

图 19-1　PMO 飞轮中的服务运营步骤

实施服务运营步骤

1. 日常 PMO 服务交付管理

- **PMO 服务交付**。确保每项 PMO 服务都按照既定流程交付，并满足在服务开发和服务导入步骤建立的质量标准及 SLA。

- **PMO 服务的日常管理**。在每天工作前，都需要审查服务进度并排序任务优先级。日常服务交付管理需要采取主动方法，但保持预订服务与当日可能出现的临时请求之间的平衡至关重要。

- **沟通渠道**。建立清晰的服务请求渠道，并与所有客户保持开放的沟通线路。这种沟通可能涉及管理服务台，回复电子邮件咨询或与关键客户进行定期检查。

- **监督交付**。积极监督服务交付，识别可能影响质量或时效的任何问题或瓶颈。快速解决问题和决策的能力至关重要。当出现问题时，及时、透明地解决，并让客户了解可能对服务交付产生的任何潜在影响。

- **交付绩效评审**。评审服务交付绩效，更新服务日志，准备每日报告，或者向团队成员简要介绍已完成的任务和即将执行的优先事项。总结经验教训或潜在改进，以提升未来服务交付的水平。

2. 执行 PMO 服务水平协议（SLA）

- **SLA 的定期评审**。评审现行 SLA 及其相关的绩效目标。定期检查有助于排序任务的优先级并有效分配资源以满足 SLA 承诺。使用仪表盘或报告，提供所有服务当前 SLA 绩效的概况视图。
- **服务请求的优先级排序**。开发并维护基于 SLA 承诺的服务请求优先级排序系统。该系统可以确保那些具有严格 SLA 要求的服务，或者接近违约阈值的服务得到适当的关注。培训 PMO 员工使用此优先级排序系统，并确保在日常运营中严格执行。
- **升级流程**。创建明确的升级流程，以解决潜在的 SLA 违约问题。当服务可能无法达到 SLA 目标时，升级流程应概述需要采取的步骤，包括需要通知谁以及在每个升级层级应采取的行动。确保所有 PMO 员工熟悉此流程，并在必要时能够启动它。
- **SLA 记录**。维护所有与 SLA 相关的活动和决策的详细记录。该记录包括记录 SLA 面临风险的情况，为处理这些情况而采取的行动，以及这些行动的成果。
- **以 SLA 为导向的文化**。在 PMO 团队内培养以 SLA 为导向的文化。定期强调满足 SLA 承诺的重要性，并表彰那些持续达成或超过 SLA 目标的 PMO 团队成员。考虑运用可视化的管理技术，例如，使用 SLA 绩效板，以确保 SLA 承诺在日常运营中始终被放在首位。
- **例外管理**。为可能影响 SLA 绩效的例外情况或特殊情况做好准备。例如，满足一项服务的 SLA 可能危及另一项服务的绩效，或者组织的优先级发生了意外变化。针对这些情况，制定做出明智决策的指南，始终以组织的整体价值交付为出发点。

3. 处理服务请求和咨询

- **请求跟踪系统**。建立完善的请求跟踪和管理系统（涉及从提交到解决的全流程）。该系统应允许对请求进行分类，以便将请求分配给适当的 PMO 团队成员，并能实时更新状态。可考虑将专用的服务管理工具与其他 PMO 系统集成，以实现数据流和报告的无缝对接。
- **请求的优先级排序**。开发优先级排序框架，以确保高影响或紧急请求得到及时关注。该框架应考虑请求与组织优先事项的一致性、对项目成功的潜在影响以及请求发起人的角色等因素。然而，务必保持平衡，以确保所有请求都得到适当的关注。

- **响应时间**。为不同类型的请求建立明确的 SLA，规定初始响应时间和解决时间框架。将这些标准传达给客户，并确保 PMO 团队能够持续满足这些标准。定期监督并报告对这些 SLA 的遵守情况。

- **特殊请求**。对于无法通过标准流程解决的复杂请求或时间敏感的请求，实施升级程序。明确定义升级的标准和应遵循的路径，确保在必要时有高级 PMO 员工或主题专家参与。

4. PMO 资源分配和工作量管理

- **PMO 资源池**。清晰掌握 PMO 资源池的概况。这包括了解每位团队成员的技能、可用性和当前工作量。定期更新这些信息，以考虑因休假、培训或其他承诺导致的资源能力变化。

- **资源分配**。建立完善的资源分配流程。该流程应考虑不同服务的优先级和复杂性，以及每项任务所需的特定技能。目标是，将任务与最合适的 PMO 团队成员匹配，同时考虑他们的专业知识和成长需要。寻找机会分配具有挑战性的任务，以提升 PMO 团队成员的能力并促进他们的职业发展。该流程不仅强化了 PMO 团队的整体能力，还有助于提高工作满意度和留任率。

- **工作量管理**。实施工作量管理系统，使 PMO 能够跟踪和平衡 PMO 团队的任务。该系统可能涉及使用项目管理软件或自定义仪表盘。目标是，确保工作分配公平，避免团队成员负担过大或被闲置。根据需求变化或意外事件动态调整资源分配。这种调整可能涉及将低优先级任务的资源重新分配至应对紧急需求的任务，或者在业务高峰期间引入额外资源。

- **PMO 团队沟通**。与团队的定期沟通对于有效的资源管理和工作量管理至关重要。举行每日或每周团队会议，讨论工作量，识别任何资源能力问题，并共同应对资源分配挑战。鼓励 PMO 团队成员在感到不堪重负或有能力承担额外任务时主动发声。

- **监督资源利用**。定期监督资源利用和生产力。寻找可能表明需要额外资源、培训或流程改进的模式或趋势。利用这些数据为未来的资源规划提供信息，并在必要时向高级管理层证明资源请求的合理性。

5. PMO 客户参与和沟通

- **沟通策略**。制订并维护客户沟通管理计划。该计划应概述与不同客户群体的定期接触点，例如，向项目经理提供每周更新，向高管提供月度报告，或者与部门负责人进行季度评审会议。根据每个群体的需要和兴趣调整沟通风格和内容。

- **沟通渠道**。提供多种沟通渠道，以有效接触客户。这些渠道可能包括电子邮件、简报、内联网更新、面对面会议或数字协作平台。关键要使 PMO 服务的信息易于获取，并鼓励双向沟通。

- **客户反馈**。定期征求客户对 PMO 服务体验的反馈。这些反馈可能涉及正式的调查问卷、非正式的沟通或专门的反馈会议。及时采取行动，展示 PMO 的响应能力和对持续改进的承诺。
- **值得信赖的顾问角色**。将 PMO 团队成员塑造成关键客户值得信赖的顾问。这不仅涉及交付服务，还涉及提供见解、建议和战略指导。在定义服务范围以外，寻找增加价值的机会，例如，分享行业趋势或最佳实践。
- **期望管理**。有效管理客户期望。明确 PMO 能做什么和不能做什么，并在服务交付中对任何限制或挑战保持透明。如果出现问题，及时沟通，并提出解决方案。
- **协作文化**。在 PMO 及其客户之间培养协作文化。鼓励客户将 PMO 视为实现项目和组织目标的合作伙伴。这种协作方式可以带来更有效的服务交付和更大的整体影响力。

6. PMO 风险和问题管理

- **风险管理框架**。为 PMO 服务制定全面的风险管理框架。该框架应包括风险识别、评估、减轻和监督流程。定期对每项服务进行风险评估，考虑资源可用性、技术变化和组织的优先事项等因素。
- **问题管理**。建立一个明确的流程，用于升级和管理服务交付期间出现的问题。该流程应包括定义问题，如何报告问题，谁负责解决问题以及如何向客户沟通解决方案。
- **风险和问题日志**。创建风险和问题日志，以跟踪可能影响服务交付的潜在威胁和持续挑战。定期审查和更新该日志，确保落实减轻措施，并从已解决的问题中获取经验。
- **应急计划**。为高影响风险制订应急计划。该计划应概述当风险发生时应采取的具体步骤，确保快速、有效地进行响应，以将服务中断的影响最小化。定期测试和更新应急计划，以确保它们保持相关性和有效性。
- **透明沟通**。与客户透明地沟通风险和问题。虽然避免引发不必要的恐慌很重要，但让客户了解潜在挑战及其应对方式可以建立信任，并展示 PMO 在服务管理方面的主动性。
- **分析模式**。定期分析风险和问题的模式，以识别潜在原因或系统性问题。利用这些见解推动服务设计或交付流程的长期改进。
- **PMO 团队发展**。在 PMO 团队内培养主动的风险管理文化。鼓励团队成员及早识别并报告潜在的风险或问题。提供有关风险管理技术的培训，并使风险讨论成为团队会议的常规议程。

7. 知识管理和能力建设

- **知识管理系统**。为 PMO 开发全面的知识管理系统。该系统应包括集中式存储库，用于记录流程、最佳实践、经验教训和服务方面的专业知识。确保该系统便于所有团队成员访问并保持最新。

- **知识获取**。建立从日常服务运营中获取知识的流程。该流程可能包括定期汇报会议、项目回顾，或者便于 PMO 团队成员随时记录见解或解决方案的系统。营造一种重视和奖励知识共享的文化。

- **服务文档**。为每项 PMO 服务创建并维护详细的文档。该文档应包括流程图、工作辅助工具、故障排除指南和常见问题解答。定期审查和更新该文档，以反映服务交付的任何变化或获得的新见解。

- **PMO 团队成员的入职培训**。开发新 PMO 团队成员入职培训和现有员工交叉培训的结构化方法。这种方法可确保知识转移的有效性，并使 PMO 具有灵活性，即使在关键团队成员缺席时仍能维持所有服务。

- **PMO 团队成员的发展**。定期评估 PMO 团队的技能和知识水平。识别能力差距，并制订有针对性的培训或发展计划来弥补差距。这些计划可能涉及内部培训课程、外部课程或在职学习机会。在 PMO 团队内进行指导，将经验较少的团队成员与经验丰富的专业人士配对，以促进知识转移并加速技能发展。

- **学习文化**。在 PMO 内培养学习文化。鼓励团队成员紧跟行业趋势，追求专业认证或参加相关会议。分配时间和资源用于持续学习和发展。

- **技术支持**。利用技术手段为知识管理和能力建设提供支持。这些技术可能包括协作工具、电子学习平台或 AI 驱动的知识库，使获取、共享和访问关键信息变得更加容易。

可操作的自我评估：衡量 PMO 服务运营的有效性

以下自我评估为 PMO 专业人士提供了一个全面的工具，以衡量其服务运营流程的有效性并识别改进领域。通过关注运营的关键方面，如 SLA 的执行、资源管理和客户参与，PMO 可以确保他们不仅满足而且超越组织对服务交付的期望。

说明： 请对 PMO 在每个领域的表现进行评分（1~5 分），其中：

1 分=完全不适用/无效

2 分=很少/较差

3 分=有时/一般

4 分=经常/良好

5 分=总是/优秀

1. 日常 PMO 服务交付管理	
问题	评分
a）我们确保每项 PMO 服务都按照既定的流程和质量标准交付。	
b）我们有效地排序任务的优先级，并在预订服务与临时请求之间保持平衡。	
c）我们建立了处理 PMO 服务请求的清晰沟通渠道。	
d）我们积极监督 PMO 服务交付，以识别并及时解决问题。	
e）我们定期审查 PMO 服务交付的绩效，以识别改进机会。	
	小计

2. 执行 PMO 服务水平协议（SLA）	
问题	评分
a）我们定期评审 SLA 及其绩效目标，以确保合规性。	
b）我们基于 SLA 承诺，使用完善的系统来排序 PMO 服务请求的优先级。	
c）我们创建了明确的升级流程，用于解决潜在的 SLA 违约问题。	
d）我们维护与 SLA 相关的活动和决策的详细记录。	
e）我们在 PMO 团队内培养以 SLA 为导向的文化。	
	小计

3. 处理服务请求和咨询	
问题	评分
a）我们建立了完善的 PMO 服务请求跟踪和管理系统（涉及从提交到解决的全流程）。	
b）我们根据组织的优先事项和影响，对 PMO 客户的请求进行优先级排序，以确保及时关注。	
c）我们建立了明确的 SLA，规定了初始响应时间和解决时间框架，并且我们持续满足这些标准。	
d）对于复杂请求或 PMO 客户的紧急请求，我们建立了升级程序。	
e）我们定期审查和更新服务请求的管理流程，以提高效率和 PMO 客户的满意度。	
	小计

4. PMO 资源分配和工作量管理	
问题	评分
a）我们掌握 PMO 资源池和各个 PMO 团队成员资源能力的最新概况。	
b）我们根据 PMO 团队成员的技能和工作量来有效地匹配任务。	
c）我们使用工具或系统来平衡和跟踪 PMO 团队的工作量。	
d）我们与 PMO 团队定期沟通，以管理资源和解决资源能力问题。	
e）我们监督资源利用率和生产力，以确保有效利用 PMO 能力。	
	小计

5. PMO 客户参与和沟通	
问题	评分
a）我们制订了明确的 PMO 客户沟通管理计划，该计划与不同群体的需要相一致。	
b）我们使用多种沟通渠道来有效地接触所有 PMO 客户。	
c）我们积极征求 PMO 客户对 PMO 服务的反馈，并及时采取行动。	
d）我们透明、有效地管理 PMO 客户期望。	
e）我们在 PMO 团队及 PMO 客户之间培养协作文化。	
	小计

6. PMO 风险和问题管理	
问题	评分
a）我们为 PMO 服务制定了全面的风险管理框架。	
b）我们建立了在服务交付期间升级和管理问题的流程。	
c）我们创建了详细的风险和问题日志，定期更新并落实减轻措施。	
d）我们为高影响风险制订应急计划，并定期对其进行测试。	
e）我们与客户就风险和问题进行透明的沟通。	
	小计

7. 知识管理和能力建设	
问题	评分
a）我们开发了集中式知识管理系统，所有 PMO 团队成员都可以访问。	
b）我们建立了从日常 PMO 服务运营中获取和分享知识的流程。	
c）我们维护 PMO 服务文档的更新，并促进持续的培训和发展。	
d）我们利用技术手段来加强 PMO 的知识管理和能力建设。	
e）我们定期审查和改进 PMO 知识管理实践，以确保它们与不断变化的 PMO 团队和组织需要保持一致。	
	小计
	总分

评分和解读：将所有 35 个问题的评分相加。

优秀（154~175 分）。你的 PMO 在服务运营方面表现出色，请始终如一地提供高质量服务并维护牢固的客户关系。继续创新并完善流程。

良好（131~153 分）。你的 PMO 在服务运营方面表现良好，但在某些领域可以改进，以进一步优化服务交付并提高客户满意度。

一般（102~130 分）。你的 PMO 已建立了基础的服务运营流程，但需要一些改进以满足更高的标准。

较差（68~101 分）。你的 PMO 在服务运营实践中存在关键差距，需要立即关注以防止服务中断。

极差（35~67 分）。需要紧急采取行动以建立基本的服务运营能力，并确保 PMO 的服务交付保持稳定。

展望下一章

本章探讨了 PMO 飞轮中服务运营步骤的细节，展示了如何管理 PMO 服务的日常交付，以及如何确保这些服务持续满足 PMO 客户的需要并提供价值。该步骤需要一个结构化的方法来跟踪和评估 PMO 的交付绩效。

在下一章，我们将详细介绍服务监督步骤（衡量和评估 PMO 服务有效性的流程），探讨关键绩效指标（KPI）的定义、数据的收集和分析以及使用成果推动持续改进的策略。通过掌握这一步骤，PMO 专业人士可以确保其服务与客户期望和组织目标保持一致。

第 20 章

步骤 7：服务监督

为什么本章对 PMO 专业人士很重要

在 PMO 飞轮中，服务监督步骤对 PMO 专业人士至关重要，因为它强调了服务交付的效能和效率。掌握服务监督步骤至关重要，因为它为 PMO 履行承诺并交付 PMO 价值主张中定义的服务提供了有力证据。

对于 PMO 专业人士来说，有效的服务监督区分了服务输出和服务成果，提供了对即时结果和更广泛影响的清晰理解。该步骤对 PMO 专业人士至关重要，因为它有助于维持服务的高标准，建立客户信任，并推动 PMO 流程和成熟度的改进，从而强化 PMO 在组织内的价值。

服务监督步骤概览

在 PMO 环境中，服务监督是一个关键流程，它能实时反映服务交付效能和效率。这种系统化的方法通过对照预定标准来跟踪、测量和评估 PMO 服务，以确保 PMO 始终满足或超过其对 PMO 客户的承诺（见图 20-1）。

本质上，服务监督关注 PMO 服务的有形输出，提供绩效的具体证据。通过定期跟踪关键绩效指标（KPI）和遵守服务水平协议（SLA），这一流程有助于确保服务交付的一致性和质量。服务监督将充当早期预警系统，可在潜在问题升级为重大问题之前识别它们。

通过服务监督收集的数据，能够为资源分配和服务改进提供实时的决策支持。这种数据驱动的方法不仅提高了运营效率，还展示了 PMO 对问责和持续改进的承诺。通过不断满足或超过绩效目标，PMO 在组织内能与客户建立信誉和信任。

图 20-1　PMO 飞轮中的服务监督步骤

总之，服务监督是 PMO 绩效的"脉搏"，提供指示 PMO 服务健康度和效率的重要信号。该步骤将质量和效率的抽象概念转化为可衡量的指标，清晰展现了 PMO 的即时影响和价值。通过对服务绩效的持续关注，PMO 将成为可靠、高绩效的实体机构，能够适应不断变化的组织需要并持续提供价值。

跟踪 PMO 服务的有效性对于确保这些服务高效交付并满足预期的标准、流程、SLA 和 PMO 客户期望至关重要。

SLA 明确了 PMO 承诺实现的具体绩效基准，使其成为设定和衡量服务期望的关键框架。然而，在此背景下，区分两种类型的绩效指标很重要：一是专注于服务交付的指标（服务交付指标）；二是以成果为中心的指标（成果指标）。成果指标评估服务产生的最终价值或影响（如提高的项目成功率或 ROI），服务交付指标衡量 PMO 在提供服务时的效率和专业度，通常基于 SLA 承诺。

服务交付指标主要评估 PMO 按照 SLA 和内部标准执行服务的效果。这些指标解决以下问题：

◆ 服务是否一致且按时提供？

- 是否遵循了方法论?
- 是否满足了 SLA?

例如，在资源管理中，服务交付指标可以衡量资源分配的及时性和准确性，确保在需要的时间和地点有合适的人员可用。虽然这个指标不直接衡量项目成功或客户满意度，但它确实提供了有关资源管理流程的质量和 SLA 合规性的重要见解。

关注与 SLA 相关的服务交付指标可为 PMO 带来多重收益。首先，服务交付指标有助于识别服务本身的低效或需要改进的领域。例如，如果 PMO 的方法论管理服务经常无法满足与及时性或一致性相关的 SLA，这可能表明需要改进流程，提供额外培训或制定更清晰的指导方针。这种洞察力使 PMO 能够采取纠正措施并简化其流程，确保所有服务都以一致的高标准交付。此外，这些指标也为问责制提供了支持，通过具体指标来衡量每项服务是否满足约定的 SLA，从而强化 PMO 提供可靠且高效支持的承诺。

其次，服务交付指标为结果导向的绩效奠定了基础。高效、符合 SLA 的服务交付通常为实现期望成果奠定基础。例如，在变更管理中满足 SLA 基准的 PMO（例如，在指定时间框架内处理特定比例的变更请求）更有可能避免项目延误和预算超支。这种服务执行的熟练度营造了稳定的环境，使项目成果更有可能与战略目标保持一致。

除了服务交付指标，PMO 还需要关注成果指标，成果指标提供了服务随时间创造价值的见解。成果指标对于评估服务的广泛影响和与战略目标的一致性至关重要。成果指标解决以下问题：

- 服务是否提高了项目成功率?
- 客户对项目成果是否更满意?
- 是否在可衡量的 ROI 或资源利用率上有所提高?

在 PMO 价值环™框架的第 9 步和第 10 步会对成果进行评估，这两个步骤分别被称为价值交付和价值认可。

综合来看，服务交付指标（基于 SLA）和成果指标共同提供了 PMO 绩效的全面视图。服务交付指标确保 PMO 在既定的 SLA 内高效运作，而成果指标则验证 PMO 对组织的价值。这种平衡的方法使 PMO 能够改进其流程，持续履行承诺，并展示可量化的价值，从而更紧密地与组织的战略目标对齐。

表 20-1 提供了针对特定 PMO 服务的指标示例。每个指标都强调了客观、以结果为导向的衡量标准在展示 PMO 对卓越运营和有效服务交付承诺方面的重要性。

表 20-1　PMO 服务交付绩效指标示例

服　　务	绩效指标	目　　标
方法论和框架管理	标准化方法论的遵循率	衡量遵循 PMO 制定的标准化方法论和框架的项目百分比
系统和工具管理	系统支持请求的平均响应时间	跟踪响应和解决与 PMO 系统及工具相关的问题或支持请求所需的平均时间
培训和发展	培训项目的参与率	跟踪参加预订培训和发展课程的目标员工的百分比
项目管理	项目里程碑的按时交付率	衡量按时交付的项目里程碑的百分比
干系人参与	与干系人沟通的频率	衡量在指定期间向干系人提供的正式沟通或更新的数量

将服务交付指标按特定类别进行组织，使 PMO 能够系统地管理日常绩效，将每项活动与定义的 SLA 承诺对齐。这种结构化的方法为监督和提高运营效果创建了清晰的框架，使 PMO 能够持续提供高质量的服务，满足客户期望，并及时解决任何出现的问题。按其关注点和影响划分的主要服务交付指标类型包括：

- **效率指标**。效率指标用于确保在交付 PMO 服务时有效利用资源，如时间、预算和人员。通过跟踪完成任务所需的时间、预算执行情况和资源利用率等指标，PMO 可以识别瓶颈并优化流程，以满足资源使用的 SLA 要求，确保服务按时并在预算内交付。

- **质量指标**。质量指标用于评估 PMO 服务是否符合预定义的准确性、一致性和可靠性标准。跟踪质量标准的合规性、错误率或返工率以及客户对服务质量的满意度，以保持高标准并建立信任。这些指标有助于确保服务始终符合 SLA 质量承诺，减少错误并保障可靠性。

- **合规性指标**。合规性指标用于衡量 PMO 对内部政策、监管要求和 SLA 规定的治理标准的遵守情况。例如，通过采用方法论采用率、审计合规率和监管遵守率等指标，可有效防范组织风险，并有助于确保所有服务交付实践符合必要的标准，这对于运营完整性至关重要。

- **生产力指标**。生产力指标用于评估 PMO 团队成员完成与服务交付相关任务的有效性。通过跟踪任务完成率、每小时的产出和交付物数量，PMO 可以优化工作流程并确保团队成员达到 SLA 规定的生产力目标。这有助于 PMO 在设定的时间表内满足服务交付期望。

- **满意度指标**。满意度指标用于反映客户对 PMO 服务交付的感知，提供服务是否满足 SLA 概述的交付期望的见解。利用满意度调查、服务反馈和服务质量评级等工具，PMO 可以进行适当调整以更好地符合满意度标准，确保客户始终对服务感到满意。

- **及时性指标**。及时性指标用于衡量 PMO 在交付服务方面的响应速度和效率，确保符合与响应时间和截止日期相关的 SLA 承诺。响应时间、问题解决时间和按计划完成的项目百分比等指标可以帮助 PMO 保持 SLA 所期望的一致性和及时性。
- **适应性指标**。适应性指标用于评估 PMO 在 SLA 范围内响应需求变化的能力。跟踪成功变更的实施率、资源重新分配时间和优先级调整的灵活性等指标，PMO 可以确保在不降低服务质量或及时性的情况下满足变化的需求。
- **沟通指标**。沟通指标用于监督 PMO 与客户之间的沟通清晰度、透明度和频率，如 SLA 中所规定的。这些指标跟踪更新频率、报告清晰度和客户对沟通效果的反馈等，确保客户始终知情并与 PMO 保持一致。
- **风险管理指标**。风险管理指标用于衡量 PMO 识别、评估和减轻服务交付风险的能力，确保服务的稳定性与 SLA 承诺保持一致。通过跟踪风险评估的频率、已减轻风险的百分比以及客户对风险管理实践的信心等指标，可以预防服务中断，确保服务的稳定性和可靠性。

实施服务监督步骤

1. 建立全面的 PMO 服务监督框架

- **服务绩效的测量过程**。开发标准化的数据收集和分析方法。这个过程可能涉及实施自动化跟踪系统，创建自定义报告的工具或将现有的项目管理软件与监督功能集成。目标是，开发一致、可靠的方法来收集所有 PMO 服务的绩效数据。
- **服务绩效仪表盘**。创建集中式仪表盘或报告系统，提供对服务绩效的实时可见性。该仪表盘应提供高层级的概览并可深入查看特定服务或指标。考虑使用数据可视化技术使信息易于理解和操作。
- **监督进度**。为定期监督活动制订进度计划。该计划可能包括关键指标的日常检查、每周绩效评估和每月综合分析。监督的频率应根据每项服务的特点和 SLA 规定的要求进行调整。
- **PMO 团队的角色和职责**。明确 PMO 团队在监督活动中的角色和职责。该流程包括指定负责每项服务的数据收集、分析和报告的人员。提供培训以确保所有团队成员理解监督框架及其在框架中的角色。

2. 管理 SLA 合规性

- **SLA 合规系统**。建立跟踪 SLA 合规性的系统。该系统应提供当前绩效与 SLA 目标的对比情况。考虑使用交通灯系统（红、黄、绿）快速标识出符合 SLA、有违约风险或已经出现 SLA 违约的服务。

- **SLA 绩效评审流程**。建立定期评审 SLA 绩效的流程。该流程可能涉及每周检查所有 SLA 和更深入的月度评审。在这些评审中，不仅要评估 SLA 是否得到满足，还要评估绩效与商定目标的接近程度。寻找可能预示未来合规性问题的趋势。

- **SLA 违约**。建立明确的升级流程，以处理 SLA 违约或临近违约的情况。该流程应概述当服务出现不满足 SLA 的风险时需要采取的步骤，包括需要通知的人员和应采取的行动。确保该流程得到良好记录，并为所有 PMO 团队成员所理解。

- **SLA 不合规的记录**。创建一个系统来记录所有 SLA 不合规的实例，包括导致违约的情况、采取的应对措施以及预防复发的解决方案。这些文档对于展示问责制和指导未来的改进工作至关重要。

- **SLA 评审**。定期评审现有 SLA 的相关性和合理性。随着组织需要和 PMO 能力的发展，可能需要调整一些 SLA。结合持续监督获得的见解来指导这些评审，并协商必要的 SLA 条款变更。

- **服务开发**。确保将从 SLA 评审中获得的经验反馈至服务开发步骤。有关现实绩效目标、变化的客户需要或新兴服务优先级的见解可为 PMO 服务的持续发展提供指导。

3. SLA 绩效报告和沟通

- **绩效报告**。定期向 PMO 客户沟通 SLA 绩效。这种沟通可能包括每月或每季度的 SLA 合规性报告，提供所有 SLA 绩效的清晰概况。对于任何违约情况或面临的挑战都要保持透明，并利用这些沟通机会展示 PMO 履行服务承诺的决心。

- **报告进度**。建立与组织节奏和决策周期相一致的定期报告时间表。这个报告进度可能涉及每日绩效快照、每周总结报告、每月详细分析和季度战略审查。确保报告的频率和深度适合每个 PMO 客户群体。

- **报告内容**。采用数据可视化技术，使监督成果更易于理解和更具影响力。使用表格、图形和信息图来突出关键趋势、对比和与目标绩效的差距。考虑使用交互式仪表盘，让 PMO 客户自行探索数据。围绕监督成果创建清晰一致的叙述。这个叙述应该解释数据的含义、重要性以及因此采取了哪些行动。利用这个叙述来加强服务绩效与组织价值之间的联系。

- **报告渠道**。建立多个渠道来沟通监督成果。这些渠道可能包括电子邮件报告、管理层会议中的演示、内部协作平台的更新或专门的绩效评审会议。根据不同 PMO 客户群体的偏好和需要裁剪沟通方法。

4. 收集和分析 PMO 客户反馈

- **客户满意度测量**。为衡量不同服务中的 PMO 客户满意度，创建标准化的话术或指标。这种标准化的测量将有助于确保反馈收集的一致性，并在不同服务之间实现有意义的比较。

- **客户反馈收集**。建立一个系统来收集和分析 PMO 客户反馈。该系统可能涉及使用调查工具，在满意度评分较低或出现负面评论时提供即时通知，以便快速跟进和解决问题。

- **客户反馈分析**。定期分析收集到的客户反馈，以识别服务中的趋势、常见问题或表现出色的领域。通过寻找 PMO 客户满意度数据与其他绩效指标之间的相关性，可以更全面地了解服务质量。使用文本分析技术从客户的定性反馈中提取有价值的信息。这种分析有助于发现那些可能仅靠定量指标无法捕捉的重复主题或问题。同时，可以考虑使用情感分析工具来评估客户反馈的整体情绪倾向。

- **客户反馈响应**。建立处理 PMO 客户反馈的流程。该流程应包括解决个别投诉或问题的步骤，以及将更广泛的反馈趋势纳入服务改进计划的机制。通过向客户反馈其意见如何被用于改进服务，来形成反馈循环。这个反馈循环表明，PMO 重视客户反馈，并致力于根据用户需要和体验不断提升其服务。

可操作的自我评估：衡量 PMO 服务监督的有效性

以下自我评估可帮助 PMO 专业人士衡量其在监督服务交付、管理 SLA 合规性以及处理 PMO 客户反馈方面的有效性。通过关注关键运营指标，PMO 可以确保他们持续满足绩效目标，与 PMO 客户建立信任，并不断提高服务质量。

说明：请对 PMO 在每个领域的表现进行评分（1~5 分），其中：

1 分=完全不适用/无效
2 分=很少/较差
3 分=有时/一般
4 分=经常/良好
5 分=总是/优秀

1. 建立全面的 PMO 服务监督框架	
问题	评分
a）我们为所有 PMO 服务建立了标准化的和可靠的数据收集流程。	
b）我们使用集中式仪表盘或报告系统来监督实时服务绩效。	
c）我们为定期监督 PMO 服务绩效活动制订进度计划（如每日、每周、每月）。	
d）我们在 PMO 团队内明确了数据收集、分析和报告的角色和职责。	
e）我们提供培训以确保所有 PMO 团队成员都理解 PMO 服务监督框架。	
	小计

2. 管理 SLA 合规性	
问题	评分
a）我们建立了一个系统来跟踪所有服务的 SLA 合规性。	
b）我们定期评审 SLA 绩效，识别存在不合规风险的领域。	
c）我们建立了针对潜在 SLA 违约的升级流程，该流程得到良好记录，并为所有 PMO 团队成员所理解。	
d）我们记录了所有 SLA 不合规的实例，并将这些记录用于未来改进。	
e）我们定期评审和调整 SLA，以确保它们与组织需要相关。	
	小计

3. SLA 绩效报告和沟通	
问题	评分
a）我们定期以透明的方式与 PMO 客户沟通 SLA 绩效。	
b）我们的报告进度与组织节奏和决策周期相一致。	
c）我们使用数据可视化技术（如表格、图形）使 PMO 服务监督成果更易于访问。	
d）我们围绕 PMO 服务监督成果创建清晰的叙述，解释其相关性和需要采取的行动。	
e）我们使用多种渠道（如电子邮件、会议、仪表盘）来有效沟通 PMO 服务的绩效结果。	
	小计

4. 收集和分析 PMO 客户反馈	
问题	评分
a）我们使用标准化的话术或指标来衡量不同服务中的 PMO 客户满意度。	
b）我们建立了反馈收集系统，以获取 PMO 客户的实时反馈。	
c）我们定期分析 PMO 客户反馈，以识别趋势、问题和优势领域。	
d）我们使用定量和定性反馈来强化我们对 PMO 服务质量的理解。	
e）我们通过向 PMO 客户反馈其意见如何影响服务改进来形成反馈循环。	
	小计
	总分

评分和解读：将所有 20 个问题的评分相加。

优秀（89~100 分）。你的 PMO 在服务监督方面表现出色，确保了高标准的服务交付，并通过透明度和问责制建立客户信任。

良好（76~88 分）。你的 PMO 拥有稳固的监督框架，但可以在特定领域进行改进，以提升服务管理和沟通效果。

一般（59~75 分）。你的 PMO 已建立基本监督流程，但需要一些改进来提高透明度、SLA 管理和客户满意度。

较差（39~58 分）。你的 PMO 在服务监督能力上存在差距。应专注于建立结构化的框架并改进报告机制，以强化服务可靠性。

极差（20~38 分）。亟须关注，并建立监督框架。优先建立基本的数据收集、SLA 合规性和报告流程。

展望下一章

本章详细解释了服务监督以及跟踪和评估 PMO 服务绩效的具体方法。在下一章，我们将关注 PMO 服务改进和成熟度提升。

在 PMO 飞轮中，服务改进步骤提供了一种结构化的方法，通过使用绩效数据、客户反馈和对组织变革的适应来提升 PMO 服务的成熟度。在下一章，我们将介绍：识别改进领域；排序关键改进的优先级；实施提高服务价值和效能的变革策略。通过优化这一步骤，PMO 专业人士可以确保其服务持续适应不断变化的 PMO 客户需要和组织目标。

第 21 章

步骤 8：服务改进

为什么本章对 PMO 专业人士很重要

在 PMO 飞轮中，服务改进步骤对 PMO 专业人士至关重要，因为它直接提升了 PMO 向客户和组织交付价值的能力。该步骤专注于提高 PMO 服务的成熟度，使 PMO 专业人士能够将 PMO 服务从基础功能升级至精细的高阶服务。随着服务成熟度的提高，这将显著增加实现预期成果并提供有效价值的可能性。

对于旨在从运营效率转向价值影响的 PMO 专业人士来说，这种成熟度的提升至关重要，他们。服务改进使 PMO 专业人士能够开发不仅满足当前需要而且预见未来挑战的服务，并将 PMO 定位为主动的、价值驱动的实体机构。

专注于服务成熟度为 PMO 专业人士提供了结构化的方法来进行持续改进，使他们能够量化展示 PMO 服务随时间的演变。这种在 PMO 服务精细化和有效性方面的切实进展，是 PMO 价值不断增加的有力证据，巩固了 PMO 在组织中的地位，并确保为其进一步发展获得持续的支持和资源。

服务改进步骤概览

服务改进步骤提供了一种结构化的方法，旨在提升 PMO 服务的成熟度、有效性和整体价值。在 PMO 飞轮中，该步骤强调持续循环评估当前服务的成熟度，识别关键发展领域，并实施有针对性的改进措施以提升服务成熟度（见图 21-1）。

服务改进涉及评估、规划、实施和评审的持续循环。关键方面包括分析数据、收集客户反馈、对标行业标准，以及借鉴 PMO 新兴实践。

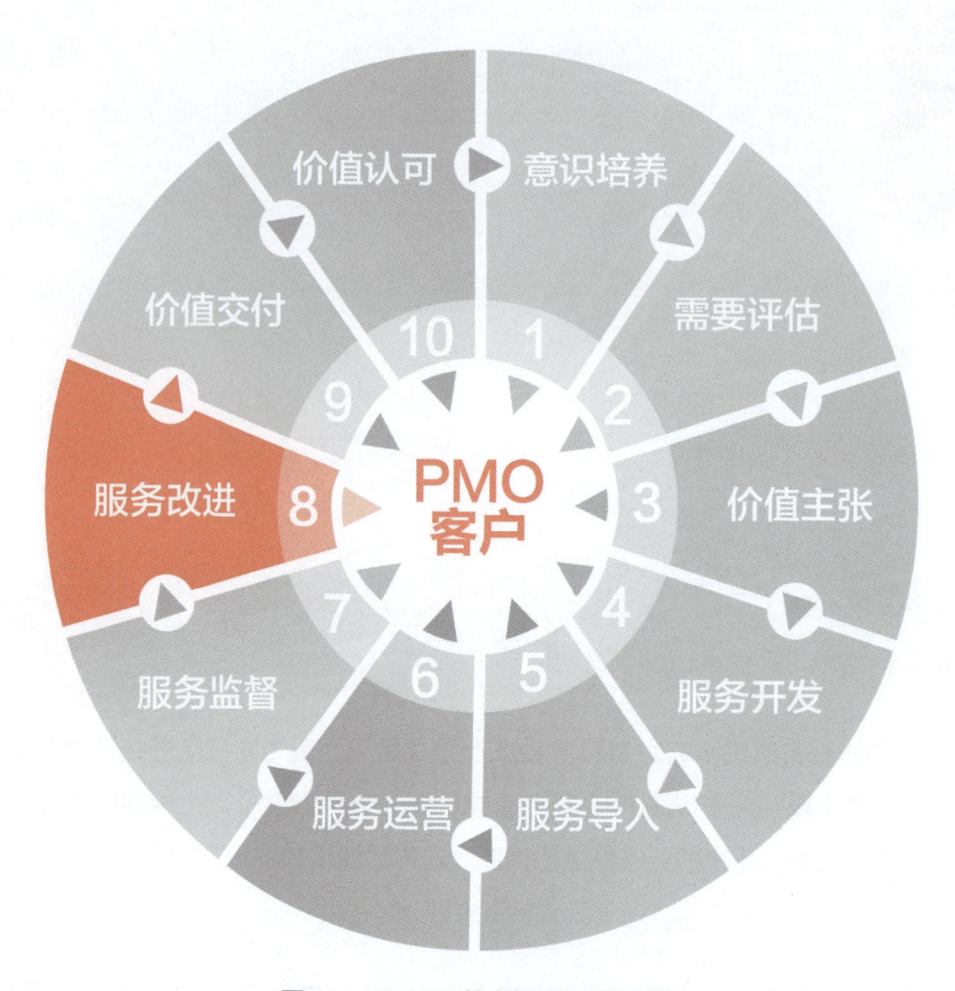

图 21-1　PMO 飞轮中的服务改进步骤

服务改进流程可能包括：优化现有服务，开发新服务或淘汰过时的服务。服务的优化通常需要组织内跨部门的协作，并可能需要在流程、工具或技能方面进行变更。成功的服务改进结果是，PMO 服务更加精细化，能更好地与组织战略对齐，执行更高效，并且能更有效地交付预期成果。

实施服务改进步骤

1. 进行全面的 PMO 服务成熟度评估

◆ **PMO 服务成熟度评估**。使用清晰的 PMO 成熟度模型来评估每项 PMO 服务的当前成熟度级别。为模型中的每个成熟度级别定义具体标准。根据这些标准评估每项服务，以确定其当前状态。请注意，组织成熟度模型和 PMO 成熟度模型是不同的：前者衡量组织在项目组合、项目集和项目管理方面的成熟度，后者衡量每项 PMO 服务的成熟度，即 PMO 提供服务的精细程度。在附录 X3，提供了用于评估 PMO 服务成熟度的模型，涉及 26 项最常见的 PMO 服务。

- **PMO 服务成熟度报告**。在综合报告中记录评估结果，包括对每项服务和整体 PMO 成熟度的详细分析。该报告将作为衡量未来进展的基准，并为制定服务改进路线图提供依据。

2. 分析成熟度差距和 PMO 服务的改进机会

- **PMO 服务成熟度的差距分析**。进行差距分析，以将当前成熟度状态与期望的未来状态进行对比。差距分析可识别最需要改进的关键领域，并为改进计划的优先级排序提供指导。差距分析需要深入评估结果，以了解成熟度差距的根本原因，并识别最具影响力的改进领域。在定义期望的成熟度级别时，要考虑组织和长期战略目标的即时需要。
- **识别和细化改进机会**。分析已识别的差距并确定具体的改进机会。基于多种因素对改进机会进行优先级排序。考虑对服务效果的潜在影响、与 PMO 客户需要的一致性、与组织战略的一致性、实施的复杂性和资源需求。分析不同服务和改进机会之间的相互依赖性。一些改进措施可能具有连锁效应，会对多项服务或多个成熟度维度产生积极影响。识别这些协同效应有助于制定更有效的改进策略。
- **快速见效**。寻找可以快速见效（能快速实施且资源消耗最小，同时还能提供显著收益）的改进。这些改进有助于积累动力并展示改进过程的早期价值。
- **可行性分析**。对每个主要改进机会进行成本收益分析。估算实施所需的资源，以及在提高效率、效果和价值交付方面的潜在收益。该分析对于构建改进计划的业务论证至关重要。
- **报告成熟度改进建议**。将该分析结果详细记录在报告中，包括已排序优先级的改进机会、其潜在影响和应对建议。该报告将作为制定服务改进路线图的关键输入。

3. 制定 PMO 服务改进路线图

- **设定目标和目的**。为每项服务改进计划设定明确、可衡量的目标，并直接将目标与增加价值交付的目的联系起来。将这些目标与 PMO 的整体目的对齐。
- **分阶段的实施方法**。制定分阶段实施改进的方法。从可以展示即时价值的"快速见效"开始，然后是中期强化和长期转型变革。分阶段的实施方法有助于有效管理资源，并在整个改进过程中积累动力。
- **实施时间表**。为服务改进流程的每个阶段创建详细的时间表。包括关键里程碑、可交付物和决策点。考虑使用甘特图或其他项目管理工具来将该时间表与不同计划之间的依赖关系可视化。
- **所有权和职责**。为每个改进计划分配明确的所有权和职责。识别谁将负责领导每个计划，谁需要参与，以及谁应被告知。这种角色和责任的明确性对于成功实施至关重要。

- **资源规划**。为每个改进计划制订资源计划。这包括估算所需的预算、人员、技术和其他成功实施所需的资源。确保这些资源需求是现实的，并与组织的约束保持一致。
- **整体 PMO 成熟度**。将强化 PMO 实施 PMO 价值环™框架的计划融入整体改进路线图。这样的规划有助于推进 PMO 服务成熟度的提升。

4. 实施 PMO 服务强化措施

- **实施团队**。建立负责推动强化措施的实施团队或工作组。该团队应具备相应的技能组合，包括项目管理、变更管理以及与正在改进的服务相关的特定专业知识等。确保该团队拥有必要的权限和资源，以有效领导实施工作。
- **实施计划**。为每项强化措施制订详细的实施计划。这些计划应将改进流程分解为具体的任务，分配职责，设定时间表，并识别关键的依赖关系。使用项目管理方法来构建这些计划，确保已考虑了实施工作的所有方面。采用滚动式规划流程以进行服务改进，专注于短期（如未来 3~6 个月）的详细计划，同时要有长期愿景，并为长期制订更广泛、更灵活的计划。
- **试点方法**。在适当情况下从试点实施开始。这种方法允许在受控环境下测试和完善强化措施，然后再进行全面推广。选择具有代表性的用户群体作为试点，他们可以提供有价值的反馈。
- **变更管理**。实施稳健的变更管理策略以支持强化服务的落地。该策略包括制订全面的沟通管理计划，让所有客户了解变更、其收益及其潜在影响。开展培训课程以确保用户为新的或修改后的流程和工具做好准备。
- **保持灵活性**。在实施过程中保持灵活性和适应性。虽然拥有明确的计划很重要，但也要认识到，优先级可能发生变更，新的机会可能出现。要定期进行审查，以便在必要时重新评估和调整路线图。
- **实施进度指标**。创建清晰的指标来跟踪实施进度。这些指标应包括过程指标（如达成的里程碑、完成的任务）和成果指标（如提升的服务绩效和用户满意度）。定期监督这些指标并向客户报告进展。
- **风险管理**。在整个实施过程中主动管理风险。定期重新评估潜在风险并制定风险减轻策略。准备好迅速解决实施过程中出现的任何问题，以尽量减少对 PMO 持续运营的干扰。

5. 管理反馈和经验教训

- **客户反馈**。建立反馈机制，在整个实施过程中从 PMO 客户那里收集反馈。该过程可能包括定期沟通、调查问卷或反馈会议。根据需要，使用这些输入对实施方法进行实时调整。

- **经验教训**。在整个实施过程中记录经验教训。定期回顾实施方法中哪些方面运作良好，哪些方面可以改进。利用这些见解来完善未来的强化计划，并为 PMO 的整体知识库做出贡献。

6. 过渡至 PMO 服务运营或实施

- **明确过渡标准**。制定明确的标准，说明何时以及如何从服务改进过渡至持续的服务运营。这种明确性有助于确保每个人都理解表明运营准备就绪或需要进一步导入的基准。
- **制订过渡计划**。制订全面的过渡计划，概述从实施团队到运营团队的交接流程和职责划分。该计划应详细说明时间表、关键活动和沟通策略，以实现无缝交接。
- **持续支持和监督**。建立持续支持机制和监督实践，确保已强化的服务成功整合至日常运营。持续支持有助于及时解决任何问题并保持服务质量。
- **建立持续的服务评审**。定期进行服务评审，以评估服务改进的长期成功和绩效。这些评审使团队能够识别进一步改进的机会，并确保服务可以持续满足组织需要。
- **确保客户沟通和支持**。在过渡至全面服务运营期间，使 PMO 客户充分了解并提供支持。有效的沟通有助于管理期望，建立信任，并鼓励 PMO 客户参与新服务。
- **持续改进计划**。制定策略以维护并持续改进已强化的服务，即使在初始实施阶段完成后也是如此。这种主动的方法有助于确保服务随着时间的推移保持相关性和价值。

可操作的自我评估：衡量 PMO 服务改进的有效性

以下自我评估为 PMO 专业人士提供了结构化的方法，以衡量其服务改进的有效性。这有助于确保 PMO 能够提升服务成熟度，识别关键改进机会，并通过完善服务以及与战略目标保持一致，来持续为组织提供价值。

说明：请对 PMO 在每个领域的表现进行评分（1~5 分），其中：

1 分=完全不适用/无效
2 分=很少/较差
3 分=有时/一般
4 分=经常/良好
5 分=总是/优秀

1. 进行全面的 PMO 服务成熟度评估	
问题	评分
a）我们有清晰的 PMO 成熟度模型来评估每项 PMO 服务的当前状态。	
b）我们的 PMO 成熟度评估可识别每项 PMO 服务的具体优势和差距。	
c）我们保存了详细的 PMO 服务成熟度评估报告以供日后参考。	
d）我们使用 PMO 成熟度评估来为 PMO 服务改进计划和服务改进路线图提供依据。	
e）我们定期评审和更新 PMO 服务成熟度标准，以反映不断变化的业务需要。	
	小计

2. 分析成熟度差距和 PMO 服务的改进机会	
问题	评分
a）我们进行了全面的差距分析，以识别 PMO 服务改进的最关键领域。	
b）我们根据影响、PMO 客户需要和战略对齐排序 PMO 服务改进机会的优先级。	
c）我们定期识别快速见效的改进，以在改进过程的早期展示 PMO 服务的价值。	
d）我们进行了可行性分析，以确保 PMO 服务的改进机会是现实的和可实现的。	
e）我们记录了有关 PMO 服务改进的发现和建议，并将其传达给关键 PMO 客户。	
	小计

3. 制定 PMO 服务改进路线图

问题	评分
a）我们为每项 PMO 服务的改进计划都设定明确、可衡量的目标和目的。	
b）我们的 PMO 服务改进路线图包括分阶段的方法，以平衡快速见效和长期强化。	
c）我们为 PMO 服务改进流程的每个阶段都设定了时间表和里程碑。	
d）我们为每项 PMO 服务改进计划分配了明确的所有权和职责。	
e）我们合理分配 PMO 资源，确保有足够的人员、预算和技术来支持 PMO 的服务改进。	
	小计

4. 实施 PMO 服务强化措施

问题	评分
a）我们组建了专门的 PMO 实施团队，具备推动 PMO 服务改进的必要技能。	
b）我们制订了详细的实施计划，将 PMO 服务改进流程分解为可管理的任务。	
c）我们先在小规模、具有代表性的群体中试点改进措施，然后再进行全面推广。	
d）我们的变更管理策略为 PMO 客户和 PMO 团队成员采用强化的 PMO 服务提供支持。	
e）我们建立了明确的进度指标，并定期监督 PMO 服务的实施进度。	
	小计

5. 管理反馈和经验教训

问题	评分
a）我们在整个服务改进过程中收集了客户反馈。	
b）我们根据客户反馈对服务改进进行实时调整。	
c）我们在实施服务强化期间积极管理了风险。	
d）从每项改进计划中获得的经验教训都被记录下来，并在 PMO 内部分享。	
e）我们利用经验教训来完善未来的改进计划，并为 PMO 的持续发展做出贡献。	
	小计

6. 过渡至 PMO 服务运营或实施	
问题	评分
a）我们定义了从服务改进过渡至持续运营的明确标准。	
b）我们制订了过渡计划，确保实施团队与运营团队之间的顺利交接。	
c）我们持续提供支持和监督，以确保将服务成功整合至运营。	
d）我们建立了持续的服务评审机制，以跟踪服务改进的长期成功。	
e）在整个过渡至全面服务运营期间，我们的客户得到了充分的告知和支持。	
小计	
总分	

评分和解读：将所有 30 个问题的评分相加。

优秀（134~150 分）。你的 PMO 在 PMO 服务改进方面表现出色，持续提升 PMO 服务的成熟度，并向组织提供可衡量的价值。

良好（114~133 分）。你的 PMO 在 PMO 服务改进方面拥有完善的框架，但仍有可改进的空间，以进一步提高其整体影响力和 PMO 成熟度。

一般（89~113 分）。你的 PMO 服务改进工作已经开展，但需要一些改进，以提高 PMO 服务成熟度，并与战略目标保持一致。

较差（59~88 分）。你的 PMO 在服务改进流程中存在明显差距。应专注于制定结构化的改进路线图，并弥补 PMO 服务成熟度中最关键的差距。

极差（30~58 分）。需要立即建立健全的 PMO 服务改进框架。应从开展 PMO 成熟度评估，并对关键改进机会进行优先级排序入手。

展望下一章

本章详细介绍了服务监督和服务改进活动，以帮助 PMO 专业人士不断优化其 PMO 服务。然而，仅仅改进服务是不够的。PMO 有效性的真正考验在于它为组织带来的有形价值。

在下一章，我们将探讨 PMO 飞轮中的价值交付步骤，专注于如何衡量和展示 PMO 服务可以产生的成果和价值。在下一章，我们提供了衡量和传达价值的策略，并确保 PMO 的工作产生有意义的影响。通过掌握这一关键步骤，PMO 专业人士可以有力证明 PMO 的价值，并确保 PMO 获得持久的支持。

第 22 章

步骤 9：价值交付

为什么本章对 PMO 专业人士很重要

价值交付步骤在 PMO 飞轮中至关重要，因为它直接展示了 PMO 专业人士的工作对组织成功的具体影响。该步骤将服务输出转化为 PMO 客户和组织的具体收益，为 PMO 的存在和投资提供了理由。

通过有效交付和展示价值，PMO 专业人士可以验证其作为战略资产的作用，与 PMO 客户建立信任，并确保持续获得支持和资源。这种对具体可衡量成果的关注促进了与组织目标的一致性。

在成果驱动的商业环境中，掌握价值交付对 PMO 专业人士保持相关性至关重要。价值创造使专业人士能够量化他们的贡献，将 PMO 活动与改进的绩效和更广泛的组织成功联系起来。

此外，从价值交付步骤评估中获得的见解为数据驱动的决策和服务改进奠定了基础。最终，在价值交付中表现出色使 PMO 专业人士成为组织成功不可或缺的贡献者，提升了他们在组织中的地位和影响力。

价值交付步骤概览

在 PMO 环境中，价值交付步骤是实现和展示 PMO 服务为组织提供有形收益的过程。这一步包括找出具体、可衡量的指标，来展示 PMO 对预期成果和组织成功的具体影响（见图 22-1）。

PMO 专业人士应在短期成果与长期战略改进之间取得平衡，持续跟踪和报告价值交付情况。此过程还涉及制定明确的基准以进行比较，以及运用洞察力持续改进 PMO 服务。

最终，价值交付步骤充当了 PMO 服务与组织成功之间的桥梁，将 PMO 的贡献转化为可识别的业务收益，并将 PMO 定位为组织发展和成功的关键力量。

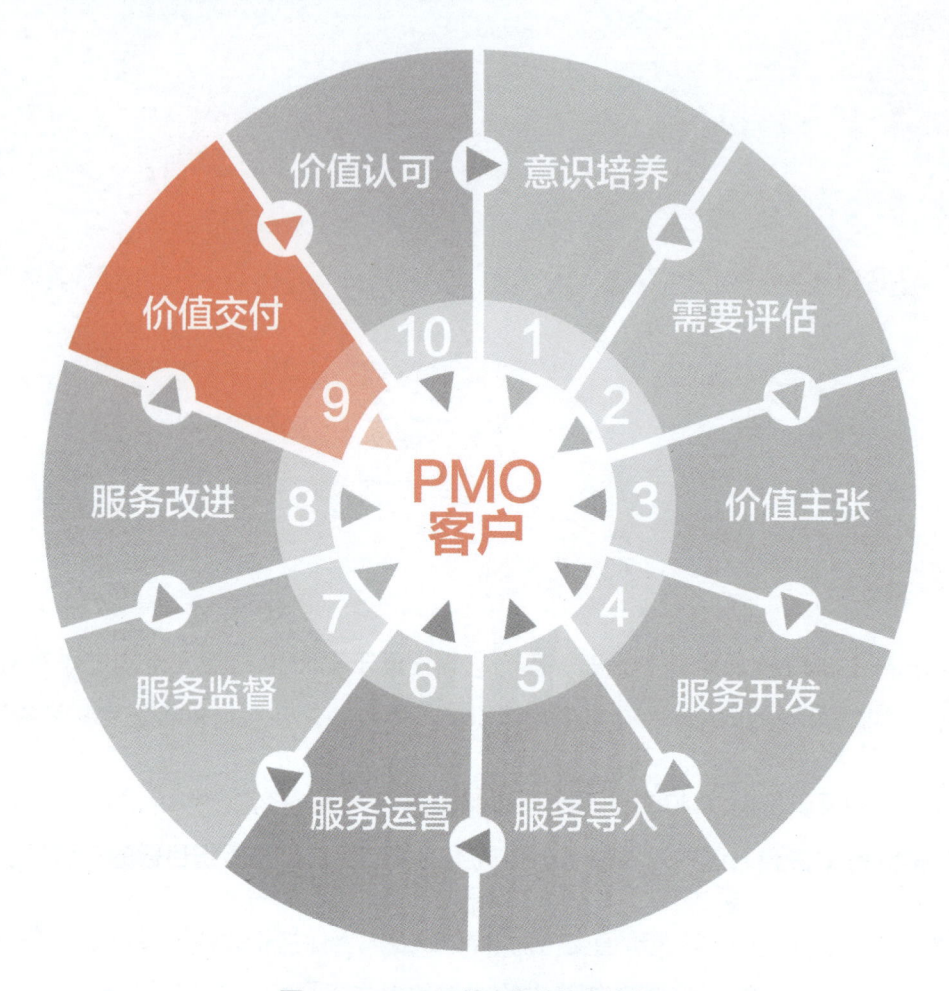

图 22-1　PMO 飞轮中的价值交付步骤

价值交付步骤专注于衡量显示 PMO 价值的有形成果。该步骤侧重于评估 PMO 是否成功交付了承诺给组织的特定成果。成果应与 PMO 客户需要和组织战略目标一致，每个成果应代表 PMO 对实现这些目标的直接、可衡量的影响。

本质上，在价值交付步骤中使用的指标是有形的和结果导向的，因为它们要跟踪 PMO 实现预定收益和目标的程度。这些指标至关重要，因为它们提供了 PMO 效率的具体证据，并使 PMO 能够以与高管和其他客户产生共鸣的方式传递其影响。例如，指标可能包括提高的项目成功率、降低的运营成本、优化的资源分配或缩短的项目时间表。这些成果可以量化并与 PMO 的影响直接相关，使它们成为展示 PMO 贡献的重要工具。

虽然该步骤侧重于有形成果，但并未忽视定性元素，因为这些元素可以强化价值交付的故事。例如，较高的项目成功率通常对应有形指标，但改善的项目团队协作或项目干系人满意度等潜在因素可以为解释 PMO 对这些成果的影响提供有价值的背景。尽管这些定性方面可能在价值认可步骤（步骤 10）中出现，但它们仍为价值交付的评估增加了深度，帮助 PMO 不仅突出了所取得的成就，还突出了促成这些成就的支持因素。

从这个意义上说，价值交付步骤为下一步（价值认可）提供了可衡量的成果基准。一旦 PMO 确立了这些有形成果，它就能更好地进入步骤 10，其重点转向了解这些成果如何满足 PMO 客户的期望并满足他们的感知需要。尽管价值交付侧重于可量化的影响，但该步骤承认有形和无形指标在展现价值创造的全貌中所发挥的重要作用。

价值交付指标展示了 PMO 在实现预期成果方面的有效性，该步骤中的每种类型的指标都提供了关于 PMO 贡献的具体、可衡量的见解，并通过直接成果来反映其影响。虽然客户满意度指标通常与感知相关（在步骤 10 中测量），但在步骤 9 中，它们用于衡量客户对交付的具体成果的直接满意度。这种区别至关重要，因为这里的满意度与有形的、可衡量的承诺成果的交付密切相关，而不是步骤 10 中强调的更广泛、更主观的价值认可。

表 22-1 提供了针对特定 PMO 成果的价值交付绩效指标示例。每个指标都强调 PMO 在交付定量成果方面的有效性，使其能够通过清晰、客观的数据展示其价值。

表 22-1 价值交付绩效指标示例

成 果	绩效指标	目 标
更好的熟练资源可用性	配备熟练项目经理的项目百分比	衡量关键项目中合格人员的可用性
更好的项目成果质量	交付后需要返工或修订的比例	通过计算项目完成后所需的修订次数来跟踪质量控制措施的有效性
有效的知识转移	干系人对知识可获取性和实用性的反馈	收集有关项目管理知识资源可用性和实用性的输入
更有效的资源管理	解决资源冲突或过度分配问题的比例	跟踪 PMO 处理资源冲突的效率，将中断最小化
更好的战略目标对齐	与组织战略目标一致的项目百分比	跟踪项目在多大程度上支持组织更广泛的使命

通过对价值交付指标进行分类，PMO 可以系统地评估其实现具体、可衡量的成果的程度。这种结构化的方法为评估 PMO 在交付有形成果方面的有效性提供了明确指标。价值交付步骤中最常见的指标类型强调了 PMO 在实现有形成果方面的有效性，包括：

◆ **绩效影响指标**。该指标体现了 PMO 对提高项目集和项目成功率的直接影响（衡量范围、进度和预算的遵守情况）。例如，项目成功率、按时完成率和预算遵守率等指标揭示了 PMO 在帮助项目满足关键绩效指标方面的有效性，为干系人提供可靠性和一致性的可衡量证据。

- **运营效率指标**。该指标评估 PMO 优化流程、减少浪费和提高项目周期效率的能力。诸如缩短项目周期时间、提高资源利用率和最小化返工的指标显示了 PMO 如何优化运营，直接促进更顺畅、更快的项目完成，并提高工作流程的效率。

- **成本管理指标**。该指标衡量 PMO 对成本控制和节省的影响，专注于遵守预算和资源分配效率。通过资源优化实现的成本节省、预算超支的减少，以及通过风险管理实现的成本规避等指标，突出了 PMO 在遵守财务纪律和最大化资源使用方面的作用，确保项目在财务预期内交付价值而不超支。

- **风险减轻指标**。该指标反映了 PMO 在识别、评估和降低项目风险方面的成效。通过跟踪高影响风险的降低、在影响项目成果之前已减轻的风险比例，以及非计划项目中断的频率，该指标展示了 PMO 在保持项目稳定性和可预测性方面的积极作用，确保潜在挑战在影响成功之前得到应对。

- **资源优化指标**。该指标衡量 PMO 如何有效地分配和利用资源，确保为各项目配置合适的人才和工具。资源分配效率、项目人员优化配置比例和技能利用率的提高等指标展示了 PMO 如何战略性地部署资源以最大化其影响，最小化资源冲突并确保项目团队得到充分支持。

- **PMO 客户满意度指标**。在步骤 9 中，该指标衡量了客户对 PMO 实现的特定成果的直接满意度。示例包括与交付质量相关的满意度评级、项目支持及时性的反馈、对高管决策过程的贡献以及对成本管理成效的评级。该步骤中的满意度指标专门反映 PMO 客户的满意度，而不是对价值的普遍认知。这种区分至关重要，因为它将对结果的具体满意度与对影响（来自 PMO 客户需要）的更广泛认可区分开来，所以后者是步骤 10（价值认可）的重点。

- **战略对齐指标**。该指标评估 PMO 的成果与组织目标和优先级的契合程度。诸如项目对战略目标的贡献百分比、关键举措的一致性评分以及战略目标实现频率等指标，强调了 PMO 在确保项目交付成果与组织愿景一致方面的作用，凸显其战略相关性。

实施价值交付步骤

1. 建立全面的价值测量框架

- **成果评审**。评审每个 PMO 服务的预期成果，如 SLA 中定义的和早期步骤中收集的客户期望。为每个成果制定一套具体、可衡量的指标。这些指标应直接与组织目标和项目组合、项目集或项目成功指标相关。

- **数据收集方法**。创建详细的数据收集方法，确保不同 PMO 服务的一致性和可靠性。专注于定量指标，如成本节省、时间减少或生产力提高。

- **价值交付报告**。设计标准化的报告格式，清晰地展示交付的价值，使客户易于理解 PMO 的影响。该报告可能包括仪表盘、记分卡或针对不同受众需要裁剪的详细报告。建立定期收集数据和报告的机制，尽可能与组织报告周期对齐。

2. 进行定量影响分析

- **数据收集**。收集定量数据以确定 PMO 服务的有形影响。进行财务影响评估，将 PMO 的贡献转化为货币价值。
- **趋势分析**。执行趋势分析以识别不同服务、项目类型或组织单元中价值交付的模式。寻找持续高绩效的领域以及潜在的改进机会。
- **报告成果**。创建详细的报告，总结发现，包括使数据易于不同客户理解的可视化内容。确保清晰说明所使用的方法和分析中的任何假设。

3. 评估 PMO 客户的预期收益实现

- **重新审视期望**。重新审视 PMO 客户在框架早期步骤中确定的期望和想要的成果。为每个 PMO 客户群体和关键 PMO 客户创建一份全面的预期成果清单。
- **跟踪过程**。创建一个流程来跟踪 PMO 客户的预期收益实现，持续监督预期成果的进展。这个流程可能包括为每个预期成果创建单独的收益档案，详细说明用于衡量成果的指标、实现的时间表以及任何依赖关系或假设。
- **建立基准**。对重大 PMO 干预措施或服务导入进行前后对比分析。这种分析涉及在 PMO 介入之前建立清晰的基准，然后，在经过足够长的时间后，测量相关指标的变化。
- **案例研究**。使用案例研究来深入检查高价值交付的具体实例。这种方法包括选择有代表性的案例，对交付的价值进行深入分析，并记录促成成功的流程和因素。
- **收益报告**。定期汇总并报告交付给 PMO 客户的总体收益。这种报告可能涉及创建客户价值评分卡，制定详细的收益实现报告，或者展示重大价值交付实例的案例研究。

4. 综合和传达 PMO 价值交付成果

- **收集数据**。收集来自各种价值交付活动的所有相关数据，包括定量分析、战略评估、客户收益评估和审计结果。
- **价值叙述**。创建全面的叙述，讲述 PMO 的价值交付。该叙述不应仅呈现数据，还需要解释 PMO 服务如何有助于实现项目成功、战略目标和整体组织绩效。

- **沟通材料**。创建一套针对不同干系人群体的沟通材料。这些材料可能包括针对高级领导层的执行摘要、针对项目经理的详细技术报告，以及用于更广泛组织沟通的视觉化演示文稿。
- **数据可视化**。数据可视化技术使复杂的价值交付信息易于理解。这可能涉及创建信息图表、交互式仪表盘，或者可突出显示关键价值指标和趋势的视频演示。
- **报告计划**。制订与组织节奏和决策周期一致的定期报告计划。该报告计划可能包括每月的价值交付更新、季度深度评审和年度综合价值报告。
- **沟通策略**。实施多渠道的沟通策略，以确保价值交付成果的广泛传播。该策略可能包括电子邮件简报、企业内网发布、公司大会演示，以及与客户的单独汇报。
- **未来优先级**。传达价值交付成果，以收集有关 PMO 的未来优先级和服务的意见。鼓励干系人分享他们对 PMO 未来可在哪些方面提供更大价值的看法，从而建立反馈循环，为 PMO 战略和服务的持续开发提供信息。

5. 迭代优化和流程校准

- **分析价值差距**。该流程涉及将价值交付成果与初始期望进行对比分析，并在必要时重新审视 PMO 价值环™框架的早期步骤，以确保一致性并最大化价值交付。先对价值主张步骤中定义的预期成果与价值交付步骤中测量的实际成果进行全面的差距分析。
- **识别根本原因**。对于每个识别出的重大差异，进行根本原因分析以了解未实现预期成果的原因。该流程可能涉及回顾价值主张步骤中所做的初步假设，重新评估服务开发步骤中的服务设计，或者检查服务运营步骤中的实施过程。
- **制订行动计划**。基于获得的见解，制订行动计划以优化前述步骤中的各个要素。这可能包括：
   - **价值主张步骤**。调整 PMO 价值主张，以更好地与现实成果和不断变化的组织需要保持一致。
   - **服务开发步骤**。重新设计特定的 PMO 服务，以更有效地交付预期价值。
   - **服务交付步骤**。修改服务交付流程，以解决识别出的瓶颈或低效问题。
- **改进指标**。优化价值交付步骤中使用的指标和测量方法，以更准确地捕捉 PMO 的影响。根据改进措施对价值交付的潜在影响和实施所需的资源，排序改进措施的优先级。
- **变更管理**。建立正式的变更管理流程来实施优化措施。该流程应包括明确的沟通管理计划（以将变更的信息通知所有客户）、培训计划（以支持新流程或服务设计），以及反馈机制（以监督变更的影响）。
- **持续改进**。利用从该过程中获得的见解来指导 PMO 团队的持续学习和改进。举行经验教训总结会议，以获取每次迭代的关键经验，并利用这些见解来优化整体 PMO 战略和价值交付方法。

可操作的自我评估：衡量 PMO 价值交付的有效性

以下自我评估有助于 PMO 专业人士衡量其向组织交付可衡量价值的有效性。通过关注明确的指标、定量分析和健全的沟通策略，PMO 专业人士可以确保他们的 PMO 服务对组织绩效产生有形影响。

说明：请对 PMO 在每个领域的表现进行评分（1~5 分），其中：

1 分=完全不适用/无效
2 分=很少/较差
3 分=有时/一般
4 分=经常/良好
5 分=总是/优秀

1. 建立全面的价值测量框架

问题	评分
a）我们为每项 PMO 服务定义了明确且可衡量的成果。	
b）我们收集了一致且可靠的数据来衡量 PMO 服务的影响。	
c）我们的价值交付报告清晰、标准化，并针对不同 PMO 客户的需要进行了裁剪。	
d）我们定期评审价值指标，以确保它们与组织目标保持一致。	
e）我们制订了正式的计划来收集和报告价值交付的数据。	
	小计

2. 进行定量影响分析

问题	评分
a）我们定期收集和分析定量数据以衡量 PMO 的影响。	
b）我们进行了财务影响评估，以货币形式量化 PMO 的贡献。	
c）我们进行了趋势分析，以识别价值交付中的持续模式。	
d）我们的报告包括了使复杂数据易于理解的可视化内容。	
e）我们的分析清楚地阐述了用于推导价值指标的假设和方法。	
	小计

3. 评估 PMO 客户的预期收益实现	
问题	评分
a）我们定期重新审视每个 PMO 客户群体的预期收益和成果。	
b）我们使用明确的指标来跟踪 PMO 客户的收益实现情况。	
c）我们进行前后对比分析以衡量 PMO 干预措施的影响。	
d）我们使用案例研究来记录和突出高价值的 PMO 交付实例。	
e）我们定期报告 PMO 交付的整体收益，使用详细且全面的报告。	
	小计

4. 综合和传达 PMO 价值交付成果	
问题	评分
a）我们从所有 PMO 价值交付活动中收集全面的数据，包括定量和定性分析结果。	
b）我们创建了清晰的价值叙述，将 PMO 服务与组织成功联系起来。	
c）我们为不同的 PMO 客户群体裁剪沟通材料，包括高级领导层和项目经理。	
d）我们使用数据可视化技术简化复杂的 PMO 价值交付信息。	
e）我们制订了完善的报告计划，与组织决策周期相一致。	
	小计

5. 迭代优化和流程校准	
问题	评分
a）我们定期进行价值差距分析，以识别预期和实际 PMO 成果之间的差异。	
b）我们对 PMO 价值交付中的任何重大差异进行了根本原因分析。	
c）我们制订了行动计划来优化 PMO 价值主张、PMO 服务设计或 PMO 交付流程。	
d）我们不断改进指标和测量方法，以更好地捕捉 PMO 的影响。	
e）我们遵循结构化的变更管理流程来实施优化措施，并向 PMO 客户传达变更。	
	小计
	总分

评分与解读：将你在所有的 25 个问题中的得分相加。

优秀（113~125 分）。你的 PMO 在价值交付方面表现出色，能有效展示并传达其对组织成功所做的贡献。

良好（98~112 分）。你的 PMO 提供了巨大的价值，但可以通过改进指标和沟通策略来进一步强化其影响力。

一般（77~97 分）。你的 PMO 正在交付价值，但在跟踪和沟通方面缺乏一致性或不够精细。应专注于改进数据收集和分析技术。

较差（51~76 分）。你的 PMO 在跟踪、分析和展示价值方面需要做出显著改进。重新评估价值测量和报告框架。

极差（25~50 分）。你的 PMO 难以展示其价值。先建立清晰的价值测量框架，并让干系人参与制定关键指标。

展望下一章

本章探讨了 PMO 飞轮中的价值交付步骤，有助于 PMO 专业人士实现并展示 PMO 服务的具体收益。然而，交付价值只是整个步骤的一部分，确保交付的价值被 PMO 客户和更广泛的组织认可和欣赏同样重要。

PMO 飞轮的最后一步专注于价值认可，可确保 PMO 的贡献得到认可和重视。在下一章，我们将探讨沟通 PMO 成就的策略，培养欣赏项目管理的文化，以及与干系人建立强大、以价值为导向的关系。通过掌握这一步骤，PMO 专业人士可以巩固其作为组织成功关键合作伙伴的角色。

第 23 章

步骤 10：价值认可

为什么本章对 PMO 专业人士很重要

价值认可步骤对 PMO 专业人士至关重要，因为它直接影响 PMO 在组织内的感知价值和可持续性。该步骤专注于确保 PMO 客户不仅获得价值，而且认可价值。

对于 PMO 专业人士来说，掌握价值认可步骤对于确保客户支持、证明资源合理性以及推动持续改进至关重要。价值认可步骤提供了重要的见解，有助于明确 PMO 的工作与客户期望和组织目标的对齐程度。通过理解和影响价值感知，PMO 专业人士可以更好地裁剪其服务，更有效地传达他们的影响，并加强他们在组织内的战略地位。

该步骤还有助于识别交付价值与感知价值之间的差距，从而允许对服务交付或沟通策略进行有针对性的改进。

最终，有效的价值认可能够增强 PMO 的信誉，获得持续的支持，并确保 PMO 始终是组织战略成功中有价值且不可或缺的一部分。

价值认可步骤概览

在 PMO 环境中，价值认可是一个关键流程，它超越了单纯的服务交付。价值认可专注于确保 PMO 客户从 PMO 处获得收益，并完全认可、欣赏和内化这些收益。该步骤力求弥合实际交付价值与感知价值之间的差距，是 PMO 飞轮中的关键环节（见图 23-1）。

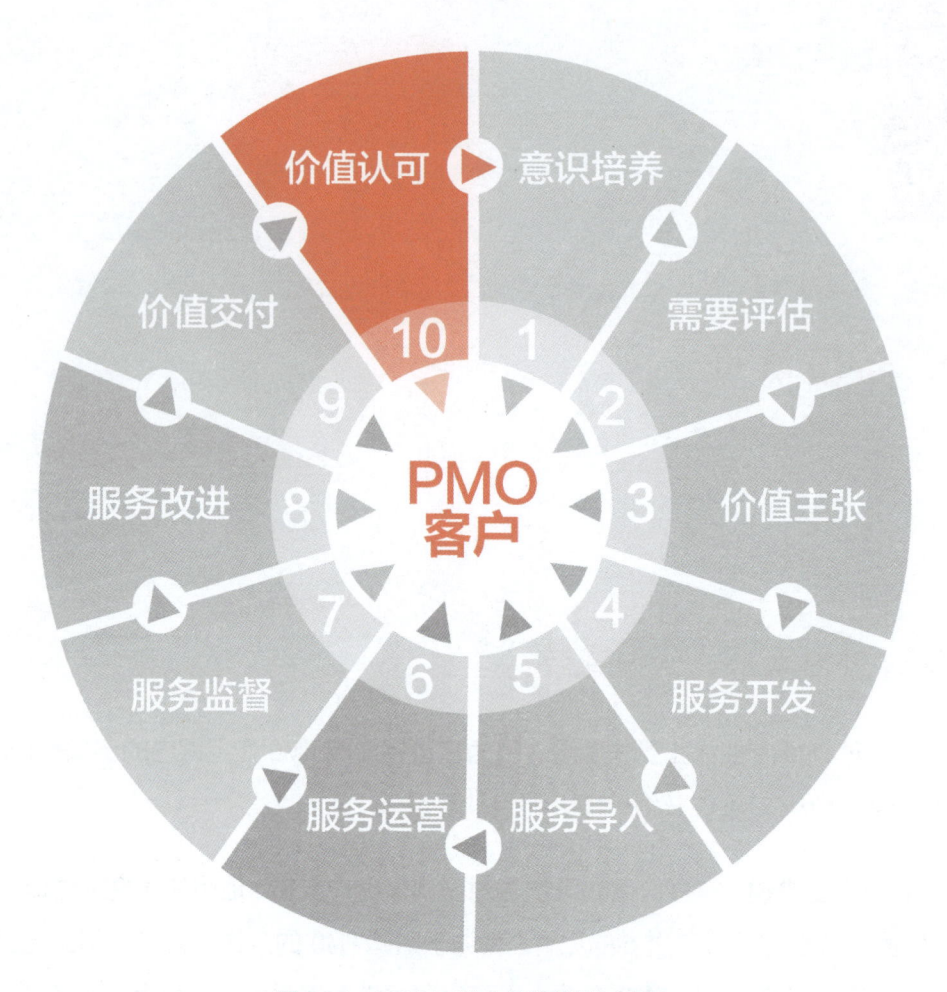

图 23-1　PMO 飞轮中的价值认可步骤

该步骤十分重要，因为它可以将有形成果转化为受认可的组织资产。需要注意的是，价值交付步骤（步骤 9）侧重于产生可衡量的成果，而价值认可步骤侧重于确保这些成果被 PMO 客户认可和重视。这种认可对 PMO 在组织内的长期发展和可持续性至关重要。

价值认可与 PMO 价值环™框架中的其他步骤紧密相连。该步骤建立在意识培养（步骤 1）和需要评估（步骤 2）所奠定的基础上，确保最初的承诺和确定的需要不仅得到满足，而且得到认可。该步骤还为价值主张（步骤 3）、服务开发（步骤 4）和价值交付（步骤 9）提供了补充，可作为 PMO 工作的验证机制。

此外，有效的价值认可为下一个周期中实施更具影响力的意识培养步骤奠定了基础。当客户认可并欣赏 PMO 的价值时，他们将更愿意接受未来的意识培养活动，并更有可能主动参与 PMO 的服务。

价值认可通过建立对 PMO 在组织成功中所扮演角色的共同理解和欣赏，培养了一种重视项目管理的文化。这种文化转变有助于为 PMO 的举措带来更多的支持、更好的资源分配，并进一步巩固 PMO 在组织内的战略地位。

最终，有效的价值认可能起到催化剂的作用，推动 PMO 飞轮向前发展。该步骤增强了 PMO 的相关性，证明了其存在和资源分配的合理性，并使 PMO 以新的活力和客户认同为下一个价值创造周期提供所需的动力。这种交付、认可和重新参与的持续循环是 PMO 不断发展，以及始终与组织目标保持一致并为之做出贡献的关键。

在上一步（价值交付）中，PMO 的主要目标是衡量和传达有形成果，以反映其实现预定目标的能力。价值交付中的指标主要是定量的、以结果为导向的，旨在提供确切、可衡量的证据，以证明 PMO 在交付特定成果方面的有效性。

与之相比，价值认可将关注点从定量成果转移到 PMO 为其客户带来的"感知价值"上。虽然上一步以具体条款的形式展示了 PMO 的成就，但价值认可步骤探讨了这些成就如何被 PMO 服务的对象理解、重视和欣赏。该步骤的指标主要是定性的，重点关注 PMO 客户的满意度、与战略目标的一致性以及 PMO 在可靠性方面的声誉。该步骤的指标可能包括客户满意度评级、对 PMO 战略相关性的反馈以及来自高层领导者的评价。本质上，这些主观的衡量标准能够捕捉 PMO 客户对 PMO 贡献的感受，增加了一层超越客观成果的信任、信誉和关系深度。

虽然步骤 9（价值交付）是证据导向的，可为 PMO 客户提供客观的绩效衡量标准，并专注于 PMO 实现特定目标的能力（从而直接回答"PMO 是否实现了其目标？"等问题），但步骤 10（价值认可）是感知导向的，提供了这些成果如何被接收和欣赏的见解，并解决了一组不同的问题，例如："PMO 客户是否认为 PMO 是一个有价值的合作伙伴？"

价值认可显示了 PMO 的影响如何在关系和声誉层面产生共鸣，并通过强调客户信任、满意度和与组织愿景的一致性来增强 PMO 的声誉。通过这种方式，该步骤对于建立长期忠诚度和赢得高管的支持至关重要，因为它反映了 PMO 超越指标数据的价值。

价值交付和价值认可步骤共同提供了 PMO 贡献的全面视图。价值交付为 PMO 奠定了定量成果的坚实基础，证明了其能够完成目标。价值认可为这一基础增加了深度，表明除了完成目标，PMO 还在组织中树立了强大且积极的形象。通过关注可衡量的成果和其服务的感知价值，PMO 不仅可以验证其成功，还可以加强其重要性、可信度和客户关注。

表 23-1 提供了针对特定 PMO 成果的价值认可指标示例。每个指标都强调了 PMO 客户反馈和感知在捕捉 PMO 价值全貌中的重要性。

表 23-1 价值认可绩效指标示例

成 果	绩效指标	目 标
更好的熟练资源可用性	PMO 客户对资源的专业能力的感知	衡量 PMO 客户对项目经理和项目管理者的专业水平和技能水平的满意度，反映了其对资源质量的信心
更好的项目优先级排序	PMO 客户对项目优先级排序的有效性的感知	衡量高管对项目优先级排序与战略目标一致性的满意度，反映了 PMO 的战略聚焦点
改善的信息可用性	PMO 客户对信息可用性的满意度	评估用户对项目数据的可用性和实用性的感知，表明了 PMO 对明智决策的支持
提高的成功率	PMO 客户对项目成功的一致性的感知	评估 PMO 客户对 PMO 持续推动项目成功的能力的信心
降低的风险敞口	PMO 客户对风险管理的信心	衡量 PMO 客户对 PMO 主动减轻风险的信心

除了与特定成果相关的指标，价值认可还可以包括"通用指标"，这些指标可以更广泛地反映 PMO 在组织中的声誉和感知价值。这些指标衡量的不是个别领域的成功，而是 PMO 作为战略和可信赖的合作伙伴的整体影响。通过评估这些高层级的感知，PMO 可以获得以下见解：在客户中的整体地位、与组织战略的一致性以及对长期目标贡献。

以下是反映 PMO 更广泛影响力和声誉的通用价值认可指标示例：

- **PMO 的净推荐值℠（NPS®）**[1]。NPS 衡量 PMO 客户向他人推荐 PMO 服务的可能性。这一指标反映了整体满意度和忠诚度，反映了 PMO 在组织内的地位[1]。

- **对 PMO 的总体信任水平**。这一指标评估了高管和其他关键客户对 PMO 提供有价值、可靠服务能力的信任程度。这一指标对于理解 PMO 在整个组织的信誉和声誉至关重要。

- **将 PMO 视为战略合作伙伴的认知**。这一指标评估客户是否认为 PMO 与组织的长期目标保持一致，并在实现战略目标中扮演了关键角色。这一指标反映了 PMO 在运营指标之外的影响力和战略重要性。

- **PMO 服务的整体满意度评分**。这一指标反映了客户对所有 PMO 服务的整体满意度，提供了客户对 PMO 支持的质量、相关性和有效性的总体看法。

---

[1] 注：净推荐值、NPS、NPS 棱镜（NPS Prism）以及与 NPS 相关的图标是 Bain & Company, Inc.、NICE Systems, Inc.和 Fred Reichheld 的注册商标。净推荐值和净推荐系统是 Bain & Company, Inc.、NICE Systems, Inc.和 Fred Reichheld 的服务商标。

- **创新和适应性的声誉**。这一指标评估了客户对 PMO 适应组织需求变化并引入新的、有益的实践或工具的感受。这一指标展示了 PMO 在推动组织进步和适应新挑战中的作用。
- **与组织文化和价值观的一致性**。这一指标衡量了客户对 PMO 体现和支持组织核心价值观和文化规范的感受。这一指标反映了 PMO 整合和加强更广泛组织文化的能力。
- **PMO 对组织学习和成熟度提升的贡献**。这一指标评估了 PMO 在通过知识共享、良好实践和持续改进举措来培养学习文化以提升组织项目管理成熟度方面的作用。这一指标展示了 PMO 作为促进组织成长和知识更新推动者的角色。
- **客户对 PMO 影响组织成功的感知**。这一指标衡量了客户如何感知 PMO 对组织整体成功（超出单个项目或举措）的贡献，全面展现了 PMO 作为关键组织资产的感知价值。

虽然该步骤中的所有指标都侧重于感知和客户满意度，但将它们分为不同的类别突出了 PMO 与客户关系的不同方面及其在组织内被感知的影响。通过对这些指标进行分类，PMO 可以收集更有针对性的反馈，深入了解其声誉和客户体验所对应的具体领域。价值认可指标的一些可能类别包括：

- **交付满意度指标**。这些指标反映了客户对 PMO 交付成果质量的感知。例如，可以评估客户对已完成项目的质量的满意度。
- **战略对齐指标**。这些指标评估 PMO 的工作在多大程度上被感知为与组织的战略目标相一致。例如，可以评估高管对 PMO 在实现组织目标方面的贡献的感知。
- **信任和信誉指标**。这些指标衡量客户对 PMO 的信任程度，反映其可靠性和声誉。例如，可以评估客户对 PMO 报告和数据的准确性与可靠性的信心。
- **关系和协作指标**。这些指标评估 PMO 与客户之间的互动质量，特别是在沟通和支持方面。
- **创新和持续改进指标**。这些指标关注客户对 PMO 创新和持续改进能力的感知。例如，可以评估 PMO 对需求变化的响应以及其实施创新解决方案的反馈。

实施价值认可步骤

1. 开展 PMO 客户价值感知调查

- **调查的设计与分析**。设计全面的调查问卷，涵盖 PMO 的各个价值维度。包括定量评级量表和开放式问题，以收集细致的反馈。确保调查问卷的设计能够按客户群体对回答进行分类，以识别价值感知中的任何差异。全面分析调查问卷的结果，寻找模式、趋势以及预期价值与感知价值之间的任何不一致之处。

- **调查报告**。准备详细的调查结果报告，包括使数据易于不同受众理解的可视化内容。利用这些见解来指导未来的 PMO 战略、服务改进和沟通计划。考虑运用纵向研究方法，定期重复调查以跟踪价值感知随时间的变化。特别注意在交付价值（如上一步骤中测量的）与感知价值之间存在显著差距的领域。任何差距都可能揭示沟通问题或期望错位。
- **客户参与**。将调查过程本身用作参与和价值认可的工具。寻求反馈的行为展示了 PMO 对客户满意度和持续改进的承诺。与参与者进行后续沟通，分享关键发现和行动计划，持续传递"意见必采纳，反馈必落实"的信号。这种全面的方法为客户价值感知调查提供了坚实的基础，以了解 PMO 的工作在组织内被认可和欣赏的程度，为有针对性地改进和强化价值认可奠定了基础。

2. 推动 PMO 价值认可研讨会

- **互动研讨会**。组织并推动旨在探索和强化客户对 PMO 价值认识的互动研讨会。这类研讨会应汇聚不同的客户群体，讨论和交流 PMO 的贡献。先仔细规划研讨会的结构，包括鼓励开放式对话、批判性思维和协作解决问题的活动。在这类研讨会中，都以简要介绍 PMO 的主要成就和指标为开端，以设定背景。然后，引导参与者进行价值映射等练习，以直观地展示 PMO 服务如何与组织成果相联系。
- **将所有见解文档化**。仔细记录所有见解、建议和反馈。在研讨会结束后，整合收集到的信息并与参与者和其他相关客户分享摘要。利用研讨会的成果来指导 PMO 战略、服务开发和沟通计划。考虑将该研讨会作为定期活动，可每季度或每半年举行一次，以持续开展关于 PMO 价值的对话。
- **研讨会后的参与**。在研讨会后与参与者交流，了解他们的感知或行动是否发生改变。这种研讨会后的参与可以加强研讨会的影响，并提供有关其在强化价值认可方面有效性的额外数据。这些互动会议不仅有助于收集有价值的见解，还有助于巩固和扩大客户对 PMO 价值的认识，并建立对 PMO 在组织成功中所扮演角色的共识和认同感。

3. 开发和维护 PMO 价值认可仪表盘

- **价值认可仪表盘**。创建动态的、可视化的仪表盘，整合并展示 PMO 价值认可的关键指标。先确定反映 PMO 价值在组织中认可程度的最关键指标。这些指标可能包括客户满意度评分、PMO 服务的使用率、请求 PMO 参与新举措的数量，或者在高管沟通中提及 PMO 贡献的次数。设计仪表盘，使其具有视觉吸引力且易于理解，使用表格、图形和信息图来呈现数据。

- **仪表盘的可访问性**。确保 PMO 团队成员和客户能够轻松访问仪表盘，可以通过专用的企业内部网站或常规的电子邮件对其进行更新。可在 PMO 团队会议中使用仪表盘来引导有关价值认可策略的讨论，还可在干系人会议中展示 PMO 的影响。根据反馈和组织优先级的变化，定期审查和完善仪表盘。

- **仪表盘的定制化**。考虑为不同的客户群体创建仪表盘的定制化视图，突出显示与其兴趣最相关的指标。这种定制化可以增加不同用户的参与度和相关性。允许客户直接将自己的观察或反馈输入至仪表盘，通过实施这样的功能，可创建更具互动性和包容性的工具。

- **提供 PMO 的可见性**。在仪表盘上创建"月度价值故事"功能，突出显示 PMO 影响的具体实例。这种参与机会可以使指标更加生动，并增加 PMO 服务的有形收益。另外，还可以给出关键指标显著变化的警报或通知，确保 PMO 能够迅速响应价值感知的变化。

- **游戏化的方法**。考虑加入游戏化的元素，例如，组织一些部门间的竞赛，或者认可那些积极参与 PMO 服务的个人，以鼓励人们参与价值创造活动。当然，还可以将仪表盘作为学习工具，结合对指标及其重要性的解释，帮助客户了解 PMO 价值的各个方面。价值认可仪表盘是一个强大的工具，可用于监督、沟通和强化整个组织对 PMO 价值的认可，为所有与价值相关的讨论和决策提供核心参考点。

4. 进行 PMO 价值故事讲述活动

- **故事讲述活动**。开发并进行全面的故事讲述活动，通过引人入胜的叙述生动展现 PMO 的价值。先收集一系列不同的故事，展示 PMO 在不同客户、项目、部门和组织目标中的影响。培训 PMO 团队成员，使其掌握有效的故事讲述技巧，重点是，如何创建能与不同受众产生共鸣的叙述。创建多种故事讲述形式，如书面案例研究、视频感言、播客或可视化旅程图。

- **故事讲述的内容日历**。制定一个内容日历，确保可通过各种沟通渠道来持续提供新鲜故事。与营销或推广部门合作，提高这些故事的制作质量并扩大覆盖范围。鼓励客户分享自己的 PMO 价值故事，为他们提供模板或指南以确保一致性。

- **故事讲述事件**。以全球公认的"国际 PMO 日"（每年 5 月的第二个星期二）为契机，发起故事讲述事件，如"PMO 影响日"，通过演讲和互动展示来分享成功案例。将这些故事整合至常规的组织沟通，如简报、公司大会或公司内部网站。创建可搜索的 PMO 成功案例故事库，方便客户随时查询和参考。

- **故事讲述活动的衡量**。通过故事参与度、PMO 服务请求的变化或价值感知调查的改进等指标来衡量故事讲述活动的影响。利用这些见解不断优化故事讲述方法，重点关注最能与受众产生共鸣的故事类型和形式。这种故事讲述活动使 PMO 价值变得具体且易于理解，通过叙述和个人联系的力量来强化整个组织对 PMO 价值的认可。

5. 建立 360 度 PMO 价值反馈机制

- **反馈流程**。开发并实施全面的反馈流程，从组织的各个角度收集有关 PMO 价值的见解。先绘制 PMO 与各类客户之间的接触点，从项目启动到收尾及后续阶段。建立一系列针对不同互动类型和客户偏好的反馈机制。这些反馈机制可能包括：在 PMO 互动后进行的快速调查、在项目关键节点进行的深入访谈、PMO 门户网站提供的在线反馈表单，以及用于收集即时反馈的 AI 聊天机器人。
- **识别趋势**。利用反馈识别价值感知中的趋势，发现隐藏的痛点，并突出实现卓越价值交付的领域。建立一个闭环系统，让客户了解他们的反馈如何被用来改善 PMO 服务或流程。定期审查和完善反馈机制，确保其易用性和相关性。
- **反馈座谈会**。定期组织"反馈座谈会"，让客户可以在一个有引导的小组环境中讨论他们与 PMO 合作的体验。该活动可以揭示集体见解，并促进对 PMO 价值的共同理解。开发"价值警报"系统，以将重要的正面或负面反馈通知 PMO 领导层，从而对关键问题或机会做出快速响应。

6. 组织 PMO 价值认可活动

- **PMO 价值认可活动**。规划并开展一系列专门设计的活动，以展示和庆祝 PMO 所提供的价值。可以组织更小规模、更频繁的活动，如每月的"PMO 价值聚焦会"，向相关干系人展示具体的 PMO 成功案例。这些活动可以是非正式的，例如，将活动安排在午餐时，或者将活动作为定期团队会议的一部分，以持续保持对 PMO 价值的认知。创建互动展示活动，让客户可以通过亲自演示和展示来探索 PMO 工具、方法论和成功案例。这种"PMO 价值展示会"可以包括突出 PMO 价值不同方面的展位、互动技术演示和 PMO 服务的小型研讨会。
- **在组织内推广 PMO 价值认可**。开发一个"PMO 价值路演"，前往不同的部门或区域，根据每个特定受众裁剪 PMO 价值的呈现方式。这种移动方式确保了组织的所有部门（无论其所在位置）都有机会参与并认可 PMO 价值。在这些活动中加入游戏化或竞争元素以提高参与度，例如，举办"PMO 价值挑战"活动，团队可通过竞争来展示他们对 PMO 原则的理解和应用。
- **外部合作**。邀请外部演讲者或行业专家参加这些活动，提供有关 PMO 价值相对于行业标准的观点。这种外部验证可以显著强化 PMO 价值主张的可信度。将这些活动作为机会，通过互动投票或"反馈墙"来收集对 PMO 价值感知的额外反馈。这种实时"输入"可以提供有价值的见解，并展示 PMO 对客户意见的承诺。

◆ **高管参与**。确保高管参与这些活动，以强调 PMO 在组织中的重要性。考虑让高管分享他们对 PMO 如何推动战略目标的观点。通过视频、照片和书面总结来记录这些活动，并广泛分享这些材料，以将价值认可信息的传播范围扩大至直接参与者以外。

◆ **影响的衡量**。通过出席率、参与度和对 PMO 价值感知的后续调查来衡量这些活动的影响。使用这些指标来不断改进和提升活动，确保这些活动仍然是有效的价值认可工具。这些价值认可活动不仅可用于庆祝 PMO 取得的成就，还可用于强化和扩大整个组织对 PMO 价值的认可，并建立认同项目管理卓越成就的文化。

可操作的自我评估：衡量 PMO 价值认可的有效性

以下自我评估可帮助 PMO 专业人士衡量他们在确保其服务所提供的价值在整个组织中得到认可和欣赏方面的有效性。通过关注结构化的反馈、互动研讨会、故事讲述活动和实时仪表盘，PMO 可以提高其贡献的可见性和认可度，推动持续的客户支持和组织成功。

说明：请对 PMO 在每个领域的表现进行评分（1~5 分），其中：

1 分=完全不适用/无效
2 分=很少/较差
3 分=有时/一般
4 分=经常/良好
5 分=总是/优秀

1. 开展 PMO 客户价值感知调查	
问题	评分
a）我们定期对 PMO 客户进行调查，以评估他们对我们提供的价值的感知。	
b）我们的调查问卷包括定量评级量表和开放式问题，以收集 PMO 客户的细致反馈。	
c）我们按 PMO 客户群体对回答进行分类，以识别价值感知的差异。	
d）我们全面分析调查结果，以识别交付价值与 PMO 客户感知价值之间的差异。	
e）我们利用调查结果来指导未来的 PMO 战略、服务改进和沟通计划。	
	小计

2. 推动 PMO 价值认可研讨会	
问题	评分
a）我们组织互动研讨会，帮助 PMO 客户认识并思考 PMO 的贡献。	
b）在研讨会中，我们鼓励开放式对话、协作解决问题和价值映射练习。	
c）我们记录研讨会中的见解和反馈，并将其与参与者分享。	
d）在研讨会后，我们与参与者交流，以衡量其感知或行为的变化。	
e）我们定期（例如，每季度或每半年举行一次）举行研讨会，以持续开展关于 PMO 价值的对话。	
	小计

3. 开发和维护 PMO 价值认可仪表盘

问题	评分
a）我们创建了动态的仪表盘，整合了 PMO 价值认可的关键指标。	
b）我们的仪表盘包括一些关键指标，如 PMO 客户满意度评分、服务使用率和请求 PMO 参与新举措的数量。	
c）我们确保仪表盘易于 PMO 团队成员和 PMO 客户访问。	
d）我们根据 PMO 客户的反馈和优先级的变化，定期审查和完善仪表盘。	
e）我们在仪表盘上突出显示具体的实例（成功的故事）或"月度价值故事"，以说明 PMO 的影响。	
	小计

4. 进行 PMO 价值故事讲述活动

问题	评分
a）我们开发故事讲述活动，展示 PMO 在不同项目和部门中的实际价值的真实案例。	
b）我们培训 PMO 团队成员，使其掌握故事讲述技巧，以有效传达我们的价值。	
c）我们的故事讲述活动采用了多种形式，如案例研究、视频感言和可视化旅程图。	
d）我们发起 PMO 故事讲述事件（如"PMO 影响日"）来庆祝和分享 PMO 的成功案例。	
e）我们衡量故事讲述活动的参与度和影响，并利用这些见解来优化未来的工作。	
	小计

5. 建立 360 度 PMO 价值反馈机制

问题	评分
a）我们建立了全面的反馈流程，能够收集项目生命周期中所有 PMO 客户接触点的见解。	
b）我们的反馈机制包括快速调查、深入访谈和在线反馈表单，以收集 PMO 客户的反馈。	
c）我们分析 PMO 客户的反馈，以识别价值感知中的趋势和改进领域。	
d）我们通过让客户了解他们的反馈如何被用来改善 PMO 服务，来实现 PMO 客户反馈的循环（闭环系统）。	
e）我们定期完善 PMO 客户反馈机制，确保其易用性和相关性。	
	小计

6. 组织 PMO 价值认可活动	
问题	评分
a）我们组织 PMO 价值认可活动，以展示和庆祝 PMO 对组织成功的贡献。	
b）我们的活动形式多样，既有小规模的会议（如"PMO 价值聚焦会"），也有大型展示活动（如"PMO 价值展示会"）。	
c）我们通过这些活动来建立认可和欣赏 PMO 成就的文化。	
d）我们确保高管参与这些活动，以强调 PMO 的战略重要性。	
e）我们通过出席率、参与度和后续调查等指标来衡量这些活动的影响。	
	小计
	总计

评分与解读：将你在所有的 30 个问题中的得分相加。

优秀（134~150 分）。你的 PMO 在确保价值在整个组织中得到认可和欣赏方面表现出色，有助于建立强大的客户关系并获得支持。

良好（114~133 分）。你的 PMO 能有效地认可和传达价值，但在完善某些沟通策略或进一步提升参与度方面存在改进空间。

一般（89~113 分）。你的 PMO 展现了价值，但需要更一致和成熟的方法来确保客户完全认可和欣赏 PMO 服务的影响。

较差（59~88 分）。在传达和展示 PMO 所提供的价值方面需要一些改进。应重点关注客户参与和反馈机制，以实现更好的价值认可。

极差（30~58 分）。你的 PMO 难以确保其价值在组织内得到认可。先建立清晰的沟通渠道，定期衡量感知，并弥补价值认可方面的差距。

完成 PMO 飞轮之旅并为新周期做准备

价值认可是 PMO 飞轮旅程的最后一个步骤。该步骤实现了闭环，确保了 PMO 交付的价值得到充分的认可和欣赏。

通过掌握价值认可步骤，PMO 专业人士可以创建一个良好的反馈循环，这强化了 PMO 的重要性，并确保了对其举措的持续支持。价值认可为 PMO 飞轮的下一个周期奠定了基础，为未来的意识培养和需要评估工作提供了信息。

　　PMO 的旅程是持续进行的。PMO 飞轮的每次旋转都带来了改进和创造价值的新机会。通过持续应用这些原则，PMO 专业人士可以确保其 PMO 成为动态的、以价值为导向的实体机构，这对组织的成功至关重要。

第 24 章

结论

当我们读到本指南的结尾时，可以清楚地看到，PMO 所处的环境已经发生了显著变化，这需要我们采取新的方法来设计、实施和运营 PMO。本指南由 PMOGA 和 PMI 的 PMO 专业人士全球社区共同开发，在理解 PMO 如何在日益复杂的商业环境中为组织提供真正的价值方面迈出了重要的一步。

本指南的核心是创新的 PMO 价值环™框架，这是一种重新构想 PMO 在组织中角色的突破性方法。该框架将重点从传统的、以过程为中心的 PMO 模型转向动态的、以客户为中心的实体机构，从而推动持续改进和创造有形的价值。通过将 PMO 客户体验周期分解为 10 个可操作的步骤，PMO 飞轮为 PMO 专业人士提供了明确的成功路线图，强调了以客户为中心、持续改进和价值创造的重要性。

本指南的一个关键优势是，它提供了实用的方法。在本指南中，PMO 专业人士不仅能学到理论知识，还能找到可以立即应用的可操作策略、评估方法和工具，以提高 PMO 的有效性。本指南提供了关于 PMO 服务各个领域的实用见解，包括进行全面的需要评估，制定有说服力的价值主张，管理服务运营以及持续提升 PMO 服务成熟度，所有这些都基于实际经验。

本指南所述的以客户为中心的方法，体现在对 PMO 成果的详细探讨，标志着 PMO 与客户互动方式的范式转变。通过关注 PMO 客户期望和重视的具体收益，本指南可帮助 PMO 专业人士更有效地裁剪他们的服务，确保他们交付的成果真正对其组织有意义。

PMO 服务的全面概述和创新的服务方法模型为 PMO 专业人士提供了一个多功能的工具箱，用于设计和交付 PMO 服务。这种灵活的方法允许 PMO 根据客户成熟度和组织需要调整其服务的交付方式，确保影响力的最大化和价值创造。

强调 PMO 服务成熟度代表了对该领域的又一重大贡献。通过提供一个全面的框架来评估和提升 PMO 服务成熟度，本指南使 PMO 专业人士能够不断提升他们的服务并为其组织交付更大的价值。这种对服务成熟度和持续提升的关注确保了 PMO 能够与其组织共同发展，在面对不断变化的业务需要时保持相关性和影响力。

最后，本指南对 PMO 核心能力的详细探讨为 PMO 专业人士提供了宝贵的指导，帮助他们在这个不断变化的环境中发展所需的必备技能，确保他们能够有效地设计、运营并持续改进 PMO。

本指南将在未来十年中对 PMO 的发展起到关键作用。通过为 PMO 专业人士提供有效支持并为未来 PMO 的发展设定明确方向，本指南为那些在项目组合、项目集和项目管理的复杂世界中探索的人们提供了一盏明灯。

本指南对 PMO 设计和运营的创新方法，体现在 PMO 价值环™框架中，代表着在理解 PMO 如何在当今动态的商业环境中创造价值方面向前迈出了重要一步。通过强调以客户为中心、价值创造和持续改进，该框架为构建真正与组织需要对齐，并能够推动战略成功的 PMO 提供了坚实的基础。

展望未来，本指南的后续版本可能在此版本所奠定的坚实基础上进一步发展，深入探索 PMO 和项目管理的新兴趋势，更深入地研究 AI 和机器学习等技术在 PMO 运营中的应用，并提供更详细的对 PMO 价值衡量和沟通的见解。随着商业全景图的不断变化，PMO 的角色也将随之变化，本指南将与之共同发展，始终致力于为全球的 PMO 专业人士提供最新、最实用、最有价值的见解。

PMO 的未来是光明的，充满了通过有效的项目组合、项目集和项目管理来推动组织成功的机会。以本指南为基础，PMO 专业人士能够很好地引领其组织走向未来，使 PMO 不仅是行政中心，更是实现组织目标的真正战略合作伙伴。

我们鼓励 PMO 专业人士思考如何将这些见解应用到他们自己的 PMO 价值之旅中。无论是建立新的 PMO、激活现有的 PMO，还是寻求将 PMO 提升到更高的服务成熟度和有效性，这里概述的原则和实践为成功提供了一个坚实的框架。

第4部分

附录

附录 X1

贡献者和审校者

特别感谢参与《项目管理办公室（PMO）：实践指南》编制工作的志愿者，他们的宝贵贡献值得高度认可。

这些经验丰富的 PMO 专业人士虽然有着不同的背景，来自不同的行业和地区，但他们都怀揣着追求 PMO 卓越的共同热情。他们的集体智慧形成了本指南，解决了全球 PMO 专业人士面临的实际挑战和机遇。他们致力于推进 PMO 实践，并慷慨地分享知识，为全球 PMO 社区造福，我们对此深表敬佩。

在本指南的编制过程中，这些志愿者在每个阶段都发挥了关键作用——从最初的创意生成到建议的实际实施。他们审校了文章和原稿，提供了重要反馈，在全球活动中进行了演讲，并确保每个提议都符合 PMO 专业人士的实际需要。

以下贡献者和审校者名单反映了从一开始就引导本项目的协作精神。名单上的每个人都为确保本指南既实用又具有前瞻性发挥了重要作用。他们的贡献对于编制立足于现实，并旨在帮助 PMO 蓬勃发展的指南至关重要。他们共同创造了专注于为组织提供真正价值的资源，这必将在未来持续影响全球的 PMO。

PMI 高度重视志愿者的个人贡献以及他们集体合作的非凡影响。每位志愿者独特的专业知识和奉献精神丰富了编制过程，而他们的团队合作则放大了工作成效，最终形成了一本真正反映 PMO 社区多样化需求和见解的指南。PMI 认识到，正是通过这种个人奉献与合作精神的强大结合，才创造了有意义的、影响深远的资源。

Farhad Abdollahyan, PMI-RMP, PMP, PMO-CP
Saadi Adra, PhD, PgMP, PfMP
Mounir A.Ajam

Fola F.Alabi, MBA, PMI-ACP, PMP
Mohammed Dawood AlAssafi, PMP, PMO-CP, PfMP
Thaer Fathi AlAthamneh, PMP, PMO-CP, PMO-CC

Tony El-Khoury Antonios, MBA, PMO-CP, PMO-CC
Charalampos Apostolopoulos, PhD, PgMP, PfMP
Bruno Otaviano Ferreira Araújo, MSc, PMP, PMO-CP
Alfredo Armijos, PMP, PMO-CP, PMI-CP
Kara Ayn Austin, PMI-ACP, PMP, PMO-CP
Mete Aydin
Hilary Aza, PhD, PgMP, PfMP
Robert Azanero, PM4R, PMP, PMO-CP
Akbar Azwir, Prosci CCP, PMP, PMO-CC
Ahmed Saleh Said Bahakim, P3O, PMP, PMO-CC
Abdulrahman Balubaid, PMP, PMO-CC, PfMP
Maria Cristina Barbero, PMI-ACP, PMP, PMO-CP
Emilio Augusto Barbosa
Paulo de Tarso Barros, PMP, PMO-CP
Ahmed Ibrahim Battisha
Mikhail Belov, PMO-CC, PgMP, PfMP
Maria Belyaeva, PMO-CP, PMO-CC
Abdelilah Benhmidi
Xavier Billingsley, PMO-CC
Claudio C.Boros
Claudia Martins Bueno
Hazell Hassan Melendez Cabrera, PMI-ACP, PMP, PMO-CP
Carolina Vázquez Camarano, PMP, PMO-CP
Joe Campa, PMI-RMP, PMP, PMO-CP
Rodolfo Campos
Gart Capote
Julio Cesar Gusmão Carvalho
Frederic L.Casagrande
Alessandro Cavalcanti, PTE, PMP, PMO-CP
Porfirio Chen Chang, PMP, PMO-CP, PgMP
Brendan Cody, PMO-CC
Rami Kaibni, CBAP, PMP, PgMP

Gergely Keki, Prosci, PMP, PMO-CP
Vahagn Keshishyan, PMP, PMO-CP
Sridihar Kethandapatti, PMI-RMP, PMO-CP, PgMP
Deborah Kupty, PMO-CP
Ginger Levin, DPA, PMP, PgMP
Hugo Magalhães Lourenço
Neeta Manghnani, MBA, PMP, PMO-CP
Antonio Canas Martinez, PMO-CC, PgMP, PfMP
Vitor Massari
Yosra Torjmen Mekni
Claudio Mello, PMP, PMO-CP, PMO-CC
Hatem Abdel-Wahab Metwalli
Peter Botond Mihok
David Miller, PMI-ACP, PMP, PMO-CP
Walla S.E.Mohamed, PMO-CC, PgMP, PfMP
Lincoln Sant'Ana Morales
Jose Luiz Augusto Gomes Moreira, PMP, PMO-CP
Brayden Mueller, PMI-ACP, PMP, PMO-CP
Rakhmat Mulyanto, PMP, PMO-CP, PMO-CC
Luis Negreiros, MSc, PMP, PMO-CP
Trevor K.Nelson, PhD, PMP, PMO-CP
Laura Lazzerini Neuwirth, Agile PgM, PMP, PMO-CP
Novelly Intan Nursavitri, PMP, PMO-CP
Michael O'Connor, PMP, PgMP, PfMP
Volodymyr Oros, PMI-RMP, PMP, PMO-CP
Fernand Washington Padilha
Marc Pauwels, PMP, PMO-CP, PfMP
Alfredo de Barros Pereira
Sergio Fernando Ferraz Perez
Miguel Pascual Perez-Alfaro
Carlos Victor Salvarez Pestana, CSM, PMP, PMO-CC
Michelle Venezia, PMI-ACP, PMP, PfMP
Eddy Vertil, PhD, PMP, PMO-CP

Ana Victoria Villalta, Mgt.
Ievgen Vyshnevetskyi, PMP, PMO-CP
Kelvin Wan, PhD, PMP, PMO-CP
Leonardo Boles Wanderkoke
Haitham Alrasheed, PhD, VMA, PMO-CC
Heba ALShehhi, PMP, PMO-CP, PMO-CC
Abdulrahman Alulaiyan, MBA, PMO-CC
Edgar Alvarez, MBA, PMP, PMO-CC
Amireh Amirmazaheri, PMI-PBA, PMO-CP, PMO-CC
Ala'Yacoub Amr, PMP, PMO-CC
Davi Cohen
Ana Maria da Graça Costa, PMP, PMO-CP
Marcelo Cota, DSc
Fabio Cruz
Gilnei de Assis
Elmarie-Louise de Beer
Jose Abitia Nilo de Rivera, PMO-CP, PMO-CC
Estelle Detrembleur, MBA, ChPP, PMO-CP
Gaurav Dhooper, PAL-I, CSAPM, PMI-ACP
Dimitar Georgiev Dimitrov
Abdelrahman Elsheikh
Clive N.Enoch, PhD, PMO-CP, PfMP
Carlos Alexandre Espanha
Alexandres Hoyos Espinoza
Fernando Andrés de Cortillas Farías, MBA, PMI-ACP, PMP
Galen Garrison, CSM, PMP, PMO-CP
Ahmed Kamel Ghanem, PMP, PMO-CC, PgMP
Paula Cunha Lima Giudicelli
Jackie Glynn, MPM, PMP, PfMP
Giorgi Gogishvili, PMP, PMO-CP, PMO-CC
Bernardo Jose Marquez Gonzalez, PMP, PMO-CP, PMO-CC
Nanysma I.Guerra-Flores, MEd, PMP, PMO-CP

Katinka Halasz, PMP, PMO-CP
Ganie Hanifan, CBAP, PMO-CC, PgMP
Heberth Campos Hernández, PMI-RMP, PMP, PMO-CP
Christoph Hirnle, PhD, PMO-CP
Tarik Yassin Al Hraki
Mohammed Ahmed Hummadi, MPM, PMP, PMO-CC
Evgenii Ishchenkov, PMP, PMO-CP
Ebtihal Al Jassim, PMP, PMO-CP, PMO-CC
Alamir Paulo Júnior
Americo Pinto, PMP, PMO-CP, PMO-CC
Adilson Pize, DASSM, PMP, PMO-CP
Monika Podkowińska, PMP, PMO-CP
Roberto Henrique Pons, MSc, PMO-CP
Juliana Prado, PMP, PMO-CP
Adi Prasetyo, PhD, PMP, PMO-CP
Tony Prensa, PhD, PMP, PMO-CC
Wael Ramadan, PhD, PMP, PMO-CC
Mahmoud Fathy Rashed, MBA, PMP, PMO-CP
Vladimir Rasovic, PMP, PMO-CP
Claudia T.Rassalski, CA, PMP, PMO-CP
Betsy Redden, PMO-CP
Luis Antonio Guardado Rivera
Adeline Rodier
Alessandra Almeida Rodrigues
Eleftherios (Lefteris) Rousoudis, PMP, PMO-CP, PMO-CC
Ahmet Rumiye, PhD, PgMP, PfMP
Julio Cesar Samorini
Kelly Sandstrom, PMI-ACP, PMP, PMO-CP
Natalia Slynko, PMP, PMO-CP
Cristian Soto, MPM, PMP, PMO-CP
Kris Sprague, MBA, PMO-CP, PfMP
Sheldon St.Clair, PhD, FRSA, PMO-CP
Abdurrahman Syahrawi, PhD, PMO-CP, PMO-CC

Fuad Tahhan

Rogerio Tamassia

Regis Mattos Teixeira, MSc

Rodrigo Thahira, PMP, PMO-CP, PfMP

Sofia Tissera, PMP, PMO-CP, PMI-CP

Meiko Tourista, EPC, Prosci CCP, PMO-CP

Žydra Tubelytė, PMP, PMO-CP, PMO-CC

Bharatkumar Unercat, PMO-CP, PgMP, PfMP

Kidian Germán Chavarría Velásquez, PMI-ACP, PMP, PMO-CC

Jack Wu, RSM, PMI-ACP, PMP

Abdalla Yassin, MBA, PMP, PMO-CC

Krzysztof Zaborowski, PMP, PgMP, PfMP

Daniel Zitter, BSc, PMP

Joseane de Fatima Zoghbi

Humberto Zuleta

《项目管理办公室（PMO）：实践指南》中文版翻译贡献者

以下人员承担了《项目管理办公室（PMO）：实践指南》中文版的翻译工作（排名不分先后）：

陈万茹 MBA、PMP、PRINCE2

吴江（Jack Wu）PMP、PMI-ACP、RSM、RPO

吴树廷 PMP、OPME

杨光 PMP、PgMP、PfMP、PMI-ACP、PRINCE2、MSP、CSM

张智喷 PMP、PgMP、PMI-ACP、PMI-PBA、NPDP、OPME、CSM

全书由吴江负责统稿。

感谢以下组织为《项目管理办公室（PMO）：实践指南》中文版做出的贡献（排名不分先后）：

北京泛华卓越企业管理顾问有限公司

北京光环国际教育科技股份有限公司

上海清晖管理咨询有限公司

中国石油管理干部学院（广州）

"AI 塑造项目管理未来"社区

附录 X2

PMO 客户期望评估

基于以客户为中心的方法，附录 X2 为 PMO 专业人士提供了强大的资源：一个包含 30 个潜在 PMO 成果的精选清单。该清单基于对全球 PMO 社区的广泛研究，涵盖了来自不同地区和行业的 PMO。收集到的见解代表了在各种组织背景下观察到的广泛经验、挑战和良好实践。

列出的成果是从与跨国公司、政府机构、非营利组织以及中小型企业的 PMO 领导者、项目经理和干系人的互动中提炼出来的。这个多样化的样本确保了该清单能够涵盖 PMO 可能遇到的各种潜在需要和痛点，无论其所属的特定行业或所处的地理位置。

清单中的每个成果都经过精心的结构化，以提供最佳的实用性：

- ◆ "需要证据"突出了表明客户可能在某个特定领域面临挑战的迹象或"症状"。这些信息使 PMO 专业人士能够主动识别潜在的痛点。
- ◆ "如何询问客户"提供了精心设计的问题，可作为对话的开场白。这些问题使 PMO 专业人士能够更深入地研究客户的需要、挑战和期望。
- ◆ "最推荐的服务"源于对全球实施的最常见 PMO 服务的全面分析。该分析借鉴了多元化的国际 PMO 社区的集体经验和见解。

这份全面的潜在成果清单为 PMO 专业人士提供了多样化的工具。该清单提供了结构化的需要评估方法，避免遗漏关键领域。这种方法有助于根据最迫切的客户需要确定 PMO 服务的优先级，并有助于将 PMO 服务与具体成果对齐。

通过了解哪些服务最有可能产生预期成果，PMO 可以做出明智的决策，确定资源和工作的重点方向。这种有针对性的方法可以使 PMO 的运营变得更加高效和有效，确保实施的服务能够有效满足客户最迫切的需要并交付有形的价值。

此外，这种成果与服务之间的对齐有助于为 PMO 的设计和运营提供更具战略性的方法。这种方法使 PMO 能够构建直接与组织需要和预期成果相关的服务组合，而不是基于通用的 PMO 模型或假设来实施服务。

"最推荐的服务"的引入使该清单从诊断工具转变为综合的 PMO 开发和优化指南。"推荐的服务"弥合了识别的需要与实施的解决方案之间的差距，为 PMO 专业人士提供了创建高影响力、以客户为中心的 PMO 运营路线图，以适应其独特的组织背景。

该评估包括 30 个成果，所有成果都经过精心的结构化，以便在对 PMO 客户进行访谈或问卷调查（以确定他们的首要任务和需要）时发挥最大的效用。

1. 更好的熟练资源可用性

    ◆ **需要证据**：难以找到和留住熟练的项目集或项目管理资源。

    ◆ **如何询问客户**：

    a）对于贵组织来说，找到和留住熟练的项目集经理和项目经理有多大挑战？
    b）你是否经常因为缺乏经验丰富的项目管理人士而在项目中遇到问题？
    c）你对当前项目集和项目管理团队的技能水平是否满意？

    ◆ **最推荐的服务**：

    ■ 服务 10（资源管理）。有效的资源管理可确保在项目中合理分配熟练人员，并将其可用性和利用率最大化，同时识别技能差距以进行有针对性的发展。

    ■ 服务 12（培训和发展）。通过提供全面的培训项目，PMO 可以直接提升现有项目集经理/项目经理及团队成员的技能，在组织内创建更大的技术人才库。

    ■ 服务 18（指导和辅导）。一对一的指导和辅导计划有助于发展和完善项目集经理/项目经理及团队成员的技能，随着时间的推移，打造出熟练度更高的人才队伍。

2. 更好的组织变革管理

    ◆ **需要证据**：变革阻力、流程中断以及过渡期间的效率降低。

    ◆ **如何询问客户**：

    a）贵组织通常如何处理流程或系统的重大组织变革？
    b）在新举措中，你的员工对变革的抵触程度有多大？
    c）你如何评价贵组织当前变革管理实践的有效性？

- **最推荐的服务**：
  - **服务 3（建立项目文化）**。建立以项目为中心的文化，可整体提升组织适应变革的能力，使组织更容易接受新实践和过渡。
  - **服务 5（组织变革管理）**。该服务通过实施结构化的变革管理实践来直接满足客户需要，确保顺利过渡并最大限度地减少项目集和项目中的干扰。
  - **服务 26（干系人参与）**。有效的干系人参与对于成功的组织变革至关重要，确保在整个过渡过程中获得所有受影响方的支持和认可。

3. 更好的项目团队控制

- **需要证据**：缺乏担责，报告线不清晰，难以管理项目团队。
- **如何询问客户**：

  a）你的项目团队内的报告结构是否清晰？

  b）你是否在让团队成员对其职责担责方面面临挑战？

  c）你如何描述项目团队管理的整体有效性？

- **最推荐的服务**：
  - **服务 9（方法论和框架管理）**。实施标准化的方法论为团队管理提供了一致的结构，强化了对所有项目的控制和担责。
  - **服务 10（资源管理）**。高效的资源管理确保团队合理配置人员，并根据技能和可用性分配资源。这改善了工作流程和沟通，从而更好地控制项目团队，更顺畅地执行项目，并有效达成目标。
  - **服务 19（绩效管理）**。定期监督和管理项目绩效有助于通过设定明确的期望并根据目标跟踪进度来保持对团队的控制。
  - **服务 21（项目管理）**。通过提供项目经理，PMO 建立了明确的报告结构和担责措施，有助于更好地控制项目团队。

4. 更好的角色和职责定义

- **需要证据**：项目团队内部混乱、职责重叠和效率低下。
- **如何询问客户**：

  a）你的项目团队内多久会出现混乱或职责重叠的情况？

b）项目团队成员在多大程度上清楚地理解他们在项目中的角色和对项目的贡献？

c）你如何评价项目团队在任务分配和执行方面的效率？

- ◆ **最推荐的服务：**
    - ■ **服务 4（治理监督）**。建立治理框架，包括在各个层级定义角色和职责，确保决策和问责的清晰性贯穿整个组织。
    - ■ **服务 9（方法论和框架管理）**。标准化的方法论经常包括对角色和职责的明确定义，提供跨项目的一致结构，并确保团队成员了解他们的职责。

5. 更好的项目优先级排序

- ◆ **需要证据**：资源分配不当、优先级冲突，以及无法专注于高影响的项目。
- ◆ **如何询问客户：**

    a）你对组织专注于战略重点项目的能力有多大信心？

    b）你是否经常发现资源在多个项目中分配不当或资源过于分散？

    c）贵组织如何有效地平衡和管理相互竞争的项目优先级？

- ◆ **最推荐的服务：**
    - ■ **服务 1（向高管提供建议）**。向高管提供战略指导有助于将项目优先级与组织目标对齐，确保高层支持优先级决策。
    - ■ **服务 2（收益实现管理）**。该服务通过评估项目的潜在收益来确定项目的优先级。通过监督结果，收益实现管理使组织对符合战略目标的项目进行优先级排序并交付已验证的价值，从而确保资源高效分配和项目组合的成功。
    - ■ **服务 6（项目组合管理）**。项目组合管理直接解决项目优先级排序的问题，确保根据项目的战略价值和对组织的影响来选择项目并排序其优先级。
    - ■ **服务 7（战略规划支持）**。该服务确保项目的优先级与组织的长期目标对齐，并为更有效的资源分配和战略聚焦提供支持。

6. 更好的项目结果质量

- ◆ **需要证据**：不合格的交付物、不满意的干系人以及对组织声誉的负面影响。
- ◆ **如何询问客户：**

    a）你的干系人通常对项目可交付物的质量有多满意？

b）你是否因为项目结果不合格而对组织声誉产生任何负面影响？

c）你的项目在多大程度上始终符合或超出质量期望？

- ◆ **最推荐的服务：**

    - **服务 9（方法论和框架管理）**。标准化的方法论经常包括质量管理的良好实践，可确保项目执行方法的一致性，并有助于提升整体质量。

    - **服务 13（审计评估）**。通过进行全面的审计和评估，该服务有助于提高项目结果的质量。这些评估可确保项目符合标准，及早识别潜在问题，并推荐有针对性的改进措施。

    - **服务 19（绩效管理）**。定期监督和管理项目绩效有助于及早识别和解决质量问题，从而获得更好的最终结果。

    - **服务 23（质量保证）**。该服务通过系统化的流程来确保项目的可交付物符合定义的质量标准，直接促成更高质量的项目结果。

    - **服务 25（专业化服务）**。PMO 可以充当项目经理的支持部门，在需要高级技能的专业领域提供专业的知识和丰富的经验，确保在关键领域做出精确、高效和明智的决策。

7. 更好的人才管理

- ◆ **需要证据**：人员流动率高，以及难以吸引和留住熟练的项目经理。

- ◆ **如何询问客户：**

    a）在吸引和留住熟练的项目经理方面，你面临哪些挑战？

    b）你如何评价贵组织在内部发展和培养项目管理人才方面的能力？

    c）你当前的项目管理专业人士的流动率是多少，这对你的运营有何影响？

- ◆ **最推荐的服务：**

    - **服务 10（资源管理）**。有效的资源管理包括吸引和留住人才的战略，确保熟练人员在项目间的最佳分配。

    - **服务 12（培训和发展）**。该服务通过提供培训计划来提高项目组合、项目集和项目管理的技能和能力，直接有助于培养顶尖人才。

    - **服务 18（指导和辅导）**。提供指导和辅导有助于通过为项目经理和团队成员提供个性化的指导和支持来发展和留住人才。

8. 有效的知识转移

◆ **需要证据**：实践的不一致、员工离职后的知识流失、缺乏共享的专业知识。

◆ **如何询问客户**：

a）贵组织在收集和共享项目管理良好实践方面的效果如何？
b）当关键员工离职后，你会在多大程度上失去关键知识？
c）在贵组织中，不同团队或部门的项目管理实践的一致性如何？

◆ **最推荐的服务**：

- **服务 8（知识管理）**。通过建立系统化的流程来收集、组织和共享项目见解及良好实践，从而实现有效的知识转移。该服务确保宝贵的经验和专业知识在整个组织中易于获取，促进持续学习，避免重复犯错，并通过改进决策和执行来提高整体项目绩效。

- **服务 9（方法论和框架管理）**。标准化的方法论可作为组织知识的存储库，确保良好实践被记录并在项目中得到统一应用。

- **服务 12（培训和发展）**。作为一种结构化的方法，培训计划有助于在整个组织中转移知识和良好实践，确保项目管理方法的一致性。

- **服务 18（指导和辅导）**。一对一指导促进了经验丰富的专业人士与经验较少的团队成员之间的直接知识转移，有助于保存并传播组织内的专业知识。

9. 增强的决策制定

◆ **需要证据**：由于缺乏准确和最新的项目数据，难以做出明智的决策。

◆ **如何询问客户**：

a）在贵组织中，可供决策者使用的项目数据是否及时且准确？
b）你是否经常因为缺乏最新的项目信息而在做出明智决策时面临挑战？
c）你对用于支持项目相关决策的数据质量有多大信心？

◆ **最推荐的服务**：

- **服务 1（向高管提供建议）**。向高管提供战略指导，确保高层决策与组织目标对齐，并基于全面的项目组合和项目信息。

- **服务 4（治理监督）**。建立的治理框架提供了清晰的决策流程和问责机制，提高了项目集和项目决策的质量和一致性。

- **服务 7（战略规划支持）**。提供战略规划支持，确保决策以数据为驱动，并与组织的长期目标对齐。该服务使领导者能够做出明智且经过深思熟虑的决策。
- **服务 16（数据分析和报告）**。该服务提供准确、及时的数据和见解，以支持明智的决策，使项目经理和高管能够根据实时信息做出更好的选择。

10. 提升的项目客户体验

- **需要证据**：项目交付质量差且未满足预期，导致客户满意度低。
- **如何询问客户**：

    a）你的项目在多大程度上始终满足或超出客户期望？
    b）你的项目交付通常能达到怎样的客户满意度？
    c）你是否因项目交付质量差或未满足客户预期而遭遇业务流失或客户忠诚度下降？

- **最推荐的服务**：
    - **服务 15（客户关系管理）**。该服务专注于维护和巩固与项目客户的关系，确保在项目生命周期内满足他们的需要和期望。
    - **服务 17（问题管理）**。该服务通过及时识别、解决和处理可能影响客户满意度的问题，提升项目客户体验。这种主动方法最大限度地减少了干扰，保障了项目质量，并展示了对客户需要的响应能力。
    - **服务 23（质量保证）**。确保项目的可交付物符合定义的质量标准，这直接有助于满足或超出客户期望，提升他们的整体体验。
    - **服务 26（干系人参与）**。有效的干系人参与可确保客户期望得到充分的理解和管理，从而提高干系人对项目成果的满意度。

11. 强化的资源管理

- **需要证据**：资源分配效率低下、资源未充分利用或负担过重，以及项目瓶颈。
- **如何询问客户**：

    a）贵组织在跨项目进行资源分配方面的效率如何？
    b）你是否经常因为资源限制而遇到瓶颈或延误？
    c）你的项目团队成员之间的工作负荷是否平衡？

- **最推荐的服务：**

    - 服务 6（**项目组合管理**）。该服务有助于在多个项目中进行战略性的资源分配，确保与组织的优先级对齐，并实现可用资源的优化利用。
    - 服务 10（**资源管理**）。该服务直接优化跨项目的资源分配，确保充足的人员配备和支持，同时最大限度地减少冲突并提高利用率。
    - 服务 14（**变更控制管理**）。通过有效管理项目范围和目标的变更，变更控制管理确保资源得到最佳分配，避免过度使用资源或资源闲置。
    - 服务 19（**绩效管理**）。监督项目绩效有助于及早识别与资源相关的问题，从而及时调整资源分配和利用。

12. 更好的战略目标对齐

- **需要证据**：对组织目标没有贡献的项目、不一致的优先级以及浪费的投资。
- **如何询问客户：**

    a）你对所有项目都直接支持组织的战略目标有多大信心？
    b）你是否遇到过已完成的项目未能提供预期战略价值的情况？
    c）贵组织根据项目与战略目标对齐来排序项目优先级的效率如何？

- **最推荐的服务：**

    - 服务 1（**向高管提供建议**）。为高管提供战略指导有助于确保项目组合和项目决策始终与组织的整体目标对齐。
    - 服务 2（**收益实现管理**）。通过衡量和管理项目收益，PMO 应确保成果与战略目标对齐。该服务在整个项目过程中跟踪对齐情况，并根据需要进行调整，以保持对更广泛的组织优先事项的关注。
    - 服务 4（**治理监督**）。该服务通过建立和维护治理框架，将项目活动与组织目标联系起来，从而强化与战略目标的对齐。
    - 服务 6（**项目组合管理**）。项目组合管理监督项目的选择和优先级排序，以确保它们与战略目标对齐，并为组织提供最优价值。
    - 服务 7（**战略规划支持**）。该服务直接确保项目集和项目与组织的长期目标对齐，将其战略影响和价值最大化。

13. 更好的组织领域之间的整合

- ◆ **需要证据**：缺乏跨职能协作，项目执行脱节以及未能利用组织能力。
- ◆ **如何询问客户**：

  a）你如何评价不同部门在项目工作中的协作水平？

  b）你在项目中是否面临利用多样化组织能力的挑战？

  c）你是否因不同组织领域之间缺乏整合而经常遇到问题？

- ◆ **最推荐的服务**：
  - 服务 3（建立项目文化）。在整个组织中推广以项目为中心的文化可以强化不同部门之间的协作和整合，促进统一的项目执行方法。
  - 服务 11（系统和工具管理）。该服务提供了通用的平台和工具，以促进组织不同领域之间的协作和信息共享。
  - 服务 26（干系人参与）。有效的干系人参与确保了组织各个部门和层级之间的协作和支持，推动了项目执行中的整合。

14. 更高的 ROI

- ◆ **需要证据**：项目集或项目的 ROI 低，无法展示项目集或项目的价值，缺乏业务增长。
- ◆ **如何询问客户**：

  a）你对组织的项目组合的总体 ROI 是否满意？

  b）你在向干系人展示已完成项目的价值时是否面临挑战？

  c）贵组织如何有效地跟踪和衡量项目的业务收益？

- ◆ **最推荐的服务**：
  - 服务 2（收益实现管理）。该服务直接关注于管理并衡量项目集和项目的收益实现，确保它们能提供预期的价值并将 ROI 最大化。
  - 服务 6（项目组合管理）。有效的项目组合管理可确保选择和优先处理具有最高潜在 ROI 的项目，从而优化组织的整体 ROI。
  - 服务 19（绩效管理）。监督并管理项目绩效有助于识别和解决可能影响 ROI 的问题，确保项目按计划进行以提供最大的价值。
  - 服务 20（项目集管理）。通过提供项目集经理，PMO 可以协调相互关联的项目，优化跨举措（项目、项目集、项目组合）的资源和收益，并有可能提高整体 ROI。

15. 改善的信息可用性

- **需要证据**：项目信息访问受限，导致决策依据不足或决策延迟。
- **如何询问客户**：

  a）项目信息对贵组织中的决策者来说有多及时？

  b）你多久会遇到关键项目数据在需要时无法及时获得的情况？

  c）贵组织中的决策者能否快速获得他们所需的项目信息？

- **最推荐的服务**：
  - **服务 11（系统和工具管理）**。管理和维护有效的项目管理系统可确保信息被持续采集、存储，并可供干系人随时访问。
  - **服务 16（数据分析和报告）**。该服务通过提供及时、准确的项目绩效和见解来直接满足需要，支持整个组织做出明智的决策。
  - **服务 22（项目支持服务）**。为文档和协调提供行政支持，确保项目信息被一致地记录，并在需要时可用。

16. 改善的协作和沟通

- **需要证据**：团队成员和干系人之间的沟通不畅、透明度不足以及协作不佳。
- **如何询问客户**：

  a）你如何评价项目团队内部沟通的整体有效性？

  b）你是否经常遇到团队成员或干系人之间的目标不一致或误解？

  c）你对当前用于项目沟通的工具和流程满意吗？

- **最推荐的服务**：
  - **服务 3（建立项目文化）**。建立以项目为中心的文化可以强化组织内的整体沟通与协作，营造重视和践行信息共享的环境。
  - **服务 11（系统和工具管理）**。实施并管理协作工具及系统可以促进团队成员和干系人更好地跨项目沟通与信息共享。
  - **服务 26（干系人参与）**。有效的干系人参与确保了清晰的沟通渠道，并促进所有项目参与者之间的协作，使各方都保持一致和知情。

17. 加强的组织对结果的承诺

- **需要证据**：缺乏对项目成果的关注，担责不足，以及绩效文化薄弱。

- **如何询问客户**：

  a）你如何描述贵组织对项目成果的担责程度？

  b）你在保持对实现项目结果的专注上是否面临挑战？

  c）你的项目团队中的绩效文化有多强？

- **最推荐的服务**：

  - **服务 1（向高管提供建议）**。向高管提供战略指导有助于确保组织自上而下对结果的承诺，为整个组织定下基调，并使项目结果与战略目标对齐。

  - **服务 2（收益实现管理）**。该服务通过关注项目集和项目实际交付的收益，来帮助组织维持对有形结果的承诺。

  - **服务 3（建立项目文化）**。该服务直接有助于在整个组织中建立问责和结果导向的文化，使项目成果与组织目标对齐。

  - **服务 6（项目组合管理）**。该服务可确保根据项目交付与组织战略对齐的成果的潜力，来选择项目并对项目进行优先级排序，以加强对成果的承诺。

  - **服务 19（绩效管理）**。对项目绩效的定期监督和管理加强了对实现结果的关注，并有助于在整个项目生命周期中持续担责。

18. 改进的项目预算管理

- **需要证据**：在项目执行过程中频繁出现预算超支和财务效率低下的情况。

- **如何询问客户**：

  a）你的项目多久会出现预算超支？

  b）你对当前的项目财务监督是否满意？

  c）你是否清楚了解项目的支出情况和预算使用情况？

- **最推荐的服务**：

  - **服务 14（变更控制管理）**。有效管理变更有助于控制范围蔓延和意外成本，这些经常是预算超支的主要因素。

  - **服务 16（数据分析和报告）**。提供准确的财务数据和分析可帮助项目经理及干系人在整个项目生命周期中做出关于预算分配和控制的明智决策。

- **服务 17（问题管理）**。未解决的问题常常导致预算超支；有效的问题管理有助于控制成本。
- **服务 19（绩效管理）**。根据绩效指标持续跟踪项目目标，可以及早识别任何成本或资源利用效率低下的问题。这种跟踪有助于控制支出并防止预算超支，从而通过主动调整来改善项目预算管理。
- **服务 21（项目管理）**。通过为项目经理提供支持，PMO 可以实施强有力的预算控制和财务监督，确保项目在财务限制内进行。
- **服务 22（项目支持服务）**。支持服务通常协助跟踪费用和准备预算报告，从而有助于实现更好的预算管理。
- **服务 25（专业化服务）**。该服务通过在预算制定和控制方面提供高度专业化的专业知识来强化项目预算管理。PMO 可针对特定项目环境，在财务规划、成本估算和预算跟踪方面提供高技能专业人士。

19. 改善的项目客户关系

◆ **需要证据**：因未能满足期望和沟通不畅，导致客户关系紧张。

◆ **如何询问客户**：

a）你如何评价贵组织与项目客户的关系？
b）你是否经常收到关于项目客户未满足期望的反馈？
c）你的团队在整个项目生命周期中与项目客户的沟通效果如何？

◆ **最推荐的服务**：

- **服务 15（客户关系管理）**。该服务直接专注于维护和巩固与项目客户的关系，确保在整个项目生命周期中满足他们的需要并管理他们的期望。
- **服务 17（问题管理）**。快速解决问题有助于与项目客户建立信任和透明度。通过及时解决问题并让客户知情，PMO 巩固和改善了项目客户关系，确保了快速响应和相互协作的项目体验。
- **服务 19（绩效管理）**。根据项目客户的期望监督项目绩效，有助于确保项目按计划进行，以满足或超出客户要求，从而改善关系。
- **服务 26（干系人参与）**。有效的干系人参与包括与项目客户沟通和互动的策略，这有助于建立和维护稳固的关系。

20. 改进的绩效管理

- **需要证据**：缺乏绩效跟踪导致问题未被发现，以及项目集和项目的成果不理想。

- **如何询问客户**：

    a）贵组织在跟踪和监督项目集和项目绩效方面的效果如何？

    b）你是否经常遇到本可以通过更好的绩效跟踪来提前识别的意外问题？

    c）你对当前确保项目集和项目成功交付的能力是否满意？

- **最推荐的服务**：

    - **服务 13（审计评估）**。全面的审计有助于识别绩效问题和改进领域，从而在整体上提升绩效管理水平。

    - **服务 16（数据分析和报告）**。提供数据分析和报告服务，通过洞察项目趋势和尽早发现问题来支持绩效管理。

    - **服务 17（问题管理）**。跟踪和解决问题是管理整体项目绩效的一个关键方面。

    - **服务 19（绩效管理）**。该服务通过监督并管理项目集和项目的绩效，确保它们达到目标并交付预期的输出和成果，从而直接满足改善绩效管理的需求。

    - **服务 20（项目集管理）**。该服务通过 PMO 提供经验丰富的项目集经理，强化了绩效管理。这些专业人士能监督多个相关的项目，并在整个项目集中实施全面的绩效监督系统。项目集经理协调跨项目的依赖关系，优化资源分配，并确保与战略目标对齐，从而在项目集和项目层级提升整体的绩效跟踪和绩效管理水平。

    - **服务 21（项目管理）**。该服务通过 PMO 提供熟练的项目经理来强化绩效管理。这些专业人士应用良好实践，实施有效的绩效跟踪系统，进行定期评审，并主动采取措施来解决问题，确保项目始终达到或超出绩效目标和组织目标。

    - **服务 22（项目支持服务）**。通过处理项目管理任务来协助项目经理，支持服务有助于更有效地进行绩效管理。

21. 提高的成功率

- **需要证据**：项目集和项目频繁失败、延误、错过截止日期和预算超支。

- **如何询问客户**：

    a）你的项目集和项目在多大程度上能达到时间、预算和目标的要求？

    b）你认为在你的项目中有百分之多少是成功的？

c）项目延误或失败对贵组织的整体成功有多大影响？

◆ **最推荐的服务：**

- **服务 5（组织变革管理）**。通过管理变革，确保项目能够顺利地融入业务，减少阻力和干扰。将项目成果与组织目标对齐有助于更快地导入和更平稳地过渡。
- **服务 8（知识管理）**。通过收集并分享良好实践和经验教训，团队可以应用经过验证的策略并避免重复错误。这种知识共享带来更高效的项目执行和更高的成功率，因为团队做出了更明智的决策，减少了错误并提高了项目成功率。
- **服务 9（方法论和框架管理）**。实施标准化的方法论有助于确保项目执行的一致性，从而提高多个项目集和项目的成功率。
- **服务 14（变更控制管理）**。变更控制管理确保所有变更都经过仔细评审和批准，避免不必要的范围蔓延或可能使项目脱轨的干扰。这种规范的变更管理方法有助于保持项目的稳定性和与目标的一致性，从而提高成功率。
- **服务 17（问题管理）**。主动的问题管理有助于防止小问题成为项目成功的重大障碍。
- **服务 20（项目集管理）**。该服务通过 PMO 提供资深的项目集经理来提高成功率。这些专业人士能协调和监督多个相关项目，确保战略对齐和高效的资源分配。通过管理相互依赖关系，在更高的层级上减轻风险，并利用项目之间的协同效应，项目集经理显著提高了单个项目和整体项目集成功实现目标的可能性。
- **服务 21（项目管理）**。该服务通过 PMO 提供资深的项目经理来提高项目成功率。通过应用良好实践，PMO 提供的项目经理显著提高了项目实现其目标的可能性。
- **服务 24（风险管理）**。在整个项目生命周期中，识别、评估和管理风险有助于降低可能破坏项目成功的潜在威胁，从而提高整体成功率。
- **服务 25（专业化服务）**。对于需要特定专业知识的项目，PMO 的专业服务可以显著提高成功的可能性。

22. 提高的信息可靠性

◆ **需要证据**：不准确、过时或不一致的项目数据导致决策失误。

◆ **如何询问客户**：

a）你对项目信息的准确性和及时性有多大信心？
b）你是否经常因不可靠或过时的项目数据而遇到决策方面的挑战？
c）项目信息的质量对贵组织的决策流程有何影响？

- **最推荐的服务：**
  - **服务 11（系统和工具管理）**。实施和维护强大的项目管理系统有助于确保在所有项目中一致地采集和存储信息。
  - **服务 16（数据分析和报告）**。该服务专注于提供准确、及时的数据和分析，确保项目信息可靠且最新，以支持明智的决策。
  - **服务 23（质量保证）**。将质量保证流程应用于信息管理有助于保持项目数据和报告的高准确性和高可靠性。

23. 提高的干系人参与度

- **需要证据**：干系人脱节，缺乏认同感，以及项目集或项目的期望不一致。
- **如何询问客户：**
  a）贵组织在整个项目集或项目生命周期中与干系人的互动效果如何？
  b）你是否经常面临干系人缺乏认同感或期望不一致的挑战？
  c）你如何评价当前的干系人参与实践？
- **最推荐的服务：**
  - **服务 5（组织变革管理）**。管理组织变革的影响，有助于吸引受项目影响的干系人，确保他们的关注得到落实，并在过渡期间管理期望。
  - **服务 15（客户关系管理）**。该服务虽然主要关注项目客户，但也能通过维护和加强与关键项目参与者的关系来促进干系人的整体参与。
  - **服务 26（干系人参与）**。该服务直接关注识别并管理干系人的期望和参与，确保他们在整个项目生命周期中的支持和参与。

24. 增加的组织学习

- **需要证据**：知识管理不善，导致重复犯错且无法利用过去的成功经验。
- **如何询问客户：**
  a）贵组织能在多大程度上有效吸取和应用从过去项目中获得的经验教训？
  b）你是否经常看到不同项目中重复出现的相同错误？
  c）你如何描述贵组织在项目管理中的持续改进文化？

◆ **最推荐的服务：**

- **服务 8（知识管理）**。该服务通过系统地收集、组织和分享经验及良好实践，显著地促进了组织学习。知识共享使组织能够建立在过去的成功基础上，最终提高整体的项目绩效和组织能力。

- **服务 12（培训和发展）**。该服务通过提供培训计划来提高技能和知识，直接促进组织学习，并有助于将过去项目的经验教训纳入培训材料。

- **服务 13（审计评估）**。对项目进行全面审计有助于识别经验教训和改进领域，从而促进组织学习和持续改进。

- **服务 18（指导和辅导）**。一对一的指导和辅导可以促进知识及经验教训从经验丰富的专业人士向组织内的其他人转移。

25. 提高的项目生产力

◆ **需要证据**：团队绩效低下、流程效率低下，以及项目成果不理想。

◆ **如何询问客户：**

a）你如何评价项目团队的整体生产力和效率？
b）影响项目团队绩效的主要因素是什么？
c）你如何有效地运用良好实践和工具来提高项目的生产力？

◆ **最推荐的服务：**

- **服务 9（方法论和框架管理）**。实施标准化的方法论和框架为项目团队提供了经过验证的高效流程，直接提高了项目的整体生产力。

- **服务 10（资源管理）**。资源的最佳分配和管理可以确保项目团队人员充足且得到支持，从而提高生产力和效率。

- **服务 11（系统和工具管理）**。提供和维护有效的项目管理工具，可以通过简化任务、沟通和信息共享来显著提升团队的生产力。

- **服务 22（项目支持服务）**。通过处理行政和后勤任务，支持服务可以使项目团队成员专注于其核心职责，从而提高整体生产力。

- **服务 25（专业化服务）**。PMO 提供在项目管理特定方面表现出色的专家，从而通过为项目经理执行专业活动来提高生产力。

26. 提高的项目进展可见性

◆ **需要证据**：对项目状态的了解有限，导致决策不明智以及潜在的项目延迟。

◆ **如何询问客户**：

a）在你的项目中，为干系人提供的进度更新是否清晰且有规律性？

b）你是否经常遇到因为项目可见性不足而导致干系人目标不一致的情况？

c）你对当前项目进度报告机制的满意度如何？

◆ **最推荐的服务**：

- 服务 11（**系统和工具管理**）。实施和维护具有强大报告功能的项目管理系统，可以提高整个组织的项目进度可见性。

- 服务 16（**数据分析和报告**）。该服务通过数据驱动的报告和分析提供定期、清晰的项目进度更新，可直接满足对可见性的需要，确保所有干系人都充分了解情况。

- 服务 26（**干系人参与**）。该服务确保将项目进度有效传达给所有干系人，提高整体可见性。

27. 更准确的项目预测

◆ **需要证据**：不准确的项目预测导致预算超支和错过截止日期。

◆ **如何询问客户**：

a）你的项目预测与实际结果的吻合度如何？

b）不准确的预测对你的项目预算和时间表有何影响？

c）你对当前的项目预测方法有多少信心？

◆ **最推荐的服务**：

- 服务 9（**方法论和框架管理**）。实施标准化的方法经常包括项目估算和预测的良好实践，从而在项目中实现更一致和更准确的预测。

- 服务 16（**数据分析和报告**）。该服务提供准确的和数据驱动的见解，为可靠的项目预测奠定了基础，使基于历史和当前项目数据的规划及决策更加完善。

- 服务 22（**项目支持服务**）。通过维护准确的项目记录并协助数据收集，支持服务有助于提高项目预测的准确性。

- 服务 24（**风险管理**）。通过识别并量化可能影响项目时间表和成果的潜在问题，有效的风险管理有助于提高预测的准确性。

- 服务 25（专业化服务）。该服务通过提供在预测分析和项目管理特定预测技术方面具有高级技能的专家资源，提高了项目预测的准确性。PMO 提供的专业人员精通统计建模、趋势分析和特定行业的预测方法。

28. 降低的风险敞口

- ◆ **需要证据**：高度的不确定性和意外的挫折会对项目成果产生负面影响。
- ◆ **如何询问客户**：

    a）你当前的风险管理策略有多全面？
    b）意外的挫折对你的项目成果产生重大影响的频率有多高？
    c）你对组织识别、评估和减轻项目风险的能力有多大信心？

- ◆ **最推荐的服务**：

    - 服务 4（治理监督）。建立和维护治理框架，以确保风险管理流程在各个项目中得到一致的应用，从而降低组织的整体风险敞口。
    - 服务 13（审计评估）。进行全面的审计有助于识别潜在的风险和漏洞，从而促进更有效的风险减轻策略。
    - 服务 17（问题管理）。许多问题如果不加以管理，可能会演变成重大风险。有效的问题管理是降低风险的关键。
    - 服务 24（风险管理）。该服务通过识别、评估和管理整个项目生命周期中的风险，并实施全面的策略来缓解潜在的问题，从而直接满足降低风险敞口的需要。

29. 更强的治理和合规性

- ◆ **需要证据**：不遵守行业法规或组织政策，导致罚款或声誉受损。
- ◆ **如何询问客户**：

    a）贵组织在项目组合、项目集和项目管理中对相关法规和政策的遵守情况如何？
    b）你在最近的项目中是否遇到过与合规相关的问题或处罚？
    c）你对当前的治理框架有多大信心？

- ◆ **最推荐的服务**：

    - 服务 4（治理监督）。该服务通过建立和维护治理框架，以及确保项目集和项目按照组织政策和相关法规进行管理，直接满足了强化治理的需要。

- **服务 9（方法论和框架管理）**。实施标准化的方法经常包括治理和合规元素，确保在所有项目中一致地应用良好实践。
- **服务 13（审计评估）**。定期进行审计有助于识别合规问题和治理实践中的改进领域，从而强化整体治理。
- **服务 14（变更控制管理）**。该服务为项目增加了结构化的监督层。每个提议的变更都应该经过正式的审批流程，这有助于维护治理政策和合规标准。变更控制将未授权变更的风险降到最低，并可确保遵循组织规则。

30. 缩短的项目生命周期

◆ **需要证据**：项目的持续时间过长、项目结果的交付延迟，以及上市时间缓慢。

◆ **如何询问客户**：

a）你对当前项目生命周期的持续时间满意吗？
b）项目生命周期的长度对贵组织的竞争力有何影响？
c）你如何有效地简化项目流程以缩短上市时间？

◆ **最推荐的服务**：

- **服务 9（方法论和框架管理）**。实施高效、标准化的方法论可以显著简化项目流程，减少不必要的步骤，加快整体项目生命周期。
- **服务 10（资源管理）**。优化资源的分配和管理可以确保项目在关键点上有足够的人员配置，防止延误并缩短项目生命周期。
- **服务 14（变更控制管理）**。通过高效管理变更并避免不必要的修改，变更控制管理可防止因项目范围和项目重点的管理不当而导致的延误。变更控制管理有助于保持项目进度，通过消除可避免的延期和返工来缩短项目生命周期。
- **服务 17（问题管理）**。快速识别和解决问题可以防止延误，保持项目按计划进行，并有可能缩短整体项目工期。
- **服务 21（项目管理）**。通过 PMO 提供经验丰富的项目经理，该服务有助于缩短项目生命周期。通过利用他们在高效执行项目和持续改进方面的专业知识，PMO 提供的项目经理可能显著缩短项目工期。
- **服务 22（项目支持服务）**。高效的项目支持可以简化行政流程，有可能缩短整体项目工期。

- **服务 25（专业化服务）**。通过提供项目管理和特定执行领域方面的高技能专家，该服务有助于缩短项目生命周期。这种有针对性的专业知识可以更快速地解决问题，更高效地利用资源，并能够快速推进关键项目组件，而不会影响质量或范围。

附录 X3

PMO 服务成熟度评估

PMO 服务成熟度评估旨在作为实用的工具，用于评估当前能力，识别改进领域，并指导 PMO 的发展。组织可以有效地将此模型用于：

1. **评估**。先评估 PMO 在每个维度上的当前服务成熟度级别。该评估涉及通过调查、访谈和绩效指标来收集数据，以确定 PMO 在定义的服务成熟度级别中所处的位置。

2. **差距分析**。识别每个维度的当前服务成熟度级别和预期级别之间的差距。预期级别应根据组织需要和战略目标确定，需要认识到最高的服务成熟度级别可能并不总是对每个维度都必要或适合。

3. **优先级排序**。根据差距分析，确定需要优先改进的领域。在设定优先级时，需考虑差距的大小及其对组织绩效的潜在影响。

4. **行动计划**。为提高优先改进领域的服务成熟度级别，应制订详细的行动计划。这些计划应包括具体的举措、资源需求、时间表和成功指标。

5. **实施**。执行行动计划，确保有适当的变更管理实践来支持过渡。

6. **监督和调整**。定期监督进展，并准备按需调整计划。PMO 服务成熟度的发展是一个持续的过程，灵活性是长期成功的关键。

7. **重新评估**。定期重新评估 PMO 的服务成熟度级别，以跟踪进展并识别新的改进领域。

这项全面评估概述了 26 项最常见的 PMO 服务及其 5 个服务成熟度级别。每个服务成熟度级别反映了不断增加的复杂性、能力，以及对组织成功的整体价值创造的影响。了解这些服务及其进展有助于 PMO 专业人士战略性地优化他们的 PMO，确保其提供最大价值并与不断发展的业务目标对齐。

该评估可作为 PMO 飞轮（PMO 价值环™框架的一部分）第 8 步的配套工具。有关此步骤的更多详细信息，见第 21 章（步骤 8：服务改进）。

要计算 PMO 服务成熟度，请遵循以下步骤：

1. 识别服务。

   列出 PMO 提供的所有战略型、战术型和运营型服务。

2. 分配分数。

   根据每项服务的预定义标准分配服务成熟度分数。评分系统可以为 1~5 分，1 分表示服务成熟度低，5 分表示服务成熟度高。

3. 汇总分数。

   ◆ **战略型服务**。将所有战略型服务获得的分数相加。

   ◆ **战术型服务**。将所有战术型服务获得的分数相加。

   ◆ **运营型服务**。将所有运营型服务获得的分数相加。

4. 计算可能的总得分。

   ◆ **战略型服务**。将战略型服务的数量乘以最高可能得分（如 5 分）。

   ◆ **战术型服务**。将战术型服务的数量乘以最高可能得分。

   ◆ **运营型服务**。将运营型服务的数量乘以最高可能得分。

5. 计算服务成熟度百分比。

   ◆ **战略型服务成熟度百分比**。（战略型服务分数之和 / 可能的总战略得分）× 100

   ◆ **战术型服务成熟度百分比**。（战术型服务分数之和 / 可能的总战术得分）× 100

   ◆ **运营型服务成熟度百分比**。（运营型服务分数之和 / 可能的总运营得分）× 100

这些服务成熟度百分比为 PMO 在战略、战术和运营维度上的成熟度级别提供了清晰的视图，有助于识别需要改进的领域。

PMO 服务成熟度评估

战略型服务

1. 向高管提供建议

- **第 1 级（被动建议）**。仅在高管明确要求时提供建议。通常，基于有限的信息，可能与组织战略不对齐。PMO 缺乏主动性，并且不提供未经请求的见解，可能错失增加价值的机会。

- **第 2 级（结构化咨询）**。PMO 与高管进行定期磋商，提供更一致的建议。这些会议遵循基本结构，但建议可能仍然缺乏深度或全面的数据支持。虽然更有规律，但建议可能没有完全整合项目组合、项目集和项目管理的所有方面。

- **第 3 级（数据驱动的指导）**。PMO 利用强大的数据分析来提供见解。基于从项目组合、项目集和项目绩效数据中识别的趋势，建议变得具有主动性。给出的建议与组织目标之间有明确的联系，建议有具体的证据支持。

- **第 4 级（战略整合）**。PMO 的建议成为战略决策的关键输入。信息流是双向的，PMO 既向组织战略提供信息，也从组织战略获得信息。通过情境规划和预测分析来提供前瞻性建议，使高管能够做出更明智的决策。

- **第 5 级（变革型领导）**。PMO 被视为战略合作伙伴，通过其建议主动塑造组织战略。所提供的指导导致了组织在项目组合、项目集和项目管理方法方面发生变革性转变。使用 AI 和机器学习等先进技术来提供预测性和规范性建议，使 PMO 成为行业思想领袖。

2. 收益实现管理

- **第 1 级（临时跟踪）**。PMO 识别项目组合和项目集的潜在收益，但没有结构化的流程来跟踪或衡量它们。收益的实现在很大程度上靠运气，项目完成后几乎没有进行后续工作。组织对预期收益是否真正实现缺乏了解。

- **第 2 级（结构化监督）**。PMO 建立了正式的流程来识别和跟踪收益。在项目集和项目开始时，有一致的方法来记录预期收益。已定义和监督基本指标，但主要侧重于跟踪而非主动管理。某些收益可能在实施后得到衡量，但流程并不全面。

- **第 3 级（主动管理）**。PMO 在整个项目组合和项目集的生命周期中主动管理收益。定期进行收益评审，并有明确的调整流程以确保实现收益。PMO 与项目集经理和项目经理密切合作，以识别收益实现的风险并制定减轻策略。高度重视问责，为每项预期收益分配明确的责任人。

- 第 4 级（整合方法）。收益实现成为项目集和项目的选择、优先级排序以及持续决策的关键因素。PMO 定期向高级管理层提供收益实现报告，直接为战略规划提供信息。深刻理解项目组合中不同收益之间的相互依赖关系。组织对项目集和项目收益如何促进整体战略目标的实现有清晰的认识。

- 第 5 级（持续优化）。PMO 采用先进的分析和 AI 技术来预测并优化收益实现。借助精密的建模技术，预测收益实现的可能性并识别影响因素。运行复杂的情境以优化项目组合，实现最大收益。已建立持续学习的文化，将从收益实现中获得的见解反馈至项目选择和执行流程。组织被公认为收益实现管理的领导者。

3. 建立项目文化

- 第 1 级（初步意识）。PMO 向组织介绍了初步的项目管理概念。除了专门的项目团队，人们对项目管理原则的理解有限。培训和沟通工作零散且缺乏连贯的策略。项目管理的价值在整个组织中没有得到广泛认可。

- 第 2 级（结构化教育）。PMO 开展定期的培训课程，以提升整个组织的项目管理技能。有涵盖关键项目管理概念的结构化课程。但主要侧重于技术技能，而不是建立更广泛的项目文化。培训参与者可能仅限于直接参与项目的人员。

- 第 3 级（嵌入式实践）。项目管理原则在整个组织中被广泛理解和应用，而不仅限于项目团队。PMO 在各种业务环境中推广项目管理工具和技术的使用。越来越多的人认识到，项目管理如何促进组织成功。在项目环境中的跨职能协作变得更加普遍。

- 第 4 级（文化对齐）。项目管理被视为一项核心能力，并被纳入整个组织的绩效评估。PMO 与人力资源部门合作，将项目管理技能整合至职位描述和职业发展路径。在项目管理实践中强调持续改进。领导层要主动倡导项目管理文化。

- 第 5 级（创新项目文化）。项目管理文化推动创新，是组织差异化的一个关键因素。PMO 促进了从成功、失败中进行实验和学习的文化。在组织内部，开发先进的项目管理实践，并经常与更广泛的行业分享。凭借强大的项目管理文化，组织能够吸引顶尖人才，并被其他组织视为标杆。

4. 治理监督

- 第 1 级（基本规则）。PMO 引入了项目管理的基本规则，但这些规则并未在整个组织中得到一致的遵循。治理主要是被动的，仅在问题出现时才解决问题。对于治理在项目成功中的作用，理解有限。治理流程的文档很少，并且难以获取。

- 第 2 级（结构化框架）。PMO 建立了明确的治理结构，经常在项目组合、项目集和项目中得到遵循。治理框架内的角色和职责已被定义。定期召开治理会议，但可能更侧重于报告而非决策。治理流程的文档有所改进，但可能未涵盖所有情境。

- 第 3 级（主动执行）。PMO 定期进行审计以确保遵循治理标准。对于不合规的行为，既明确了后果，也提供了改进支持。治理流程具有良好的文档且易于获取。PMO 提供治理培训以确保广泛理解。治理数据用于识别趋势和改进领域。

- 第 4 级（自适应治理）。PMO 定期评审和更新治理框架，以反映不断变化的组织需要和经验教训。治理流程足够灵活，可以适应不同类型的项目集和项目，同时保持一致性。治理被视为项目成功的推动因素，而不仅仅是一种控制机制。先进的工具支持治理流程和决策制定。

- 第 5 级（价值驱动型治理）。治理被视为一种增值活动，而不仅仅是控制机制，能够推动组织绩效提升。PMO 使用先进的分析工具来证明良好治理与项目成功之间的联系。治理流程非常高效，最大限度地减少了官僚作风，同时将价值最大化。组织的治理方法被公认为行业内的良好实践，经常被其他组织当作基准。

5. 组织变革管理

- 第 1 级（被动方法）。PMO 对变革影响的响应是被动的，没有正式的流程。变革管理被视为项目特定的活动，而不是项目组合层级或项目集层级的关注点。对某一领域的变革如何影响其他领域的理解有限。由于缺乏准备，变革的阻力往往很大。

- 第 2 级（计划方法）。PMO 为项目组合和项目集建立了正式的变革管理流程。对变革进行了预期准备和规划，但未能在所有举措中都保持一致。开展了初步的变革影响评估。进行了一些干系人分析和沟通规划，但可能不够全面。仅在高层级上评估变革准备就绪度。

- 第 3 级（整合管理）。在所有项目组合和项目集中一致地应用全面的变革管理方法。PMO 与项目集经理和项目经理密切合作，将变革管理整合至所有计划。制定详细的干系人分析策略和可裁剪的沟通策略。全面评估和处理变革准备就绪度。注重在组织内建立变革能力。

- 第 4 级（主动赋能）。PMO 使用变革管理来主动实现和加速组织转型。使用先进的变革影响建模技术来预测和缓解潜在问题。重点在于构建组织变革的弹性。将变革管理指标与项目组合和项目集成功指标相关联。PMO 作为变革管理的卓越中心，为整个组织提供指导。

- 第 5 级（文化嵌入）。组织具备高度的适应性，变革管理已嵌入其文化。PMO 推动持续的变革准备就绪度评估和改进计划。使用先进的分析和 AI 技术来预测变革影响并优化变革战略。组织的变革方法被视为竞争优势，能够快速适应市场变化。PMO 被公认为组织变革管理的行业领导者。

6. 项目组合管理

- **第 1 级（基础项目清单）**。PMO 仅维护基础的项目集和项目清单。项目的选择和优先级排序是临时性的，很少考虑战略对齐。资源分配未优化，项目组合绩效的监督极少。重点放在单个项目上，而不是整个项目组合。

- **第 2 级（结构化选择和优先级排序）**。PMO 建立了项目选择和优先级排序的标准。有结构化的流程来评估新的项目提案。已建立初步的项目组合监督机制，但可能不全面。考虑了资源分配，但没有优化整个项目组合。战略对齐得到认可，但未得到一致的执行。

- **第 3 级（主动的项目组合管理）**。PMO 主动管理项目组合，持续优化资源分配。定期进行项目组合评审以评估绩效和对齐情况。有明确的流程，可根据项目组合的绩效，增加、变更或终止项目。战略对齐是决策中的一个关键因素。初步的项目组合分析可用于辅助决策。

- **第 4 级（战略对齐和优化）**。项目组合是执行组织战略的关键工具。使用先进的项目组合分析工具来优化资源分配并实现战略价值的最大化。对项目集和项目之间的相互依赖关系有深入的理解。PMO 定期向高级管理层提供有见地的项目组合绩效报告。情境规划用于为项目组合决策提供信息。

- **第 5 级（动态项目组合优化）**。运用预测模型和情境分析来动态优化项目组合。采用 AI 和机器学习来预测项目组合绩效并提出调整建议。项目组合对业务环境的变化高度敏感。PMO 的项目组合管理方法被公认为行业标杆，经常推动该领域的创新。

7. 战略规划支持

- **第 1 级（提供基础输入）**。PMO 在战略规划中的参与仅限于提供基础的项目状态信息。很少分析项目如何支持战略目标。PMO 未主动参与战略讨论。项目与战略之间的联系没有被清晰地阐明或理解。

- **第 2 级（结构化贡献）**。PMO 为战略规划过程提供定期的、结构化的输入。对项目集和项目如何与战略目标对齐进行了初步分析。PMO 参与战略规划会议，但主要扮演支持角色。项目提案包括有关战略对齐的基本信息。

- **第 3 级（主动参与）**。PMO 基于项目组合的见解，主动参与战略计划的制订。对项目集和项目如何推动战略成果有着清晰的理解。PMO 提供有价值的数据和分析以支持战略决策。战略对齐是项目选择和优先级排序的关键因素。

- **第 4 级（战略整合）**。PMO 在将战略转化为可执行的项目组合规划方面发挥着关键作用。项目组合管理与战略计划之间存在双向信息流。PMO 使用先进的分析方法来模拟不同项目组合情境对战略成果的影响。高级管理层将 PMO 视为有价值的战略合作伙伴。
- **第 5 级（战略共创）**。PMO 被视为战略合作伙伴，其项目组合的见解可引领战略方向。PMO 使用先进的预测分析和情境建模来制定长期战略。战略计划与项目组合管理流程深度整合。PMO 的战略规划支持被认为是组织的一个关键竞争优势。

战术型服务

8. 知识管理

- **第 1 级（临时文档）**。知识获取是零散且无结构的。经验教训有时会在项目结束时被记录，但很少被分享或使用。没有集中化的项目知识存储库。知识转移主要依靠非正式的、人与人之间的互动。
- **第 2 级（基础知识库）**。PMO 为项目文档和经验教训建立了集中式的存储库。创建了用于获取项目知识的标准模板，但用法不一致。存在一些知识共享行为，但不是系统性的。主要关注显性知识，对隐性知识关注较少。
- **第 3 级（主动知识共享）**。定期举办知识共享会议。PMO 通过结构化的总结和案例研究促进跨项目学习。维护并主动使用用户友好的知识库。越来越多的人认识到知识管理在改善项目成果方面的价值。
- **第 4 级（整合知识管理）**。知识管理被整合至项目集和项目生命周期的所有阶段。PMO 运用了包括 AI 辅助系统在内的先进工具以获取知识。有强大的知识共享文化，并将激励与贡献挂钩。通过指导计划和实践社区促进了隐性知识的转移。
- **第 5 级（知识驱动型组织）**。知识管理已成为关键的战略资产和竞争优势。PMO 利用先进的分析方法从知识库中获得见解，以指导战略决策。知识管理与创新流程无缝整合。组织被公认为思想领袖，经常与更广泛的行业分享见解。基于积累的知识进行持续学习与适应已融入组织文化。

9. 方法论和框架管理

- **第 1 级（初步指南）**。PMO 提供初步的项目管理指南，但这些指南并不全面，也没有得到一致的遵循。方法论和框架的定义松散，可能在整个组织中有所不同。与实施方法论配套的培训或支持有限，文档记录也很少。

  触发因素：已建立初步的项目管理指南。

- 第 2 级（**标准化的方法论**）。PMO 为项目管理建立了标准化的方法论。提供了基础模板和工具，以及一些关于方法论的培训，但导入可能不一致。该方法论主要关注项目级流程，对项目组合或项目集管理的考虑有限。

- 第 3 级（**全面框架**）。PMO 实施了一个全面的框架，涵盖项目组合、项目集和项目管理。该方法论有详细的文档支持，并配备了完整的工具和模板。提供定期培训和支持。设有方法论合规审计流程。

- 第 4 级（**自适应的方法论**）。根据经验教训和新兴实践定期更新 PMO 的方法论。该框架具有灵活性，允许根据不同的项目类型和组织需要进行裁剪。设有高级培训课程，包括认证途径。

- 第 5 级（**创新的良好实践**）。PMO 的方法论和框架处于行业实践的前沿，常常推动该领域的创新。该方法论无缝整合了项目组合、项目集和项目管理。将先进技术（包括 AI）纳入了该方法论。

10. 资源管理

    - 第 1 级（**基础分配**）。PMO 为资源分配提供基础支持。对跨项目的资源可用性和利用率的可见性有限。资源冲突是被动解决的。资源规划是短期的且经常不准确。在资源分配中很少考虑技能匹配。

    - 第 2 级（**集中跟踪**）。PMO 建立了集中化的资源管理系统。提高了对资源可用性和利用率的可见性。实施了基础的资源预测。资源冲突被更早地识别，但管理仍是被动的。在资源分配中考虑了技能匹配。

      触发因素：实施了集中化的资源跟踪系统。

    - 第 3 级（**主动管理**）。PMO 实施了主动的资源管理实践。具备先进的资源预测和产能规划。跨项目集和项目的资源冲突能够得到有效管理。技能匹配是资源分配的关键因素。资源利用在项目组合层级得到优化。

    - 第 4 级（**战略对齐**）。PMO 将资源管理与组织战略对齐。通过精密的建模来优化整个项目组合的资源分配。重点关注发展和保留关键资源。资源管理决策考虑了长期战略影响。先进的分析方法可预测并防止出现资源瓶颈。

    - 第 5 级（**动态优化**）。PMO 使用 AI 和机器学习进行动态资源优化。根据变化的项目和组织需要实时调整资源分配，并使用未来资源需要的预测建模。组织的资源管理方法被公认为行业标杆。

11. 系统和工具管理

- **第 1 级（基础工具提供）**。PMO 提供基础的项目管理工具，通常整合度较低。工具的选择是临时性的，可能因项目而异。对工具使用的培训或支持有限。系统维护是被动的。没有系统性地衡量工具对项目绩效的影响。

- **第 2 级（标准化的工具集）**。PMO 为项目组合、项目集和项目管理创建了一致的工具集。工具之间的整合有所改善。提供基础的工具使用培训和支持。定期进行系统维护。开始对工具的使用和影响进行一些跟踪。

- **第 3 级（整合管理系统）**。PMO 提供了全面的整合管理系统。在项目组合、项目集和项目层级实现了无缝的数据流。高级的培训和支持确保了工具的高导入率和熟练度。定期进行主动的系统优化和增强。系统性地衡量和分析工具对管理有效性的影响。

- **第 4 级（战略技术赋能）**。PMO 将系统和工具与组织战略对齐。具备精密的建模和预测分析能力。系统显著强化了各层级的决策和执行能力。PMO 推动管理技术的持续创新。系统能力成为竞争优势的来源。

- **第 5 级（智能管理生态系统）**。PMO 利用 AI 和机器学习实现智能、自适应的管理系统。流程和决策支持得到实时优化。系统能够自动识别改进机会并提出强化建议。组织的项目管理系统方法在行业中树立了新标准。

12. 培训和发展

- **第 1 级（基础技能培训）**。PMO 提供了基础的、零散的培训课程。培训内容较为通用，可能未针对组织需要进行裁剪。培训有效性评估有限。培训与职业发展或组织战略没有关联。持续的技能发展支持很少。

- **第 2 级（结构化的培训课程）**。PMO 实施了涵盖关键项目管理领域的结构化的培训课程。根据组织需要对内容进行了一些裁剪。开展培训有效性的初步评估。培训逐渐与职业发展路径相结合。定期安排培训课程且出勤率高。在职业发展路径中会考虑专业认证。

- **第 3 级（全面的能力发展）**。PMO 提供了强大的、多层次的能力发展课程。对个人和组织的技能差距进行了精密的评估。培训与职业发展和组织需要密切相关。采用先进的学习方法，包括体验式学习和同伴共同学习。鼓励和支持持续学习。

- **第 4 级（战略能力建设）**。PMO 将培训和发展与组织的战略能力对齐。PMO 还对未来的技能需要进行预测分析。培训课程显著强化了整个组织的项目组合、项目集和项目管理能力。因此，PMO 在组织的知识管理和创新中发挥着关键作用。

- 第 5 级（变革型学习生态系统）。PMO 采用先进技术提供自适应的、个性化的学习体验。进行实时技能差距分析并自动调整学习路径。组织的项目管理发展方法推动了行业创新。学习与发展已成为竞争优势和组织变革的关键来源。

运营型服务

13. 审计评估

- 第 1 级（基础合规检查）。PMO 执行了基础的审计，主要关注政策的合规性。审计不频繁且往往是被动的。评估标准有限且可能未被一致地应用。审计结果有记录，但后续跟进可能有限。审计的见解与项目实践的整合程度很低。

- 第 2 级（标准化的审计）。PMO 建立了一致的审计方法。审计的执行更有规律性，并涵盖更广泛的项目方面。审计结果和建议的记录更加完善。已建立基本的跟进流程。审计的见解开始为项目管理实践提供信息。

- 第 3 级（全面评估）。PMO 进行了全面评估，涵盖项目集和项目管理的各个方面。除了合规性，还重点关注绩效改进。使用精密的评估工具和技术。系统地跟踪审计结果，并为持续改进提供信息。

- 第 4 级（主动绩效优化）。PMO 主动使用审计来优化项目集和项目绩效。使用预测分析来识别潜在问题，以防患于未然。将审计的见解无缝整合至项目组合、项目集和项目管理实践。审计显著促进了组织学习和能力发展。

- 第 5 级（持续智能监督）。PMO 使用了 AI 和机器学习进行持续的、实时的项目集和项目监督。智能系统可自动识别问题并提出改进建议。对审计结果如何影响组织绩效进行精密的建模。组织在项目审计和评估方法上为行业树立了新标准。

14. 变更控制管理

- 第 1 级（被动应对变更）。PMO 在变更发生时做出应对，没有标准化的流程。变更记录很少且不一致。影响评估流于形式。对范围、进度和资源变更的控制有限。干系人未被持续告知变更情况。

- 第 2 级（基础变更流程）。PMO 建立了具有明确步骤的基础变更控制流程。变更记录更加一致。有简单的影响评估流程。成立了变更控制委员会（Change Control Board, CCB），但其有效性可能有限。与干系人进行的变更沟通有所改善，但可能不够全面。

- 第 3 级（整合变更管理）。PMO 实施了与其他流程整合的、全面的变更控制系统。详细的影响评估涵盖范围、进度、资源和风险。变更控制委员会有效运作。对于重大变更，有明确的升级流程。在变更过程中，干系人被系统地告知并参与变更过程。

- 第 4 级（主动变更管理）。PMO 使用了先进的分析方法来预测潜在变更及其影响。分析变更趋势以指导项目集和项目规划。高度关注变更预防和变更数量最小化。变更流程非常高效，采用自动化工作流。变更数据可以用于持续改进项目集和项目管理实践。

- 第 5 级（战略变更赋能）。PMO 的变更管理方法被视为战略资产，能够提升组织的敏捷性。使用先进的 AI 和机器学习来模拟复杂的变更场景及其战略影响。变更过程与战略规划和项目组合管理完全整合。组织的变更管理能力成为竞争优势。

15. 客户关系管理

- 第 1 级（基础客户互动）。PMO 为项目客户互动提供了基础支持。虽然收集了客户需求，但可能没有对其进行系统管理。与项目客户的沟通是被动的，且经常不一致。对项目客户满意度的跟踪有限。项目客户关系管理未与项目流程整合。

- 第 2 级（标准化的客户管理）。PMO 建立了一致的流程来管理项目客户关系。项目客户的需求和期望的记录有所改善。建立了基础的客户满意度跟踪机制。与项目管理流程有一定的整合。定期的项目客户更新变得更加普遍。

- 第 3 级（整合式客户参与）。PMO 实施了全面的客户参与策略。对项目客户的需要和满意度进行了精密的分析。使用先进的技术来管理客户期望。项目客户关系管理与项目集和项目流程无缝整合。高度重视主动的项目客户沟通。

- 第 4 级（战略客户合作伙伴关系）。PMO 将项目客户关系管理与组织战略对齐。对项目客户的需要和行为进行了预测分析。项目客户的合作伙伴关系显著提升了项目集和项目成果。PMO 在管理战略项目客户关系中发挥了关键作用。注重与项目客户共创，以及向项目客户交付长期价值。

- 第 5 级（转型客户协作）。PMO 采用了先进的技术，以实现动态的项目客户洞察和参与。基于 AI 驱动的分析，实时调整项目客户的协作策略。组织在项目中的项目客户关系管理方法推动了行业创新。项目客户协作成为竞争优势和组织转型的关键来源。

16. 数据分析和报告

- **第 1 级（基础报告）**。PMO 提供了基础的项目状态报告（多为手工完成）。数据分析有限，主要是描述性的。报告通常是静态的，可能不够及时。跨项目报告的一致性较差。数据质量问题很常见。分析提供的战略见解很少。

- **第 2 级（标准化的报告）**。PMO 建立了一致的报告模板和流程。数据收集和验证得到了改善。使用了基础的数据可视化工具。报告更加及时和准确。进行了一些初步的趋势分析。报告开始涵盖项目组合和项目集层级，但可能不全面。

- **第 3 级（整合分析）**。PMO 实施了全面的分析和报告系统。使用了精密的数据可视化和商业智能工具。项目组合、项目集和项目之间的数据实现了有效整合。预测分析开始为决策提供信息。实时仪表盘可提供最新的绩效见解。

- **第 4 级（战略见解生成）**。PMO 通过先进的分析工具来生成战略见解。对项目集和项目绩效如何影响组织成果进行了精密的建模。规范分析为各层级的决策提供了指导。分析能力显著强化了组织的竞争优势。

- **第 5 级（智能绩效优化）**。PMO 采用了 AI 和机器学习技术进行智能绩效优化。自动生成见解和建议。先进的预测和规范模型推动持续的绩效提升。组织的项目分析和报告方法被公认为行业标杆，经常推动该领域的创新。

17. 问题管理

- **第 1 级（被动问题处理）**。PMO 对问题的响应是被动的。没有标准化的系统来跟踪或管理问题。解决方案通常是临时性的，可能未考虑更广泛的影响。关于问题的沟通不一致。对问题趋势或根本原因的分析有限。

- **第 2 级（基础问题跟踪）**。PMO 建立了基础问题日志和跟踪流程。问题及其解决方案得到了更好的记录。已确定了问题的初步优先级排序。开始进行一些趋势分析，但可能不全面。关于问题的沟通变得更加一致。

- **第 3 级（主动问题管理）**。PMO 实施了全面的问题管理流程。主动识别并缓解潜在问题。建立了先进的优先级排序和升级程序。进行了彻底的根本原因分析。问题管理与风险管理流程相互整合。

- **第 4 级（战略问题预防）**。PMO 采用了预测分析来识别潜在问题，以防止其发生。在整个项目组合中，对问题影响进行了精密的建模。问题管理显著提高了项目集和项目的成功率。从问题中吸取的经验教训可系统地为组织实践提供指导。

- **第 5 级（持续改进生态系统）**。PMO 维护了集中式的知识库，其中包含所有问题及其解决方案，可供整个组织访问。定期的跨部门评审会议可确定系统模式并实施永久性修复。问题管理指标直接影响战略规划和资源分配。PMO 建立了自动预警系统，可在最早阶段检测问题，并通过 AI 分析来增强模式识别和解决方案推荐。第三方供应商和干系人被集成至问题跟踪系统，从而实现端到端的可见性和担责制。

18. 指导和辅导

- **第 1 级（临时性支持）**。PMO 为项目集经理和项目经理提供基础的、非正式的指导。支持较为被动且不一致。没有结构化的辅导计划。知识转移严重依赖于个人的主动性。没有衡量或跟踪指导的影响。

- **第 2 级（结构化的指导计划）**。PMO 实施了结构化的指导计划。正式建立并跟踪指导关系。提供了指导活动的基本准则。导师会接受一些培训。该计划主要关注新的或处于困境的项目经理。收集了关于指导有效性的初步反馈。

- **第 3 级（全面的辅导框架）**。PMO 建立了健全的指导和辅导框架。指导和辅导有明确的区分。导师/教练均接受了高级培训。该计划涵盖了项目集管理和项目管理的所有层级。系统跟踪辅导带来的绩效改进。

- **第 4 级（战略人才发展）**。PMO 将指导和辅导与战略人才发展目标对齐。导师/教练根据技能和职业发展路径与学员进行精准匹配。该计划显著提高了整个组织的项目管理能力。指导和辅导的结果直接为继任计划提供信息。

- **第 5 级（变革型领导力的发展）**。PMO 通过 AI 来创造高度个性化的指导和辅导体验。提供持续的、实时的反馈和发展指导。该计划旨在推动变革型领导力的发展。组织在项目管理指导和辅导方面的方法为行业树立了新标准。

19. 绩效管理

- **第 1 级（基础监督）**。PMO 提供了对项目时间表和预算的基础监督。绩效指标有限，且主要关注时间和成本。对绩效趋势的分析很少。报告不一致且通常是被动的。绩效管理与战略目标没有关联。

- **第 2 级（标准化的跟踪）**。PMO 建立了一致的绩效指标和跟踪流程。定期报告 KPI，进行初步的趋势分析，绩效评审变得更加频繁和结构化，并与战略目标建立了一定的联系。

- **第 3 级（整合绩效管理）**。PMO 实施了全面的绩效管理流程。对绩效数据进行了精密的分析，包括挣值管理。绩效管理与战略目标紧密相关。基于绩效趋势的主动干预变得普遍。项目集级别的绩效管理已经趋于成熟。

- ◆ 第 4 级（预测性绩效优化）。PMO 使用预测分析来预测项目集和项目的绩效。实时跟踪绩效，自动发出警报，并进行精密的建模，以了解项目绩效如何影响组织成果。绩效管理显著提高了项目集和项目的成功率。

- ◆ 第 5 级（智能绩效强化）。PMO 使用了 AI 和机器学习进行持续的绩效优化。自动生成绩效见解和改进建议。先进的预测和规范模型推动了实时的绩效强化。组织的项目绩效管理方法被公认为行业标杆。

20. 项目集管理

- ◆ 第 1 级（基础协调）。PMO 为相关项目之间的基础协调提供了临时的项目集经理。这些项目集经理的权限有限，主要专注于项目之间的基本信息共享。项目集目标的定义较为宽泛，但未与战略目标对齐。项目管理计划和资源的整合程度较低。虽然已识别了项目集收益，但并未进行主动管理。

- ◆ 第 2 级（结构化的项目集管理）。PMO 更加一致地分配项目集经理，实施结构化的项目集管理方法。这些项目集经理建立了与战略目标相关的更明确的项目集目标。项目集经理改善了项目集内部项目管理计划和资源的整合。实施了基础的项目集层级的报告。已识别并管理项目集的风险和问题，但流程可能不够全面。

- ◆ 第 3 级（整合项目集治理）。PMO 提供了经验丰富的项目集经理，他们实施与组织结构对齐的全面项目集治理。这些项目集经理确保项目集内各项目之间的强大整合，并清晰管理相互依赖关系。项目集经理在整个生命周期中主动管理项目集收益，并为干系人提供可靠的项目集层级的报告，以及有意义的见解。

- ◆ 第 4 级（战略项目集对齐）。PMO 部署高水平的项目集经理，将项目集定位为战略目标的关键驱动因素。这些项目集经理使用精密的建模来展示项目集如何对战略成果做出贡献。项目集经理利用先进的分析方法来优化项目集绩效和资源分配，并确保与项目组合管理和战略规划流程的紧密整合。

- ◆ 第 5 级（变革型项目集领导力）。PMO 提供能够推动重大组织变革的顶尖项目集经理。这些领导者利用项目集来推动创新并创建新的组织能力。项目集经理高度关注实现复杂的长期收益。这些领导者实施的项目集管理实践被公认为行业标杆，经常为该领域设定新的标准。

21. 项目管理

- **第 1 级（基础执行）**。PMO 根据需要提供技能有限的兼职项目经理。这些项目经理以最低限度的标准执行项目。项目经理实施范围、时间和预算的基础跟踪，管理方法往往较为被动。项目文档不一致，对项目约束的主动管理有限。

- **第 2 级（标准化的流程）**。PMO 更为一致地提供技能有所提升的兼职项目经理。这些项目经理使用统一的模板和工具实施标准化的项目管理流程。项目经理可以更好地跟踪范围、时间和预算。项目文档变得更加规范。项目经理实施初步的风险管理和干系人参与流程。

- **第 3 级（整合管理）**。PMO 提供技能娴熟的兼职项目经理，他们实施与组织战略相结合的全面项目管理实践。这些项目经理使用先进的规划技术主动管理所有项目约束。项目经理还要实施健全的风险管理和干系人参与流程，并持续衡量和报告项目绩效。

- **第 4 级（优化绩效）**。PMO 提供技能娴熟的兼职和全职项目经理，他们采用精妙的项目管理技术来优化绩效。这些项目经理使用预测分析方法进行规划和控制。项目经理非常重视项目管理实践的持续改进。由这些项目经理领导的项目始终交付高价值，并与战略目标紧密对齐。

- **第 5 级（创新型领导力）**。PMO 提供经验丰富的兼职和全职项目经理，他们的管理实践处于行业前沿。这些领导者使用创新技术来管理项目，经常利用 AI 和机器学习。项目经理设定了项目管理的新标准，供行业中的其他人学习和效仿。由这些项目经理领导的项目始终向组织交付转型价值。

22. 项目支持服务

- **第 1 级（基础的行政支持）**。PMO 根据请求提供基础的行政支持。服务不一致且未标准化。支持主要是被动的。对支持服务的主动规划或协调有限。文档和记录极少。

- **第 2 级（标准化的支持服务）**。PMO 实施了定义明确的支持服务。服务交付的一致性得到了改善。为常见的行政任务提供了基本的模板和工具。提供了一些主动支持，但可能不够全面。定义了服务水平，但可能无法始终如一地达到。

- **第 3 级（全面项目赋能）**。PMO 提供了全方位的主动支持服务。行政支持与项目管理流程无缝整合。通过使用先进的工具和技术来提高支持效率。始终如一地达到服务水平，并进行定期评审。支持服务显著提高了项目效率。

- **第 4 级（战略支持优化）**。PMO 将支持服务与战略项目的目标对齐。用精细的资源分配来将支持的影响最大化。使用先进的分析技术来预测支持的需求并优化服务交付。支持服务显著提高了项目成功率和组织敏捷性。

- 第 5 级（智能项目协助）。PMO 使用 AI 和机器学习实现智能项目协助。常规行政任务的处理实现了自动化。预测模型可预估项目支持的需求。组织的项目支持服务方法在效率和有效性方面树立了新标准。

23. 质量保证

- 第 1 级（基础质量检查）。PMO 主要在项目完成时进行基础质量检查。质量标准没有得到明确定义或一致应用。质量保证是被动的，通常侧重于缺陷检测而非预防。质量流程的文档记录较少。

- 第 2 级（标准化的质量流程）。PMO 建立了一致的质量标准和流程。在定义的项目里程碑进行质量检查。跟踪基本的质量指标。质量流程的文档记录有所改进。开始关注一些缺陷预防的措施，但可能不全面。

- 第 3 级（整合质量管理）。PMO 实施了全面的质量管理流程。在检测的同时，重点关注缺陷预防。使用先进的质量度量指标和分析技术。质量保证与其他项目管理流程完全整合。持续的质量改进成为重要的关注点。

- 第 4 级（可预测的质量优化）。PMO 采用了预测分析来识别潜在的质量问题，以防止其发生。PMO 还使用精密的建模来理解质量如何影响项目和组织的成果。质量保证显著提高了项目的成功率和可交付物的价值。组织的质量标准成为行业基准。

- 第 5 级（智能质量强化）。PMO 使用 AI 和机器学习进行持续的质量优化。PMO 自动识别质量趋势并实时调整质量流程。先进的预测技术和规范模型可以推动持续的质量强化。组织的项目质量保证方法被公认为行业标杆，经常在该领域推动创新。

24. 风险管理

- 第 1 级（初步识别）。PMO 支持项目的初步风险识别。风险记录很少且不一致。对风险影响的分析有限。风险应对通常是被动的。风险管理未与其他项目流程整合。持续的风险监督很少。

- 第 2 级（标准化的流程）。PMO 建立了一致的项目风险管理流程。风险的记录和分类有所改善。进行了初步的定性风险分析。风险应对更加主动，但可能不够全面。与其他项目流程有一定的整合。定期进行风险评审。

- 第 3 级（整合方法）。PMO 实施了整合风险管理方法。使用精密的风险分析技术，包括定量方法。风险管理与其他项目集和项目流程完全整合。在项目集层级上有效地进行风险汇总。风险应对措施全面且主动。

- **第 4 级（战略风险管理）**。PMO 将风险管理与组织战略对齐。使用先进的分析工具进行风险建模和情境分析。在风险减轻的同时，非常注重机会管理。明确定义了风险偏好，并用其指导决策。风险管理显著提高了项目集和项目的成功率。

- **第 5 级（风险的智能预测）**。PMO 采用 AI 和机器学习进行风险的智能预测。实施实时风险识别和评估。对风险的相互作用和连锁影响进行精确建模。组织的风险管理方法提供了显著的竞争优势。风险管理实践处于行业创新的前沿。

25. 专业化服务

- **第 1 级（临时的专业咨询）**。PMO 基于具体案例被动地提供专业化服务。专家是临时聘请的，通常是外部的，以满足特定的项目需要。没有识别或提供专业服务的结构化流程。这些服务的影响没有被系统地衡量，与整体项目管理流程的整合有限。

- **第 2 级（定义专业领域）**。PMO 建立了明确的专业服务，并开始构建内部专家库。存在初步的请求和提供这些服务的流程。PMO 跟踪服务的使用情况，并开始将专业支持与项目管理流程整合。在关键的专业领域发展和培养内部的专业力量。

- **第 3 级（整合专业支持）**。PMO 通过强大的内部和外部专家网络来提供全面的专业服务。主动识别需要专业支持的项目。PMO 实施先进的服务影响跟踪和分析。专项专家无缝融入项目团队，显著提升项目集和项目成果。

- **第 4 级（战略能力强化）**。PMO 将专业化服务与组织战略能力对齐，提供具备竞争优势的高级专家。实现专业化服务与战略项目需要的精准匹配。PMO 成为关键专业领域的卓越中心，专家经常引领行业研讨。服务产品根据新兴的需要和技术不断发展。

- **第 5 级（创新专业化领导）**。PMO 提供了世界一流的专家，他们处于开发和实施尖端专业化服务的最前沿。这些专家将 AI 和机器学习等新兴技术无缝整合至他们的服务。所提供的专业化服务在行业中树立了新的标准，PMO 的专家在多个专业领域被公认为思想领袖。组织在专业化服务方面的做法被业内其他组织研究和效仿。

26. 干系人参与

- **第 1 级（初步干系人识别）**。PMO 支持初步的干系人识别。对干系人需要或影响力的分析有限。与干系人的沟通较为被动且不一致。干系人参与未与其他项目管理流程整合。缺乏持续的干系人参与计划。

- ◆ **第 2 级（结构化的干系人分析）**。PMO 建立了一致的干系人分析和管理流程。干系人需要和期望的记录有所改善。制订了初步的干系人参与计划。与项目沟通流程有一定的整合。定期向干系人更新情况变得更加普遍。

- ◆ **第 3 级（干系人全面参与）**。PMO 实施了全面的干系人参与策略。PMO 使用完善的方法分析干系人的影响力和利益，并针对不同的干系人群体使用先进的争取技术。干系人参与和项目组合、项目集和项目管理流程完全整合。PMO 还持续监督和调整干系人关系。

- ◆ **第 4 级（战略干系人对齐）**。PMO 将干系人的参与和组织战略紧密结合，确保彼此对齐。对干系人的行为和需要进行预测分析。干系人关系显著提升了项目集和项目的成果。PMO 在管理项目组合层级的战略干系人关系中发挥着关键作用。重点关注为干系人创造长期价值。

- ◆ **第 5 级（转型干系人协作）**。PMO 采用先进的技术进行动态的干系人分析和争取。基于 AI 驱动的见解，实时调整干系人的管理策略。组织的干系人参与方法推动了行业创新。干系人协作成为组织的竞争优势和组织转型的关键来源。

附录 X4

PMO 服务交付的关键能力概况

本附录呈现了对最关键能力（从识别出的 30 项核心能力中精选而出）的深入分析，这些能力对于有效交付 26 项最常见的 PMO 服务至关重要。本清单基于全球 PMO 社区的集体经验和见解，反映了对有效交付每项服务至关重要的能力。

需要注意的是，未在每项服务下列出的其他能力并不一定不重要或不必要。只是在相关经验的匹配过程中，这些能力没有像列出的那些能力一样被特别强调而已。

本清单旨在为 PMO 专业人士提供一个实用指南，以帮助他们根据所提供的服务来提升技能。通过关注这些关键能力，PMO 专业人士可以将能力发展工作集中到影响最大的领域。

（S）代表服务，（C）代表能力。

S1：向高管提供建议

- 分析技能（C3）：对提供数据驱动的建议至关重要。
- 商业敏锐度（C4）：理解战略目标的关键。
- 沟通能力（C6）：有效向高管传达见解的必要条件。
- 决策能力（C11）：做出明智建议的重要性。
- 人际智能（C12）：在处理高管关系中至关重要。
- 诚信与道德（C13）：与高层领导者建立信任的基础。
- 领导力（C15）：建立作为战略顾问的可信度。
- 客观性（C17）：有助于确保建议的公正性。

- 关系建立（C22）：与高管建立信任的关键。
- 干系人参与（C25）：理解高管需要的关键。
- 战略影响力（C26）：对战略决策产生影响的关键。
- 战略思维（C27）：将建议与长期目标对齐的关键。

S2：收益实现管理

- 准确性（C1）：对收益的精确衡量至关重要。
- 分析技能（C3）：评估收益数据所必需的。
- 商业敏锐度（C4）：确保收益与战略对齐的关键。
- 沟通（C6）：向干系人报告所必需的。
- 持续改进（C8）：强化收益实现流程的关键。
- 客户导向（C10）：有助于确保收益符合客户期望。
- 决策制定（C11）：优化收益交付的关键。
- 诚信与道德（C13）：有助于在报告中建立可信度。
- 客观性（C17）：确保收益评估公正的关键。
- 问题解决（C19）：应对收益实现挑战所必需的。
- 流程管理（C20）：对系统化的收益跟踪至关重要。
- 风险管理（C24）：减轻收益风险的关键。
- 干系人参与（C25）：对齐干系人期望的关键。
- 战略思维（C27）：将收益与战略目标联系起来的关键。

S3：建立项目文化

- 适应性（C2）：适应多样化环境的关键。
- 协作（C5）：促进团队合作的关键。
- 沟通（C6）：倡导项目文化的重要保障。
- 文化意识（C9）：尊重组织多样性的关键。

- 领导力（C15）：激励文化变革的关键。
- 项目管理（C21）：有助于确保一致的项目实践。
- 干系人参与（C25）：获得支持的关键。
- 团队合作（C28）：建立协作文化的关键。

S4：治理监督

- 准确性（C1）：精确监督合规性的关键。
- 分析技能（C3）：评估治理数据的关键。
- 商业敏锐度（C4）：理解政策影响的关键。
- 沟通（C6）：清晰表达治理标准的关键。
- 决策（C11）：有效执行政策的关键。
- 诚信与道德（C13）：有助于在监督活动中建立信任。
- 客观性（C17）：有助于确保公正的治理。
- 流程管理（C20）：维护治理框架的关键。
- 风险管理（C24）：识别治理风险的关键。
- 战略思维（C27）：将治理与战略对齐的关键。

S5：组织变革管理

- 适应性（C2）：对管理过渡至关重要。
- 协作（C5）：与多元化团队合作的关键。
- 沟通（C6）：对通知干系人至关重要。
- 冲突解决（C7）：应对阻力的关键。
- 文化意识（C9）：对理解组织动态至关重要。
- 客户导向（C10）：有助于确保变更满足干系人需要。
- 领导力（C15）：对引导变革至关重要。
- 主动性（C18）：对预见挑战至关重要。

- 项目管理（C21）：推动结构化变革的实施。
- 干系人参与（C25）：确保获得支持的关键。

S6：项目组合管理

- 准确性（C1）：对精准的项目组合分析至关重要。
- 分析能力（C3）：评估项目提案的关键。
- 商业敏锐度（C4）：与商业战略对齐的关键。
- 沟通（C6）：对报告项目组合的状态至关重要。
- 持续改进（C8）：对优化项目组合的绩效至关重要。
- 决策制定（C11）：对项目组合的优先级排序至关重要。
- 诚信与道德（C13）：有助于在项目组合的决策中建立信任。
- 流程管理（C20）：系统化项目组合管理的关键。
- 风险管理（C24）：对平衡项目组合风险至关重要。
- 战略思维（C27）：将项目组合与战略目标对齐的关键。

S7：战略规划支持

- 分析能力（C3）：数据驱动规划的关键。
- 商业敏锐度（C4）：理解战略背景的关键。
- 协作（C5）：跨职能规划的关键。
- 沟通（C6）：阐述战略计划的关键。
- 持续改进（C8）：优化战略的关键。
- 决策制定（C11）：做出战略选择的关键。
- 创新（C14）：提出创新战略解决方案的关键。
- 领导力（C15）：指导规划工作的关键。
- 流程管理（C20）：将规划活动结构化的关键。
- 干系人参与（C25）：对齐各方利益的关键。

- 战略影响（C26）：影响战略方向的关键。
- 战略思维（C27）：长期规划的关键。
- 团队合作（C28）：对协作开发战略至关重要。

S8：知识管理

- 准确性（C1）：确保知识资源可靠的关键。
- 协作（C5）：知识共享的关键。
- 沟通（C6）：信息传播的关键。
- 持续改进（C8）：更新知识库的关键。
- 流程管理（C20）：组织知识系统的关键。
- 团队合作（C28）：集体学习的关键。
- 培训技能（C30）：教授他人的关键。

S9：方法论和框架管理

- 准确性（C1）：确保方法论准确的关键。
- 协作（C5）：开发框架的关键。
- 沟通（C6）：解释方法论的关键。
- 持续改进（C8）：框架演变的关键。
- 创新（C14）：引入新方法的关键。
- 流程管理（C20）：实施方法论的关键。
- 项目管理（C21）：有助于建立可靠的流程标准。
- 团队合作（C28）：对协作开发至关重要。
- 培训技能（C30）：对方法的教授至关重要。

S10：资源管理

- 适应性（C2）：调整资源管理计划的关键。

- 持续改进（C8）：优化资源使用的关键。
- 决策制定（C11）：对有效分配资源至关重要。
- 流程管理（C20）：管理资源流程的关键。
- 项目管理（C21）：有助于优化资源分配效率。
- 时间管理（C29）：对高效调度资源至关重要。

S11：系统和工具管理

- 准确性（C1）：对维护数据完整性至关重要。
- 适应性（C2）：采用新工具的关键。
- 持续改进（C8）：对强化系统至关重要。
- 流程管理（C20）：系统治理的关键。
- 项目管理（C21）：有助于整合重要的项目管理技术。
- 时间管理（C29）：及时更新系统的关键。

S12：培训和发展

- 协作（C5）：与学员合作的关键。
- 沟通（C6）：有效教学的关键。
- 持续改进（C8）：更新培训内容的关键。
- 项目管理（C21）：通过结构化学习提升技能。
- 培训技能（C30）：对设计有影响力的课程至关重要。

S13：审计评估

- 准确性（C1）：对精准评估至关重要。
- 分析技能（C3）：评估审计数据的关键。
- 沟通（C6）：对报告调查结果至关重要。
- 诚信与道德（C13）：公正审计的关键。

- 客观性（C17）：公正评价的关键。
- 问题解决（C19）：识别问题的关键。
- 流程管理（C20）：系统化审计的关键。

S14：变更控制管理

- 准确性（C1）：对精准记录至关重要。
- 沟通（C6）：对告知干系人至关重要。
- 诚信与道德（C13）：有助于确保变更管理的公平。
- 客观性（C17）：对无偏见的评估至关重要。
- 问题解决（C19）：解决变更问题的关键。
- 流程管理（C20）：对实施标准化的流程至关重要。
- 项目管理（C21）：有助于保持结构化的变更监督。

S15：客户关系管理

- 适应性（C2）：满足多样化客户需要的关键。
- 协作（C5）：与客户合作的关键。
- 沟通（C6）：有效互动的关键。
- 客户导向（C10）：对客户满意度进行优先级排序的关键。
- 人际智能（C12）：了解客户的关键。
- 领导力（C15）：指导客户互动的关键。
- 关系建立（C22）：建立长期合作伙伴关系的关键。
- 干系人参与（C25）：管理期望的关键。

S16：数据分析和报告

- 沟通（C6）：展示数据见解的关键。
- 持续改进（C8）：完善分析的关键。

- 问题解决（C19）：解释数据挑战的关键。
- 时间管理（C29）：及时报告的关键。

S17：问题管理

- 分析技能（C3）：识别根本原因的关键。
- 沟通（C6）：对通知干系人至关重要。
- 决策制定（C11）：对及时解决问题至关重要。
- 问题解决（C19）：寻找有效解决方案的关键。
- 风险管理（C24）：对减轻影响至关重要。
- 团队合作（C28）：对协作解决问题至关重要。

S18：指导和辅导

- 适应性（C2）：裁剪方法的关键。
- 协作（C5）：与学员合作的关键。
- 沟通（C6）：对清晰指导至关重要。
- 持续改进（C8）：对持续发展至关重要。
- 人际智能（C12）：理解学员的关键。
- 领导力（C15）：激励成长的关键。
- 问题解决（C19）：对应对挑战至关重要。
- 项目管理（C21）：有助于有效指导职业发展。
- 团队合作（C28）：建立支持性关系的关键。
- 培训技能（C30）：有效辅导的关键。

S19：绩效管理

- 准确性（C1）：确保绩效数据准确的关键。
- 分析技能（C3）：评估指标的关键。

- 沟通（C6）：对反馈的传递至关重要。
- 持续改进（C8）：提升绩效的关键。
- 决策制定（C11）：对绩效相关的行动至关重要。
- 问题解决（C19）：处理绩效问题的关键。
- 流程管理（C20）：系统评估的关键。
- 风险管理（C24）：对识别绩效风险至关重要。
- 团队合作（C28）：对协作改进至关重要。

S20：项目集管理

- 准确性（C1）：确保项目集数据准确性的关键。
- 分析技能（C3）：项目集评估的关键。
- 商业敏锐度（C4）：对战略对齐至关重要。
- 协作（C5）：对协调项目至关重要。
- 沟通（C6）：向干系人更新信息的关键。
- 决策制定（C11）：项目集决策的关键。
- 领导力（C15）：指导项目集团队的关键。
- 问题解决（C19）：对解决项目集问题至关重要。
- 流程管理（C20）：项目集流程的关键。
- 项目管理（C21）：有助于在战略项目集中对齐项目。
- 风险管理（C24）：对管理项目集风险至关重要。
- 干系人参与（C25）：对获得支持至关重要。
- 战略思维（C27）：对项目集对齐至关重要。
- 团队合作（C28）：有效协作的关键。
- 时间管理（C29）：确保项目集进度的关键。

S21：项目管理

- 准确性（C1）：精准执行项目的关键。
- 分析技能（C3）：项目分析的关键。
- 商业敏锐度（C4）：对项目对齐至关重要。
- 协作（C5）：团队协调的关键。
- 沟通（C6）：与干系人沟通的关键。
- 决策（C11）：项目决策的关键。
- 领导力（C15）：领导项目团队的关键。
- 解决问题（C19）：应对挑战的关键。
- 流程管理（C20）：项目流程的关键。
- 项目管理（C21）：基本能力。
- 风险管理（C24）：处理项目风险的关键。
- 干系人参与（C25）：对管理期望至关重要。
- 战略思维（C27）：对项目对齐至关重要。
- 团队合作（C28）：协作成功的关键。
- 时间管理（C29）：满足截止日期的关键。

S22：项目支持服务

- 协作（C5）：对协助项目团队至关重要。
- 沟通（C6）：对明确协调至关重要。
- 持续改进（C8）：加强支持的关键。
- 流程管理（C20）：高效支持流程的关键。
- 项目组合/项目集/项目管理（C21）：基本能力。
- 团队合作（C28）：对有效的支持至关重要。

S23：质量保证

- 准确性（C1）：质量检查精确性的关键。
- 分析技能（C3）：评估质量数据的关键。
- 沟通（C6）：报告质量问题的关键。
- 诚信和道德（C13）：有助于在质量评估中建立信任。
- 客观性（C17）：有助于确保公正的评估。
- 解决问题（C19）：解决质量问题的关键。
- 流程管理（C20）：对质量程序至关重要。

S24：风险管理

- 准确性（C1）：对精准识别风险至关重要。
- 分析技能（C3）：风险分析的关键。
- 沟通（C6）：对通知干系人至关重要。
- 决策（C11）：对风险应对至关重要。
- 解决问题（C19）：减轻风险的关键。
- 流程管理（C20）：风险流程的关键。
- 风险管理（C24）：基本能力。
- 战略思维（C27）：对风险战略对齐至关重要。
- 团队合作（C28）：对协作风险管理至关重要。
- 时间管理（C29）：对及时采取风险应对行动至关重要。

S25：专业化服务

- 准确性（C1）：对精准的、专业化工作至关重要。
- 适应性（C2）：裁剪服务的关键。
- 分析技能（C3）：对专业分析至关重要。
- 商业敏锐度（C4）：与业务需要对齐的关键。

- 协作（C5）：与专家合作的关键。
- 沟通（C6）：对传递专业信息至关重要。
- 客户导向（C10）：对满足特定需要至关重要。
- 领导力（C15）：对指导专业团队至关重要。
- 解决问题（C19）：应对独特挑战的关键。
- 流程管理（C20）：对专业化程序至关重要。
- 项目管理（C21）：基本能力。
- 干系人参与（C25）：对齐期望的关键。
- 战略思维（C27）：对齐专业化工作的关键。

S26：干系人参与

- 沟通（C6）：对干系人参与至关重要。
- 冲突解决（C7）：解决争端的关键。
- 人际智能（C12）：对理解干系人至关重要。
- 诚信与道德（C13）：有助于与干系人建立信任。
- 领导力（C15）：对影响干系人至关重要。
- 谈判（C16）：平衡利益的关键。
- 客观性（C17）：有助于确保公平对待。
- 项目管理（C21）：有助于建立和维护与干系人的关系。
- 关系建立（C22）：对长期参与至关重要。
- 干系人参与（C25）：基本能力。
- 战略影响（C26）：影响干系人决策的关键。
- 战略思维（C27）：对齐干系人目标的关键。
- 团队合作（C28）：对协作关系至关重要。

参考文献

收益管理

- Bradley, G. (2010). *Benefit realisation management*. Gower.
- Melton, T., Ilês-Smith, P., & Yates, J. (2008). *Project benefits management: Linking projects to the business*. Butterworth-Heinemann.
- Project Management Institute (PMI). (2019). *Benefits realization management: A practice guide*. PMI.
- Serra, C. E. M. (2020). *Benefits realization management for PMO practitioners*. The BRM Academy.

商业敏捷性和敏捷项目管理方法

- Agile Alliance. (2001). *Principles behind the agile manifesto*.
- Beck, K., Beedle, M., van Bennekum, A., Cockburn, A., Cunningham, W., Fowler, M., Grenning, J., Highsmith, J., Hunt, A., Jeffries, R., Kern, J., Marick, B., Martin, R. C., Mellor, S., Schwaber, K., Sutherland, J., & Thomas, D. (2001). *Manifesto for agile software development*. Agile Alliance.
- Nir, M. (2013). *The agile PMO: Leading the effective, value driven, project management office*. CreateSpace Independent Publishing Platform.
- Project Management Institute (PMI). (2017). *Agile practice guide*. PMI.

以客户为中心

- Collins, J. (2011). *Good to great: Why some companies make the leap……and others don't*. Random House Business Books.

- Dodkins, J. (2014). *Foundations for customer centricity*.

- Eggert, A., & Ulaga, W. (2002). Customer perceived value: A substitute for satisfaction in business markets? *Journal of Business & Industrial Marketing,* 17(2/3), 107–118.

- Fader, P., & Toms, S. E. (2018). *The customer centricity playbook: Implement a winning strategy driven by customer lifetime value*. Wharton School Press.

- Harrin, E. (2017). *Customer-centric project management*. Routledge.

- McDougall, G. H. G., & Levesque, T. (2000). Customer satisfaction with services: Putting perceived value into the equation. *Journal of Services Marketing,* 14(5), 392–410.

- Tarling, K. (2023). *The service organization: How to deliver and lead successful services, sustainably*. London Publishing Partnership.

治理

- Knapp, M. (2018). *Enterprise portfolio governance: How organisations optimise value from their project portfolios*. Springer.

- Müller, R. (2011). Project governance. In P. W. G. Morris, J. K. Pinto, & J. Söderlund (Eds.), *The Oxford handbook of project management* (pp. 297–320). Oxford University Press.

- Müller, R. (Ed.). (2016). *Project governance*. Gower.

- Müller, R., Shao, J., & Pemsel, S. (2016). *Organizational enablers for project governance*. Project Management Institute.

- Project Management Institute (PMI). (2016). *Governance of portfolios, programs, and projects: A practice guide*. PMI.

组织变革与文化

- Cameron, K. S., & Quinn, R. E. (2006). *Diagnosing and changing organizational culture: Based on the competing values framework*. Jossey-Bass.

- Cameron, K. S., Quinn, R. E., DeGraff, J., &Thakor, A. V. (2006). *Competing values leadership: Creating value in organizations.* Edward Elgar Publishing.
- Project Management Institute (PMI). (2013). *Managing change in organizations: A practice guide.* PMI.

绩效管理

- Keyes, J. (2011). *Implementing the project management balanced scorecard.* CRC Press.
- Spitzer, D. R. (2007). *Transforming performance measurement: Rethinking the way we measure and drive organizational success.* AMACOM.

项目组合、项目集和项目管理

- AXELOS Limited. (2011). *Management of portfolios (MoP®).* The Stationery Office (TSO).
- AXELOS Limited. (2011). *Managing successful programmes (MSP®).* The Stationery Office (TSO).
- Lock, D., & Wagner, R. (Eds.). (2020). *Gower handbook of programme management.* Routledge.
- Project Management Institute (PMI). (2017). *The standard for portfolio management*—Fourth edition. PMI.
- Project Management Institute (PMI). (2021). *A guide to the project management body of knowledge (PMBOK® guide)*—Seventh edition. PMI.
- Project Management Institute (PMI). (2024). *Risk management in portfolios, programs, and projects: A practice guide.* PMI.
- Project Management Institute (PMI). (2024). *The standard for program management*—Fifth edition. PMI.

项目管理成熟度和能力

- AXELOS Limited. (2015). *Portfolio, programme, and project management maturity model (P3M3®) v3.0.* The Stationery Office (TSO).
- Forrester, E., Buteau, B., & Shrum, S. (2011). *CMMI for services: Guidelines for superior service.* Addison-Wesley Professional.
- Kerzner, H. (2005). *Using the project management maturity model.* John Wiley & Sons.

- Mullaly, M. E. (2006). Longitudinal analysis of project management maturity. *Project Management Journal*, 37(3), 62–73.

- Mullaly, M., & Thomas, J.L. (2010, June). *Re-thinking project management maturity: Perspectives gained from explorations of fit and value.* Paper presented at PMI Research® Conference: Defining the Future of Project Management, Washington, D. C., USA. Project Management Institute.

- Niazi, M., & Ali Babar, M. (2009). Identifying high perceived value practices of CMMI level 2: An empirical study. *Information and Software Technology,* 51(8), 1231–1243.

- Project Management Institute (PMI). (2018). *The standard for organizational project management (OPM).* PMI.

- Software Engineering Institute. (2000). *The capability maturity model: Guidelines for improving the software process.* Carnegie Mellon Software Engineering Institute.

- Yazici, H.J. (2009). The role of project management maturity and organizational culture in perceived performance. *Project Management Journal*, 40(3), 14–33.

项目管理办公室

- Artto, K., Kulvik, I., Poskela, J., & Turkulainen, V. (2011). The integrative role of the project management office in the front end of innovation. *International Journal of Project Management,* 29(1), 408–421.

- Aubry, M., Hobbs, B., & Thuillier, D. (2007). A new framework for understanding organisational project management through the PMO. *International Journal of Project Management,* 25(4), 328–336.

- Aubry, M., Hobbs, B., & Thuillier, D. (2008). Organisational project management: An historical approach to the study of PMOs. *International Journal of Project Management,* 26(1), 38–43.

- Aubry, M., Hobbs, B., & Thuillier, D. (2009). The contribution of the project management office to organisational performance. *International Journal of Managing Projects in Business,* 2(1), 141–148.

- Aubry, M., & Hobbs, B. (2010). A fresh look at the contribution of project management to organizational performance. *Project Management Journal*, 42(1), 3–16.

- Aubry, M., Hobbs, B., Müller, R., & Blomquist, T. (2010). Identifying forces driving PMO changes. *Project Management Journal,* 41(4), 30–45.

- Aubry, M., Müller, R., Hobbs, B., & Blomquist, T. (2010). Project management offices in transition. *International Journal of Project Management,* 28(8), 766–778.

- Aubry, M., Hobbs, B., Müller, R., & Blomquist, T. (2011). *Identifying the forces driving frequent change in PMOs.* Project Management Institute.

- Aubry, M., Müller, R., & Glückler, J. (2011). Exploring PMOs through community of practice theory. *Project Management Journal,* 42(5), 42–56.

- Aubry, M., Müller, R., & Glückler, J. (2012). *Governance and communities of PMOs.* Project Management Institute.

- Aubry, M., Richer, M., Lavoie-Tremblay, M., & Cyr, G. (2011). Pluralism in PMO performance: The case of a PMO dedicated to a major organizational transformation. *Project Management Journal,* 42(6), 60–77.

- Augustine, S., Cuellar, R., & Scheere, A. (2021). *From PMO to VMO: Managing for value delivery.* Berrett-Koehler Publishers.

- AXELOS Limited. (2020). *Portfolio, programme and project offices (P3O®).* The Stationery Office (TSO).

- Bolles, D. (2002). *Building project management centers of excellence.* AMACOM.

- Crawford, J. K. (2010). *The strategic project office.* CRC Press.

- Dai, C. X., & Wells, W. G. (2004). An exploration of project management office features and their relationship to project performance. *International Journal of Project Management,* 22(7), 523–532.

- Dietrich, P., Artto, K., & Kujala, J. (2010, October). *Strategic priorities and PMO functions in project-based firms.* Paper presented at PMI® Research Conference: Defining the Future of Project Management, Washington, D.C., USA. Project Management Institute.

- Dixon, S. (2021). *PMO service catalogue: An insight into what PMOs do.* EHC Consulting.

- Dow, W. (2017). *The PMO lifecycle: Building, running, and shutting down.* Dow Publishing LLC.

- Dow, W. (2021). *PMO service offerings: How do I select the right services for my PMO?* Dow Publishing LLC.

- Duggal, J. (2018). *The DNA of strategy execution: Next generation project management and PMO.* John Wiley&Sons.

- Englund, R. L., Graham, R. J., & Dinsmore, P.C. (2003). *Creating the project office: A manager's guide to leading organizational change.* Jossey-Bass.

- Hill, G. M. (2013). *The complete project management office handbook.* Auerbach Publications.

- Hobbs, B., & Aubry, M. (2007). A multi-phase research program investigating project management offices (PMOs): The results of phase 1. *Project Management Journal,* 38(1), 74–86.

- Hobbs, B., & Aubry, M. (2008). An empirically grounded search for a typology of project management offices. *Project Management Journal*, 39(1), 69–82.

- Hobbs, B., & Aubry, M. (2010). *The project management office (PMO): A quest for understanding*. Project Management Institute.

- Hobbs, B., & Aubry, M. (2011). *A typology of PMOs derived using cluster analysis and the relationship with performance.* In Proceedings of the IRNOP Conference, June 20–22, 2011, Montreal, Canada.

- Hobbs, B., Aubry, M., & Thuillier, D. (2008). The project management office as an organisational innovation. *International Journal of Project Management*, 26(5), 547–555.

- Hurt, M., & Thomas, J. L. (2009). Building value through sustainable project management offices. *Project Management Journal*, 40(1), 55–72.

- Julian, J. (2008). How project management office leaders facilitate cross-project learning and continuous improvement. *Project Management Journal*, 39(3), 43–58.

- Kendall, G.I., & Rollins, S.C. (2003). *Advanced project portfolio management and the PMO: Multiplying ROI at warp speed*. J. Ross Publishing.

- Kerzner, H. (2003). Strategic planning for a project office. *Project Management Journal*, 34(2), 13–25.

- Kerzner, H., Zeitoun, A., & Vargas, R.V. (2022). *Project management next generation: The pillars for organizational excellence*. Wiley.

- Letavec, C.J. (2006). *The program management office: Establishing, managing and growing the value of a PMO*. J. Ross Publishing.

- Letavec, C.J., & Bolles, D. (2011). *The PMOSIG program management office handbook: Strategic and tactical insights for improving results*. J. Ross Publishing.

- Müller, R., Aubry, M., & Glückler, J. (2010). *A relational typology of project management offices*. In Proceedings of the IRNOP Conference, June 20–22, 2009, Montreal, Canada.

- Pellegrinelli, S., & Garagna, L. (2009). Towards a conceptualisation of PMOs as agents and subjects of change and renewal. *International Journal of Project Management*, 27(7), 649–656.

- Perry, M. P. (2009). *Business driven PMO setup: Practical insights, techniques and case examples for ensuring success*. J. Ross Publishing.

- Perry, M. P. (2013). *Business driven PMO success stories: Across industries and around the world*. J. Ross Publishing.

- Pinto, A., Cota, M. F. M., & Levin, G. (2010). The PMO maturity cube, a project management office maturity model. In Proceedings of PMI Research & Education Conference, July 10–14, 2010, Washington, D. C., USA.

- Pinto, A., Cota, M. F. M., & Levin, G. (2010). The PMO maturity cube, a project management office maturity model. In C. Letavec & D. Bolles (Eds.), *The PMOSIG program management office handbook* (pp. 383–402). J. Ross Publishing.

- Project Management Institute (PMI). (2023, March). *The evolution of PMOs: Delivering value through xMOs*. PMI.

- Spivak, E. (2023). *PMO governance: Practical strategies to govern portfolio, program, and project delivery*. Friesen Press.

- Taylor, P. (2011). *Leading successful PMOs: How to build the best project management office for your business*. Gower Publishing.

- Taylor, P. (2023). *Projects: Methods: Outcomes: The new PMO model for true project and change success*. Routledge.

- Tjahjana, L., Dwyer, P., & Habib, M. (2009). *The program management office advantage: A powerful and centralized way for organizations to manage projects*. AMACOM.

干系人参与

- Bourne, L. (2016). *Stakeholder relationship management: A maturity model for organisational implementation*. Routledge.

- Holloway, J., & Bryde, D. (2016). *A practical guide to dealing with difficult stakeholders*. Routledge.

价值管理

- AXELOS Limited. (2010). *Management of value (MoV®)*. The Stationery Office (TSO).

- Besner, C., & Hobbs, B. (2006). The perceived value and potential contribution of project management practices to project success. *Project Management Journal*, 37(3), 37–48.

- Hubbard, D. W. (2007). *How to measure anything: Finding the value of intangibles in business*. John Wiley & Sons.

- Mengel, T., Cowan-Sahadath, K., & Follert, F. (2008). The value of project management to organizations in Canada and Germany, or do values add value? Five case studies. *Project Management Journal*, 40(1), 28–41.

- Mullaly, M., & Thomas, J.L. (2009). Exploring the dynamics of value and fit: Insights from project management. *Project Management Journal*, 40(1), 124–135.

- Phillips, J. J., Brantley, W., & Phillips, P.P. (2012). *Project management ROI: A step-by-step guide for measuring the impact and ROI for projects*. Wiley.

- Phillips, J. J., & Phillips, P.P. (2007). *Show me the money: How to determine ROI in people, projects, and programs*. Berrett-Koehler Publishers.

- Schnapper, M., & Rollins, S. (2006). *Value-based metrics for improving results: An enterprise project management toolkit*. J. Ross Publishing.

- Seiden, J. (2019). *Outcomes over output: Why customer behavior is the key metric for business success*. Sense & Respond Press.

- Thomas, J., & Mullaly, M. (2007). Understanding the value of project management: First steps on an international investigation in search of value. *Project Management Journal*, 38(3), 74–89.

- Thomas, J., & Mullaly, M. (2008). *Researching the value of project management*. Project Management Institute.

- Thomas, J., & Mullaly, M. (2009). Explorations of value: Perspectives of the value of project management. *Project Management Journal*, 40(1), 2–3.

- Zhai, L., Xin, Y., & Cheng, C. (2009). Understanding the value of project management from a stakeholder's perspective: Case study of mega-project management. *Project Management Journal*, 40(1), 99–109.

术语表

敏捷驱动型 PMO（Agility-Driven PMO）。一种采用业务敏捷原则来保持灵活性并响应不断变化的组织需要的 PMO。

意识培养（Awareness Building）。价值创造型 PMO 飞轮的第一个步骤，专注于向干系人宣传有关 PMO 的角色、能力和潜在价值的知识。

客户价值感知（Customer Perception of Value）。针对 PMO 提供的服务，PMO 的客户根据其实际体验与预期需要的比较，对所获得的收益进行主观评估。

客户价值协议（Customer Value Agreement）。一份正式文件，概述了 PMO 承诺为主要客户或客户群交付的具体成果和价值。

部署阶段（Deployment Stage）。PMO 客户体验周期的第三阶段，在该阶段正式实施设计好的服务并在客户中进行推广。

设计阶段（Design Stage）。PMO 客户体验周期的第二阶段。在该阶段将探索阶段获得的见解转化为具体的服务理念和实施计划。

强化阶段（Enhancement Stage）。PMO 客户体验周期的第四阶段。在该阶段专注于不断改进和完善 PMO 服务。

需要证据（Evidence of Need）。表明客户可能在特定领域面临挑战的迹象或症状；用于识别潜在的 PMO 服务机会。

探索阶段（Exploration Stage）。PMO 客户体验周期的初始阶段，专注于了解当前全景图、客户需要和潜在机会。

行业特定概况（Industry-Specific Profile）。影响 PMO 运营的组织行业的独特特征、挑战和良好实践。

需要评估（Needs Assessment）。识别和评估 PMO 客户的具体要求和痛点的过程。

组织基准要素（Organizational Baseline Elements）。影响 PMO 设计和运营的基础组件，包括组织战略、结构、文化和行业特定概况。

组织背景情境（Organizational Contextual Scenarios）。组织可能经历的不同状态或情况，影响 PMO 的运作方式和价值交付方式。

PMO 作为服务提供商（PMO as a Service Provider）。一种将 PMO 视为内部服务提供商的观点，专注于满足客户需要和交付价值，而不仅仅是执行流程。

PMO 能力建设（PMO Capability Building）。持续提升 PMO 团队的技能、知识和能力，以改善服务交付和价值创造。

PMO 能力域（PMO Competency Domains）。有效的 PMO 运营所需的专业知识领域，包括设计、运营和改进。

PMO 客户（PMO Customer）。组织内直接接收、使用或受益于 PMO 提供的服务的干系人。

PMO 客户体验周期（PMO Customer Experience Cycle）。代表 PMO 在与客户互动和向客户交付价值时所经历的阶段的模型。

PMO 客户细分（PMO Customer Segmentation）。根据 PMO 客户的需要、服务成熟度级别或其他相关特征将其划分为不同组别的实践。

PMO 治理（PMO Governance）。定义 PMO 内部决策流程、角色、职责和担责措施的框架。

PMO 授权（PMO Mandate）。定义 PMO 在组织环境中的目的、范围、权限和责任的正式声明。

PMO 成果（PMO Outcomes）。PMO 客户期望通过使用 PMO 服务实现的具体收益或结果。

PMO 风险管理计划（PMO Risk Management Plan）。一种识别、评估和减轻特定的 PMO 运营和价值交付风险的策略。

PMO 服务方法（PMO Service Approaches）。交付 PMO 服务的不同方法，从咨询到指导，并根据客户需要和组织环境裁剪。

PMO 服务目录（PMO Service Catalog）。PMO 提供的服务的综合清单，包括其描述、收益和交付方法。

PMO 服务成熟度（PMO Service Maturity）。单个 PMO 服务的精密度和有效性，以一定的规模进行评估，以指导改进工作。

PMO 服务绩效指标（PMO Service Performance Metrics）。用于评估 PMO 服务效果和效率的具体的、可衡量的指标。

PMO 战略（PMO Strategy）。一份全面的计划，概述 PMO 将如何在短期、中期和长期为其干系人交付价值。

PMO 结构组件（PMO Structural Components）。构成 PMO 基础的基本要素，包括 PMO 授权、PMO 战略和 PMO 治理。

PMO 价值之旅（PMO Value Journey）。PMO 向客户提出的价值主张将如何随着时间的推移而演变的匹配进程。

PMO 价值环™框架（PMO Value Ring™ Framework）。用于创建和运营价值驱动的、以客户为中心的 PMO 的综合模型。

实现阶段（Realization Stage）。PMO 客户体验周期的最后阶段，在该阶段 PMO 对组织的影响成为焦点，并且其价值得以体现。

服务开发（Service Development）。创建、改进和发展 PMO 服务以满足客户需要和组织目标的过程。

服务改进（Service Improvement）。提高 PMO 服务的成熟度和有效性以增加其价值和影响力的过程。

服务水平协议[Service-Level Agreement (SLA)]。PMO 与其客户之间确定的预期服务水平的正式协议。

服务监督（Service Monitoring）。根据预定标准跟踪、衡量和评估 PMO 服务的过程。

服务导入（Service Onboarding）。向组织内的目标用户介绍新开发的或改进的 PMO 服务的过程。

服务运营（Service Operation）。日常管理和执行 PMO 服务以向客户交付价值。

战略对齐（Strategic Alignment）。确保 PMO 活动和服务直接支持并促进组织战略目标的过程。

价值交付（Value Delivery）。实现并展示 PMO 服务为组织提供有形收益的过程。

价值主张（Value Proposition）。一份清晰的声明，阐明 PMO 将如何满足已识别的需要并为组织增加价值。

价值认可（Value Recognition）。确保客户不仅从 PMO 服务中获得价值，而且认可并欣赏它的过程。

价值创造型 PMO 飞轮（Value-Generating PMO Flywheel）。将 PMO 客户体验周期分解为 10 个可操作步骤的模型。

反侵权盗版声明

  电子工业出版社依法对本作品享有专有出版权。任何未经权利人书面许可，复制、销售或通过信息网络传播本作品的行为；歪曲、篡改、剽窃本作品的行为，均违反《中华人民共和国著作权法》，其行为人应承担相应的民事责任和行政责任，构成犯罪的，将被依法追究刑事责任。

  为了维护市场秩序，保护权利人的合法权益，我社将依法查处和打击侵权盗版的单位和个人。欢迎社会各界人士积极举报侵权盗版行为，本社将奖励举报有功人员，并保证举报人的信息不被泄露。

举报电话：（010）88254396；（010）88258888

传　　真：（010）88254397

E-mail：　dbqq@phei.com.cn

通信地址：北京市万寿路 173 信箱
　　　　　电子工业出版社总编办公室

邮　　编：100036